DEIN ONLINE-PLUS ZUM FiNALE ARBEITSBUCH

FiNALEonline.de

FiNALEonline.de ist die digitale Ergänzung zu deinem Arbeitsbuch. Hier findest du eine Vielzahl an Angeboten, die dich zusätzlich bei deiner Prüfungsvorbereitung in Deutsch unterstützen!

Das Plus für deine Prüfungsvorbereitung:

→ das Extra-Training Rechtschreibung

→ Original-Prüfungsaufgaben mit Lösungen (bitte Code von S. 2 eingeben)

→ Tipps zur Prüfungsvorbereitung, die das Lernen erleichtern

Online-Grundlagentraining

Du hast noch Lücken aus den vorherigen Schuljahren? Kein Problem! Das Online-Grundlagentraining auf FiNALEonline.de hilft dir dabei, wichtigen Lernstoff nachzuarbeiten und zu wiederholen. Und so funktioniert es:

Für das Fach Deutsch stehen dir über 100 Aufgaben zu prüfungsrelevanten Grundlagen in kurzen Trainingseinheiten zur Verfügung.

Unser Tipp für Lehrerinnen und Lehrer: Nutzen Sie unsere vielfältigen Arbeitsblätter auch für Ihren Unterricht.

Für Lehrerinnen und Lehrer: Die Lehrerhandreichung für den optimalen Einsatz der Arbeitsbücher im Unterricht zum kostenlosen Download!

Du übst lieber auf Papier? Dann klicke auf „PDF" und drucke dir die gewünschte Trainingseinheit einfach aus.

| BUCHEMPFEHLUNG | ZUM FiNALE ARBEITSBUCH |

FiNALE Grundlagentraining Deutsch

Das FiNALE Grundlagentraining ist die ideale Ergänzung zu diesem Arbeitsbuch. Es bietet eine große Auswahl an Materialien, mit deren Hilfe du prüfungsrelevantes Grundlagenwissen auffrischen und aktiv trainieren kannst.

Folgende Inhalte werden in diesem Band behandelt:

→ Überprüfung des Leseverstehens
→ Analyse und Interpretation literarischer Texte
→ argumentativer Umgang mit Sachthemen
→ Arbeitstechniken und prüfungsrelevante Fachbegriffe
→ grundlegendes Grammatikwissen
→ die wichtigsten Operatoren im Fach Deutsch

Zu jeder Trainingseinheit gibt es anschauliche Lösungen.

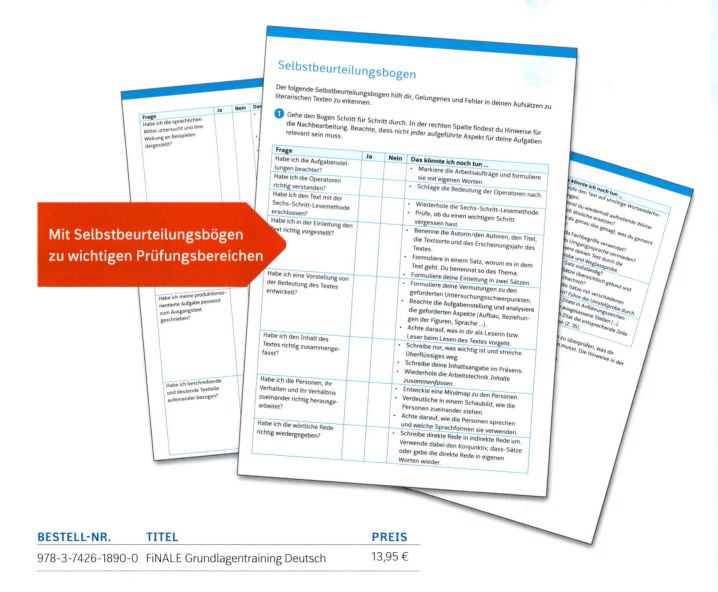

Mit Selbstbeurteilungsbögen zu wichtigen Prüfungsbereichen

BESTELL-NR.	TITEL	PREIS
978-3-7426-1890-0	FiNALE Grundlagentraining Deutsch	13,95 €

FiNALE Grundlagentraining gibt es auch für die Fächer Englisch und Mathematik.

westermann

FiNALE Prüfungstraining

Nordrhein-Westfalen

Mittlerer Schulabschluss 2022
Deutsch

Andrea Heinrichs
Martina Wolff

Mit Beiträgen von
Harald Stöveken

Liebe Schülerin, lieber Schüler,

sobald die Original-Prüfungsaufgaben zur Veröffentlichung freigegeben sind, können sie unter www.finaleonline.de zusammen mit ausführlichen Lösungen kostenlos heruntergeladen werden. Gib dazu einfach diesen Code ein:

DE4j8Xp

Einfach mal reinschauen: www.finaleonline.de

westermann GRUPPE

© 2021 Georg Westermann Verlag GmbH, Braunschweig
www.westermann.de

Das Werk und seine Teile sind urheberrechtlich geschützt. Jede Nutzung in anderen als den gesetzlich zugelassenen bzw. vertraglich zugestandenen Fällen bedarf der vorherigen schriftlichen Einwilligung des Verlages. Nähere Informationen zur vertraglich gestatteten Anzahl von Kopien finden Sie auf www.schulbuchkopie.de.

Für Verweise (Links) auf Internetadressen gilt folgender Haftungshinweis: Trotz sorgfältiger inhaltlicher Kontrolle wird die Haftung für die Inhalte der externen Seiten ausgeschlossen. Für den Inhalt dieser externen Seiten sind ausschließlich deren Betreiber verantwortlich. Sollten Sie daher auf kostenpflichtige, illegale oder anstößige Inhalte treffen, so bedauern wir dies ausdrücklich und bitten Sie, uns umgehend per E-Mail davon in Kenntnis zu setzen, damit beim Nachdruck der Verweis gelöscht wird.

Bildnachweis:
Wir arbeiten sehr sorgfältig daran, für alle verwendeten Abbildungen die Rechteinhaberinnen und Rechteinhaber zu ermitteln. Sollte uns dies im Einzelfall nicht vollständig gelungen sein, werden berechtigte Ansprüche selbstverständlich im Rahmen der üblichen Vereinbarungen abgegolten.

Druck A[1] / Jahr 2021
Alle Drucke der Serie A sind im Unterricht parallel verwendbar.

Redaktion: Katrin Spiller
Kontakt: finale@westermanngruppe.de
Layout: Druckreif! Sandra Grünberg, Braunschweig
Illustrationen: Thies Schwarz, Hannover
Umschlaggestaltung: Gingco.Net, Braunschweig
Umschlagfoto: Peter Wirtz, Dormagen
Druck und Bindung: Westermann Druck GmbH, Braunschweig

ISBN 978-3-7426-**2206**-8

Inhaltsverzeichnis

A Vorbereitung auf die Abschlussprüfung
- A 1 Vorgaben für die Prüfung — 5
- A 2 Die Prüfungsaufgaben — 6
- A 2.1 Das Leseverstehen: ein Beispiel — 6
- A 2.2 Die Schreibaufgabe: ein Beispiel (Aufgabentyp 4a) — 10

B Arbeitstechniken
- B 1 Im Wörterbuch nachschlagen — 16
- B 2 Texte erschließen und Inhalte zusammenfassen – literarische Texte — 17
- B 3 Texte erschließen und Inhalte zusammenfassen – Sachtexte — 19
- B 4 Schaubilder auswerten — 21

C Strategien zur Bearbeitung von Schreibaufgaben
- C 1 Aufgabentyp 2 — 24
- C 1.1 Was bedeutet die Aufgabenstellung „Informiere ..."? — 24
- C 1.2 Einen informierenden Text verfassen – Fachwissen — 25
- C 1.3 Einen informierenden Text verfassen — 26
- C 1.4 Schreibplan zu Aufgabentyp 2 — 27
- C 1.5 Schreibaufgabe in sechs Schritten bearbeiten: Cornelia Funke — 28
- C 2 Aufgabentyp 4a — 37
- C 2.1 Was wird bei der Aufgabenstellung „Analysiere ..." erwartet? — 37
- C 2.2 Einen epischen Text analysieren – Fachwissen — 38
- C 2.3 Einen lyrischenText analysieren – Fachwissen — 39
- C 2.4 Einen Text analysieren und interpretieren — 40
- C 2.5 Schreibplan zu Aufgabentyp 4a — 41
- C 2.6 Schreibaufgabe (erzählender Text) in sechs Schritten bearbeiten: Marathon — 42
- C 2.7 Schreibaufgabe (Gedicht) in sechs Schritten bearbeiten: Sachliche Romanze — 50
- C 3 Aufgabentyp 4b — 57
- C 3.1 Was bedeutet die Aufgabenstellung „Untersuche und vergleiche ..."? — 57
- C 3.2 Materialien vergleichen, deuten und bewerten – Fachwissen — 58
- C 3.3 Einen Textvergleich verfassen — 59
- C 3.4 Schreibplan zu Aufgabentyp 4b — 60
- C 3.5 Schreibaufgabe in sechs Schritten bearbeiten: Computerspiele als Chance? — 61

D Prüfungsaufgaben zum Themenbereich „Sprachkultur und Leselust"
- D 1 Leseverstehen: Lernt langsam lesen! (Original-Prüfung, angeleitetes Üben) — 68
- D 2 Leseverstehen: Die neue Lust aufs Lesen (Original-Prüfung, selbstständiges Üben) — 74
- D 3 Aufgabentyp 2: Sprachenreichtum an unserer Schule (Original-Prüfung, angeleitetes Üben) — 79
- D 4 Aufgabentyp 2: Sherlock Holmes (selbstständiges Üben) — 85
- D 5 Aufgabentyp 2: Comics (Original-Prüfung, selbstständiges Üben) — 89

E Prüfungsaufgaben zum Themenbereich „Eine Frage der Beziehung"
- E 1 Leseverstehen: Wie das Minenfeld der Peinlichkeit umgangen wird (angeleitetes Üben) — 94
- E 2 Leseverstehen: Charlottes Traum (selbstständiges Üben) — 100
- E 3 Aufgabentyp 4a: Schneeriese (Original-Prüfung, angeleitetes Üben) — 105
- E 4 Aufgabentyp 4a: Acht Berge (Original-Prüfung, selbstständiges Üben) — 111
- E 5 Aufgabentyp 4a: Namika: Lieblingsmensch (selbstständiges Üben) — 114

F Prüfungsaufgaben zum Themenbereich „Medien und mehr"
- F 1 Leseverstehen: I6d#&r6achtsi6dall (Original-Prüfung, angeleitetes Üben) — 116
- F 2 Leseverstehen: Die Tageszeitung ist nicht out, aber ... (selbstständiges Üben) — 122
- F 3 Aufgabentyp 4b: Self-Tracking (Original-Prüfung, angeleitetes Üben) — 127
- F 4 Aufgabentyp 4b: Erklärvideos (Original-Prüfung, selbstständiges Üben) — 133
- F 5 Aufgabentyp 4b: Das Smartphone – Unser ständiger Begleiter (selbstständiges Üben) — 136

Was erwartet dich in diesem Arbeitsbuch?

Du bist in der 10. Klasse und vor dir liegt die Zentrale Prüfung nach Klasse 10, das große „FiNALE". Dieses Arbeitsbuch soll dich mit den Prüfungsaufgaben und ihren Anforderungen vertraut machen.

Im **Teil A** erhältst du Hinweise, wie du dich zweckmäßig auf die Prüfung vorbereiten kannst. An Beispielen lernst du Prüfungsaufgaben und ihre Bewertung kennen.

In den **Teilen B** und **C** wiederholst du wichtige Arbeitstechniken und Strategien, wie du Schreibaufgaben bearbeitest. Zu jedem Arbeitsschritt – von der ersten Orientierung bis zur Überarbeitung deines Textes – bekommst du wichtige Informationen und hilfreiche Tipps.

Aufgrund der besonderen Unterrichtssituation bedingt durch die Coronavirus-Pandemie gab es im Jahr 2020 keine landeseinheitlich gestellten Prüfungsaufgaben für die ZP 10. Du findest aber in den **Teilen D, E** und **F** dieses Buches verschiedene **Original-Prüfungsaufgaben aus den Vorjahren**, die dir einen Eindruck davon vermitteln, wie die zentrale Prüfungsarbeit aussehen könnte. Außerdem findest du dort Übungsaufgaben zu den Themenbereichen „Sprachkultur und Leselust", „Eine Frage der Beziehung" und „Medien und mehr". Manche Aufgaben enthalten Lösungshilfen, die darauf hinweisen, worauf du bei der Erschließung der Texte und bei der Anlage deines Schreibplans achten musst. Sie sind mit dem Zusatz „angeleitetes Üben" versehen. Andere Aufgaben sind zum selbstständigen Üben gedacht und ebenfalls mit einem entsprechenden Hinweis versehen (selbstständiges Üben).

Die **zentrale Prüfungsarbeit 2021** ist zum Zeitpunkt des Drucks dieses Arbeitsbuches noch nicht geschrieben worden. Sobald die Original-Prüfungsaufgaben zur Veröffentlichung freigegeben worden sind, können sie unter *www.finaleonline.de* zusammen mit ausführlichen Lösungen kostenlos mit dem Codewort **DE4j8Xp** heruntergeladen werden.

Mit dem **Glossar** schließt dieses Arbeitsbuch zur Abschlussprüfung. Hier kannst du wichtige Grundbegriffe zur Erschließung von literarischen Texten und Sachtexten nachschlagen.
Und natürlich gibt es auch ein **Lösungsheft**, in dem du die Richtigkeit jedes Arbeitsschrittes überprüfen kannst. Außerdem findest du zu jeder Original-Prüfungsaufgabe eine mögliche Beispiellösung, sodass du einschätzen kannst, was in der Abschlussprüfung von dir erwartet wird.

In diesem Arbeitsbuch findest du Schreibraum für wichtige vorbereitende Notizen. Darauf verweist auf den Prüfungsvorlagen (auf blauem Fond) dieses Zeichen:
Deinen Text zur Schreibaufgabe musst du allerdings auf einem Extrablatt anfertigen. Dies gilt auch, wenn du bei bestimmten Aufgaben dieses Zeichen siehst:

Das Zeichen mit der Uhr findest du in den Teilen D, E und F: Damit du ein Gefühl für die zur Verfügung stehende Arbeitszeit bekommst, solltest du dir diesen Aufgaben eine Uhr bereitstellen.

Wir hoffen, dass du dich nach der Bearbeitung dieses Heftes sicher für das „FiNALE" fühlst, und wünschen dir für die Prüfung toi, toi, toi.
Das Autorenteam

> **TIPP**
>
> Hast du noch Lücken aus den vorherigen Schuljahren? Dann empfehlen wir dir das „FiNALE Grundlagentraining Deutsch" (ISBN 978-3-7426-1890-0). Es bietet prüfungsrelevantes Grundlagenwissen zum Nachschlagen und Üben. Ergänzend dazu findest du unter *www.finaleonline.de/grundlagentraining* ein kostenloses Online-Training bestehend aus interaktiven Übungsaufgaben und Arbeitsblättern zum Ausdrucken.

A Vorbereitung auf die Abschlussprüfung
A 1 Vorgaben für die Prüfung

Was erwartet dich in den zentralen Prüfungen nach Klasse 10 im Fach Deutsch? Informiere dich hier über den zeitlichen Ablauf und die inhaltlichen Vorgaben:

> **INFO**
>
> Die Bearbeitungszeit für die Aufgaben der schriftlichen Abschlussprüfung im Fach Deutsch umfasst **150 Minuten**. Zusätzlich erhältst du 10 Minuten zur ersten Orientierung (Bonuszeit). Du kannst entscheiden, welchem der beiden Prüfungsteile die Bonuszeit zugerechnet wird; eine Aufteilung ist ebenfalls möglich. Außerdem hast du 10 Minuten Zeit, um dich für ein Wahlthema zu entscheiden.
> **Die Abschlussprüfung besteht aus zwei Teilen:**
>
> **Erster Prüfungsteil: Leseverstehen**
> Du erhältst einen Text und bearbeitest dazu Teilaufgaben.
> Dafür hast du **30 Minuten** Zeit.
>
> > **Erster Prüfungsteil: Leseverstehen** 30 min
>
> **Zweiter Prüfungsteil: Schreiben**
> Du erhältst **zwei** Schreibaufgaben zur **Auswahl**. Jetzt hast du **10 Minuten Zeit**, um dich für **ein Wahlthema** zu entscheiden. Das **Wahlthema 1** ist das **Analysieren (AT 4a)**. Das **Wahlthema 2** ist entweder das **Informieren (AT 2)** oder das **Analysieren/Vergleichen (AT 4b)**.
>
> | Zweiter Prüfungsteil: Wahlthema 1: Analysieren (AT 4a) 120 min | Zweiter Prüfungsteil: Wahlthema 2: Informieren (AT 2) 120 min | oder | Zweiter Prüfungsteil: Wahlthema 2: Analysieren/Vergleichen (AT 4b) 120 min |
>
> Deine Wahlmöglichkeiten ➔ **Wahlthema 1** oder **Wahlthema 2**

1. Notiere, was du innerhalb der vorgegebenen Zeiten am Prüfungstag erledigen musst:

   30 Minuten: _____

   10 Minuten: _____

   120 Minuten: _____

   10 Minuten (Bonuszeit): _____

2. Du findest in diesem Heft in den Teilen C bis F verschiedene Schreibaufgaben. Bearbeite sie und notiere jeweils, wieviel Zeit du für die Bearbeitung einplanen musst. Notiere auch, wie viel Zeit du tatsächlich für die Berarbeitung der Aufgaben benötigt hast.

Prüfungsbeispiel:	geplante Zeit	benötigte Zeit
Sich über den Text/die Texte und die Aufgabenstellung orientieren		
Aufgabentext oder -texte lesen und Inhalt(e) erfassen		
Einen Schreibplan anlegen		
Materialtext(e) auswerten und Stichworte im Schreibplan festhalten		
Deinen Text schreiben		
Deinen Text überarbeiten		

A 2 Die Prüfungsaufgaben

A 2.1 Das Leseverstehen: ein Beispiel

Im ersten Prüfungsteil, dem Leseverstehen, bearbeitest du verschiedene Teilaufgaben. Mit ihnen wird überprüft, ob du den Text richtig gelesen und verstanden hast. Dazu musst du richtige Lösungen ankreuzen, Lückentexte ausfüllen, Aussagen aus dem Text erklären, eine Skizze deuten, Zusammenhänge erläutern oder zu bestimmten Aussagen (Standpunkten) Stellung nehmen.

Doch zunächst musst du den Text erschließen: Unterstreiche unbekannte Begriffe und kläre sie, markiere Schlüsselstellen, finde Überschriften zu Sinnabschnitten usw. Lies die Aufgabenstellungen genau und vergewissere dich mithilfe der passenden Textstellen, dass deine Antworten zutreffen.

1. Diese Prüfungsvorlage wurde bereits zum größten Teil bearbeitet. Überprüfe und korrigiere die Antworten. An manchen Stellen war der Schüler unsicher. Dort findest du Fragezeichen ??. Sie sind ein Hinweis für dich, diese Antworten genau zu überprüfen.

Medien und mehr

Teil I

Lies zunächst den Text sorgfältig durch und bearbeite anschließend die Aufgaben ❶–❷.

Warum ich im Supermarkt auch ohne Payback-Karte ausgeforscht werde   *Bernd Kramer*

persönlicher Datenschutz

?? Wie denn??

(1) „Haben Sie eine Payback-Karte?", fragt die Kassiererin. Es ist einer der wenigen Momente, in denen ich mich wie ein Mensch fühle, der den Datenschutz ernst nimmt. Wie ein Kunde, der sich bewusst verhüllt, statt sich gläsern zu machen. „Nein", sage ich mit voller Überzeugung. „Natürlich nicht." Ich weiß ja,
5 was der Handel mit Rabattkarten bezweckt: Er will mich ausforschen.

(2) Die amerikanische Supermarktkette Target fand mithilfe solcher Kundenkartendaten zum Beispiel heraus, wie man schon ziemlich früh schwangere Frauen identifiziert: Ab einem gewissen Zeitpunkt neigen sie unter anderem dazu, parfümfreie Körperpflegeprodukte zu kaufen. Je früher die Händler werdende
10 Mütter erkennen, desto gezielter können sie sie umwerben. Das führte bereits zu kuriosen[1] Situationen: Eines Tages kam ein Vater empört in den Laden, weil die Supermarktkette seiner Tochter Gutscheine für Babykleidung geschickt hatte. Sie gehe doch noch zur Schule, schimpfte der Vater. Target wusste bereits von der Schwangerschaft, bevor die junge Frau es ihrer Familie sagte.

Konkretes Beispiel!

15 (3) Auch die Deutschen helfen dem Handel sehr bereitwillig beim Datensammeln. Payback, der größte Rabattkartenanbieter, hat nach eigenen Angaben hierzulande 30 Millionen aktive Nutzerinnen und Nutzer. Aber sind die anderen, die sich nicht von ein paar Prämien locken lassen, wirklich so gut getarnt?

(4) Die Händler mit Ladenlokal lassen sich inzwischen einiges einfallen, um ihre
?? 20 Kunden so zu durchleuchten wie die Konkurrenten im Internet. Die Supermarktkette Real erfasste zum Beispiel eine Zeit lang die Gesichter der Kunden an der Kasse, wenn sie auf Werbebildschirme schauten. So lässt sich personalisierte Werbung ausspielen – wie im Internet. Erst nach öffentlichem Protest wurde das Projekt eingestellt, in einigen Filialen der Deutschen Post ist es weiterhin aktiv.

(5) Eine besonders verbreitete Methode macht sich zunutze, dass viele Menschen die WLAN-Funktion ihres Handys nicht ausschalten, wenn sie den Laden betreten. Ein Smartphone sucht in der Regel automatisch nach Netzen in der Nähe und schickt dem WLAN-Sender dabei eine persönliche Identifikationsnummer des Gerätes, die sogenannte MAC-Adresse. Aus der Signalstärke können die WLAN-Sender in den Läden wiederum ermitteln, wo der Kunde sich gerade befindet: Bleibt er besonders lange an der Wursttheke stehen? Traut er sich nur dann an das Regal mit den Kondomen, wenn gerade keine anderen Kunden in der Nähe sind? Oder greift er ganz schambefreit[2] zu? Und wie oft kommt er überhaupt in den Laden? Jeden Tag? Oder nur einmal in der Woche zum Großeinkauf?

(6) Das EHI Retail Institute aus Köln, eine Forschungseinrichtung des Handels, hat kürzlich 44 Handelsketten befragt. Zehn gaben dabei an, die Laufwege der Kunden bereits zu erfassen, 16 planen es für die Zukunft. Das Bayerische Landesamt für Datenschutzaufsicht befürchtet, dass Funksignale des Handys auch mit anderen Informationen verknüpft werden können, etwa mit Angaben zur EC-Kartenzahlung. Dann wüssten die Händler ziemlich schnell, welches Bewegungsprofil zu welchem Menschen gehört, und statt einer MAC-Adresse, die zweimal in der Woche abends zwischen den Regalen herumirrt, sähen sie dann plötzlich: mich. Auch ganz ohne Payback-Karte.

(7) Bei meinem nächsten Ladenbesuch achte ich darauf, welche WLAN-Netze mein Handy in der Nähe findet. Auch mein Supermarkt taucht in der Liste auf. Am Abend schleppe ich meine Einkäufe nach Hause und schalte zur Erholung Netflix ein. Der Streamingdienst kennt meine Vorlieben schon sehr genau – und schlägt mir „Black Mirror" vor, eine Serie, die oft von den Überwachungsmöglichkeiten der nahen Zukunft erzählt. Ich nehme mir vor: Von nun an stelle ich das Smartphone öfter aus, sobald ich aus dem Haus gehe.

Bernd Kramer: Mich für nichts. Teil 4. In: fluter – Magazin der Bundeszentrale für politische Bildung. Was gibst du preis? Thema Daten. Herbst 2018/Nr. 68, Seite 14.

[1] kurios: merkwürdig, ungewöhnlich
[2] schambefreit: sich nicht für etwas schämen

Aufgaben 1 – 12

1 Kreuze die richtige Antwort an.
Der Autor fühlt sich ohne Payback-Karte als jemand, der (Abschnitt 1) …

a)	keine Rabatte erhält.	
b)	keine Daten hinterlassen möchte.	x
c)	als ein verschlossener Mensch gilt.	
d)	von der Kassiererin bloßgestellt wird.	

2 Kreuze die richtige Antwort an.
Ein „gläserner" Kunde ist jemand, der (Abschnitt 1) …

a)	datentechnisch durchleuchtet ist.	
b)	im Umgang mit Daten gewissenhaft ist.	
c)	im Umgang mit Daten vorsichtig ist.	
d)	seine Daten verdeckt.	x

??

3 Kreuze die richtige Antwort an.
Der Handel will mit Rabattkarten (Abschnitt 2) …

a)	die Kunden zum Sparen anhalten.	
b)	schwangere Kunden bevorzugen.	
c)	viele Kundendaten sammeln.	x
d)	die Kunden über Rabatte informieren.	

4 Kreuze die richtige Antwort an.
Der Handel kann viele Kundendaten sammeln, weil die Deutschen (Abschnitt 3) …

a)	sich entgegenkommend verhalten.	x
b)	sich uninformiert verhalten.	
c)	sich unkritisch verhalten.	
d)	sich gleichgültig verhalten.	

5 Kreuze die richtige Antwort an.
Wenn es darum geht, die Kunden zu durchleuchten, orientieren sich Händler mit Ladenlokal an der Konkurrenz (Abschnitt 4) …

a)	in Supermarktketten.	
b)	der Deutschen Post.	x
c)	im Internet.	
d)	anderer Ladenlokale.	

??

6 Erläutere die Aussage „*So lässt sich personalisierte Werbung ausspielen* …" (Z. 22/23) im Textzusammenhang.

Mit dieser Aussage ist gemeint, dass die Gesichter von Kunden gespeichert werden, damit sie

bei ihrem nächsten Einkauf von den Kassierern wiedererkannt werden.

??

7 Kreuze die richtige Antwort an.
Kunden könnten eine Ortung durch ihr Smartphone verhindern (Abschnitt 5), indem sie …

a)	ihre MAC-Adresse verändern.	
b)	die WLAN-Funktion ihres Handys nicht ausschalten.	x
c)	die WLAN-Funktion ihres Handys nicht aktivieren.	
d)	die Signalstärke des WLAN-Senders herabsenken.	

??

8 Kreuze die richtige Antwort an.
„*Aus der Signalstärke können die WLAN-Sender genau ermitteln,* …" (Abschnitt 5)

a)	an welcher Stelle im Laden sich Kunden aufhalten.	x
b)	an welcher Stelle im Laden Kunden ihre Smartphones lauter stellen.	
c)	an welcher Stelle im Laden Kunden sich nach Rabatten erkundigen.	
d)	an welcher Stelle im Laden Kunden den Einkaufskorb abstellen.	

9 Erläutere den Zusammenhang zwischen den Grafiken und dem Text (Abschnitt 5).

1. Smartphone sucht nach Funknetzen in der Nähe
2. Smartphone schickt WLAN-Sender Identifikationsnummer des Gerätes
3. Ermittlung des Standortes des Benutzers

In der Grafik wird dargestellt, dass Smartphones in der Regel automatisch nach WLAN-Netzen in ihrer Umgebung suchen. Dabei übermittelt das Smartphone die MAC-Adresse des Gerätes an den WLAN-Sender. Dies hat zur Folge, dass der Standort des Handynutzers über die Signalstärke ermittelt werden kann, auch die zurückgelegten Wege im Supermarkt können so ermittelt werden.

10 Kreuze die richtige Antwort an.
In Abschnitt 6 wird deutlich, dass Funksignale des Handys …

a)	praktisch für den Kunden sind.	
b)	vergleichbar sind.	x
c)	nicht verknüpft werden können.	
d)	mit anderen Informationen verknüpft werden können.	

11 Kreuze die richtige Antwort an.
Dass auch die Daten des Autors des Artikels erfasst werden, erkennt man daran, dass (Abschnitt 7) …

a)	er über sein Einkaufsverhalten nachdenkt.	x
b)	dass er fernsieht.	
c)	er sein Handy zu Hause ausschaltet.	
d)	Netflix ihm bestimmte Serien vorschlägt.	

12 Nach dem Lesen des Textes sagt ein Schüler: „Man sollte häufiger an das Thema Datenschutz denken."
Schreibe eine kurze Stellungnahme zu dieser Aussage. Du kannst der Auffassung zustimmen oder nicht. Wichtig ist, dass du deine Meinung begründest. Beziehe dich dabei auf den Text.

Ich stimme der Aussage des Schülers zu. Ich finde es erschreckend, wie mit unseren Daten umgegangen wird, ohne dass es uns bewusst ist. Dass mein Kaufverhalten durch die Ortung meines Handys so genau erfasst wird, ist unheimlich. Dadurch fühle ich mich überwacht und manipuliert. Dabei ist es sehr leicht, die WLAN-Funktion des Handys abzuschalten. Das nehme ich mir künftig auf jeden Fall vor, um die Anlage meines Bewegungsprofils zu erschweren. Verhindern kann ich es sicherlich nicht, dass Daten über mich erfasst werden. Auch mein Computer verzeichnet, auf welchen Internetseiten ich gewesen bin. So ähnlich geht es dem Autor des Artikels ja auch, wenn er beispielsweise Netflix nutzt und aufgrund bereits gesehener Sendungen personalisierte Vorschläge erhält.

A 2.2 Die Schreibaufgabe: ein Beispiel (Aufgabentyp 4a)

Im Teil II der Prüfung wird überprüft, ob du Sachtexte, literarische Texte, Gedichte und ggf. auch Schaubilder und Anzeigen analysieren und miteinander vergleichen bzw. aufeinander beziehen (Aufgabentyp 4a oder 4b) oder ob du zu einem bestimmten Sachverhalt einen informierenden Text schreiben kannst (Aufgabentyp 2). Beim Aufgabentyp 4a musst du den vorgegebenen Text zunächst untersuchen (siehe S. 17). Dabei orientierst du dich an vorgegebenen Teilaufgaben. In einem zweiten Schritt musst du deine Untersuchungsergebnisse in einem zusammenhängenden Text ausformulieren. In einer abschließenden Aufgabe wird entweder eine Stellungnahme zu einer Aussage zum Text bzw. zu einem Zitat aus dem Text oder ein kurzer Text aus der Perspektive einer Figur (vgl. Aufgabe ❶ f) von dir erwartet.

1. Die unten stehende Prüfungsvorlage wurde bereits von einem Schüler bearbeitet. Lies dir die an ihn gestellten Aufgaben durch und markiere die Operatoren und Schlüsselwörter.

2. Bereite den Text selbst für eine Analyse vor. Erschließe ihn mit der Lesemethode und setze die Anmerkungen am Rand fort. Orientiere dich dabei an den Teilaufgaben.

Eine Frage der Beziehung
Teil II

Lies bitte zuerst den Text, bevor du die Aufgaben bearbeitest. Schreibe einen zusammenhängenden Text.

❶ **Analysiere** den Text „Augenblicke" von Walter Helmut Fritz. Gehe dabei so vor:
   a) **Schreibe** eine Einleitung, in der du Titel, Autor, Textart und Thema **benennst**.
   b) **Fasse** den Text **zusammen**.
   c) **Stelle dar**, welche Personen sich gegenüberstehen und welche Absichten sie verfolgen.
   d) **Beschreibe** die Beziehung zwischen Mutter und Tochter und ziehe dazu Textbelege heran.
   e) **Untersuche**, wie durch sprachliche und formale Mittel deutlich gemacht wird, dass Elsa in einem inneren Zwiespalt steckt (*mögliche Aspekte: Wortwahl, Satzbau, Erzählform und Erzählverhalten*), und **erläutere** dazu auch das Ende des Textes.
   f) **Verfasse** einen kurzen Text aus der Sicht von Elsa:
      - Warum verlässt Elsa fluchtartig die Wohnung der Mutter?
      - Welche Gedanken hat sie, als sie durch die Stadt läuft?
      - Welche Sorgen macht sie sich?
      Schreibe in der Ich-Form und berücksichtige die Informationen, die der Textauszug gibt.

Augenblicke *von Walter Helmut Fritz (1964)*

Mutter kommt ins Bad, Elsa reagiert genervt

Kaum stand sie vor dem Spiegel im Badezimmer, um sich herzurichten, als ihre Mutter aus dem Zimmer nebenan zu ihr hereinkam, unter
5 dem Vorwand, sie wolle sich nur die Hände waschen.
Also doch! Wie immer, wie fast immer.

Gefühle Elsas; Gedankenrede

Elsas Mund krampfte sich zusam-
10 men. Ihre Finger spannten sich. Ihre Augen wurden schmal. Ruhig bleiben!

Sie hatte darauf gewartet, dass ihre Mutter auch dieses Mal hereinkommen würde, voller Behutsamkeit, mit jener scheinbaren Zurückhaltung, die durch ihre Aufdringlichkeit die Nerven freilegt. Sie hatte – behext, entsetzt, gepeinigt – darauf
20 gewartet, weil sie sich davor fürchtete.
– Komm, ich mach dir Platz, sagte sie zu ihrer Mutter und lächelte ihr zu.

15 empfindet Verhalten als störend

Aufzählung

– Nein, bleib nur hier, ich bin gleich so weit, antwortete die Mutter und lächelte.

– Aber es ist doch so eng, sagte Elsa und ging rasch hinaus, über den Flur, in ihr Zimmer. Sie behielt einige Augenblicke länger als nötig die Klinke in der Hand, wie um die Tür mit Gewalt zuzuhalten. Sie ging auf und ab, von der Tür zum Fenster, vom Fenster zur Tür. Vorsichtig öffnete ihre Mutter.

– Ich bin schon fertig, sagte sie.

Elsa tat, als ob ihr inzwischen etwas anderes eingefallen wäre, und machte sich an ihrem Tisch zu schaffen.

– Du kannst weitermachen, sagte die Mutter.

– Ja, gleich.

Die Mutter nahm die Verzweiflung ihrer Tochter nicht einmal als Ungeduld wahr.

Wenig später allerdings verließ Elsa das Haus, ohne ihrer Mutter Adieu zu sagen. Mit der Tram[1] fuhr sie in die Stadt, in die Gegend der Post. Dort sollte es eine Wohnungsvermittlung geben, hatte sie einmal gehört. Sie hätte zu Hause im Telefonbuch eine Adresse nachsehen können. Sie hatte nicht daran gedacht, als sie die Treppe hinuntergeeilt war.

In einem Geschäft für Haushaltsgegenstände fragte sie, ob es in der Nähe nicht eine Wohnungsvermittlung gebe. Man bedauerte. Sie fragte in der Apotheke, bekam eine ungenaue Auskunft. Vielleicht im nächsten Haus. Dort läutete sie. Schilder einer Abendzeitung, einer Reisegesellschaft, einer Kohlenfirma. Sie läutete umsonst.

Es war später Nachmittag, Samstag, zweiundzwanzigster Dezember.

Sie sah in eine Bar hinein. Sie sah den Menschen nach, die vorbeingingen. Sie trieb mit. Sie betrachtete Kinoreklamen. Sie ging Stunden umher. Sie würde erst spät zurückkehren. Ihre Mutter würde zu Bett gegangen sein. Sie würde ihr nicht mehr Gute Nacht zu sagen brauchen.

Sie würde sich, gleich nach Weihnachten, eine Wohnung nehmen. Sie war zwanzig Jahre alt und verdiente. Kein einziges Mal würde sie sich mehr beherrschen können, wenn ihre Mutter zu ihr ins Bad kommen würde, wenn sie sich schminkte. Kein einziges Mal.

Ihre Mutter lebte seit dem Tod ihres Mannes allein. Oft empfand sie Langeweile. Sie wollte mit ihrer Tochter sprechen. Weil sich die Gelegenheit selten ergab (Elsa schützte Arbeit vor), suchte sie sie auf dem Flur zu erreichen oder wenn sie im Bad zu tun hatte. Sie liebte Elsa. Sie verwöhnte sie. Aber sie, Elsa, würde kein einziges Mal ruhig bleiben können, wenn sie wieder zu ihr ins Bad käme.

Elsa floh. Über der Straße künstliche, blau, rot, gelb erleuchtete Sterne. Sie spürte Zuneigung zu den vielen Leuten, zwischen denen sie ging.

Als sie kurz vor Mitternacht zurückkehrte, war es still in der Wohnung. Sie ging in ihr Zimmer, und es blieb still. Sie dachte daran, dass ihre Mutter alt und oft krank war. Sie kauerte[2] sich in ihren Sessel, und sie hätte unartikuliert[3] schreien mögen, in die Nacht mit ihrer entsetzlichen Gelassenheit.

aus: Walter Helmut Fritz: Umwege. Prosa. Stuttgart: Deutsche Verlags-Anstalt, 1964.

[1] die Tram: die Straßenbahn
[2] sich kauern: sich zusammenrollen
[3] unartikuliert: unkontrolliert und unverständlich

3. Untersuche den folgenden Schülertext:
   a) Finde heraus, wie der Schüler seinen Text strukturiert hat.
      Halte am Rand stichwortartig die Inhalte der einzelnen Abschnitte fest.
   b) Bearbeite die folgenden Aufgaben und schreibe dein Ergebnis an den Rand:
      • Kennzeichne, wo die Aspekte der Aufgabenstellung berücksichtigt werden, z. B.
        Aufgabe ❶ a): Z. 1 – Z. 3 ...
      • Prüfe, ob die Absätze sinnvoll gesetzt sind.
      • Überprüfe, ob die genannte Textart vorliegt und durch welche Merkmale sie belegt wurde.
      • Wo hat der Schüler Aussagen mit Textbelegen gestützt? Unterstreiche die Stellen.
      • An welchen Stellen würdest du etwas ergänzen, wo etwas streichen?
      • Ist der Text aus der Sicht von Elsa nachvollziehbar geschrieben?
        Passt er zum Inhalt der Erzählung?
      • Schreibe dir die Ausdrücke und Wendungen, die du dir merken willst, heraus (S. 14).

In der Kurzgeschichte „Augenblicke" von Walter Helmut Fritz aus dem Jahr 1964 geht es um einen Konflikt zwischen Mutter und Tochter, den die Mutter nicht als solchen wahrnimmt, der die Tochter aber in einen inneren Zwiespalt stürzt.	Teilaufgab 1a) – Tite Autor, The Textart
Die Tochter fühlt sich von ihrer Mutter bedrängt, weil sie ihr ihren Freiraum nimmt. Sie geht aus dem Badezimmer, wenn die Mutter hereinkommt, und sucht verzweifelt nach Ausreden, um nicht dauernd in der Nähe ihrer Mutter sein zu müssen. Schließlich verlässt sie das Haus, ohne sich zu verabschieden. Elsa irrt durch die Stadt und überlegt sich, eine eigene Wohnung zu suchen und bald von zu Hause auszuziehen. Doch als sie nachts wieder nach Hause zurückkehrt, kommt ihr der Gedanke, dass ihre Mutter seit dem Tod des Vaters oft krank ist und ihre Hilfe braucht. Das lässt sie an ihrer Entscheidung zweifeln.	5

10 |
| Elsa wohnt noch bei ihrer Mutter zu Hause und fühlt sich von dieser eingeengt und bedrängt („[...] als ihre Mutter aus dem Zimmer nebenan zu ihr hereinkam [...]", Z. 3/4). Sie reagiert genervt und empfindet ihre Mutter als aufdringlich (Z. 16–18). Mittlerweile fürchtet sie sich sogar vor den ständigen Begegnungen (Z. 20–21). Also reagiert sie mit Flucht aus der Wohnung, weil sie keine Privatsphäre mehr hat („Wenig später allerdings verließ Elsa das Haus, ohne ihrer Mutter Adieu zu sagen.", Z. 48–50). Als ungenaues Ziel hat sie eine Wohnungsvermittlung in der Stadt, weil sie beabsichtigt, auszuziehen (Z. 52–54). Sie sucht die Anonymität der Stadt und lässt sich mit den Menschen treiben (Z. 71–73), um auf andere Gedanken zu kommen. Erst in der Nacht kehrt sie unverrichteter Dinge nach Hause zurück und vermeidet so eine erneute Begegnung mit ihrer Mutter (Z. 75–79). Elsa ist im Grunde verzweifelt (Z. 110–113). Ihr gegenüber steht ihre Mutter, die sich um Elsas Nähe bemüht (Z. 15–18). Die Mutter realisiert Elsas eigentliche Gedanken nicht | 15

20 |

(Z. 45–47) und behandelt Elsa höflich und freundlich („[...] antwortete die Mutter und lächelte.", Z. 25–27), nimmt aber nicht wahr, dass Elsa auch Zeit für sich braucht. Die Mutter ist seit dem Tod ihres Mannes oft einsam (Z. 88–90), ebenso ist sie alt und krank (Z. 108–109). Deswegen möchte sie viel Zeit mit Elsa verbringen. Die Beziehung zwischen Mutter und Tochter ist angespannt. Die Mutter weiß nicht, dass sie ihre Tochter nervt („Die Mutter nahm die Verzweiflung ihrer Tochter nicht einmal als Ungeduld wahr.", Z. 45–47), obwohl Elsa versucht, es ihr zu zeigen, indem sie immer dann geht oder nach Ausreden sucht, wenn ihre Mutter sich ihr nähert (Z. 28–33, Z. 37–41, Z. 44). Andererseits unterscheidet sich Elsas äußeres Verhalten ihrer Mutter gegenüber („Komm, ich mach dir Platz, sagte sie zu ihrer Mutter und lächelte ihr zu.", Z. 22–24) deutlich von ihren Gedanken. Die Mutter liebt ihre Tochter zu sehr (Z. 95), um sie gehen zu lassen. Deshalb nimmt sie auch so viel Rücksicht (Z. 25–27). Elsa fühlt sich aber dadurch eingeengt. Trotzdem fühlt sie sich für ihre Mutter verantwortlich. Dadurch wird die Beziehung kompliziert, da beide nicht offen über ihre jeweiligen Gedanken und die Gründe für ihr Verhalten sprechen. Für Elsa ergibt sich aus der Situation ein innerer Zwiespalt. Dieser wird durch die Er-/Sie-Erzählform und das personale Erzählverhalten für den Leser deutlich, denn der Erzähler übernimmt den Blickwinkel von Elsa und gibt deren Gedanken z.B. durch eine Aufzählung von Adjektiven („[...] behext, entsetzt, gepeinigt [...]", Z. 19) oder durch Ellipsen wieder („Ruhig bleiben!", Z. 11–12). Auch ihr Verhalten in der Stadt, das durch Parataxen und Anaphern aneinandergereiht dargestellt wird (Z. 71–79), deutet an, dass sie eigentlich ziellos umherirrt. Die Darstellung ihrer Gedanken legt offen, dass sie sich unter fremden Menschen sogar wohler fühlt als zu Hause (Z. 102–104). Elsa nimmt sich vor, dass sie sich bei der nächsten Begegnung nicht mehr beherrschen wird. So wird deutlich, dass Elsa sich durch die Anwesenheit ihrer Mutter bedrängt und verfolgt fühlt. Sie wartet fast schon darauf, dass ihre Mutter wieder hinterherkommt: „Sie behielt einige Augenblicke länger als nötig die Klinke in der Hand, wie um die Tür mit Gewalt zuzuhalten." (Z. 30–33). Andererseits kann sie ihre Mutter auch nicht verlassen, da diese allein (Z. 89), „alt und oft krank" ist (Z. 109). Nachdem sie erst kurz vor Mitternacht aus der Stadt zurückgekehrt ist, rollt sie sich in ihrem Sessel zusammen (Z. 110). Es geht ihr so schlecht, dass sie am liebsten laut schreien würde. Hier wird durch eine Personifikation der innere Konflikt Elsas betont: „[...] in die Nacht mit ihrer entsetzlichen Gelassenheit." (Z. 112–113). Damit wird ein Kontrast zwischen der Stille der Nacht und Elsas Innensicht klar. Es zeigt sich, dass Elsa trotz ihrer Reflexion während ihrer Flucht in die Stadt keine Lösung für ihr Problem gefunden hat, denn eigentlich weiß sie, dass sie ihre Mutter nicht alleine lassen kann, braucht aber gleichzeitig Gelegenheiten, um Zeit für sich zu haben („Sie war zwanzig Jahre alt und verdiente.", Z. 82–83).

Text aus der Sicht Elsas:

Warum lässt mir Mutter nie meine Privatsphäre, sie verfolgt mich regelrecht. Wenn ich mich im Bad fertig machen will, kommt sie herein – immer unter dem Vorwand, es würde nicht so lange dauern. Kann sie mich nicht wenigstens im Bad in Ruhe lassen? Nur einen kleinen Moment? Das ist immer so, immer läuft sie hinter mir her. Ich weiß, dass sie nicht alleine sein will und dass sie meine Nähe sucht, aber ich brauche auch mal Zeit für mich. Das macht mich so wütend! Am besten, ich verschwinde in die Stadt – dort kennt mich keiner, und keiner verfolgt mich ... Wo ist denn nun diese Wohnungsverwaltung? Es wird Zeit, dass ich mir eigene vier Wände suche. Keiner kann mir Auskunft geben – weder in dem Haushaltswarengeschäft noch in der Apotheke. Hier macht auch keiner auf. Es ist zum Verzweifeln – und jetzt ist auch noch bald Weihnachten. Ich laufe durch die Stadt, bis Mutter zu Bett gegangen ist – dann stört sie mich nicht mehr. Ich bin zwanzig Jahre alt, ich brauche meine Privatsphäre. Ich weiß, dass Mama nach dem Tod von Papa allein ist und jemanden zum Reden braucht, aber ich kann das nicht mehr. Ich fühle mich bedrängt! Da sind mir fremde Leute fast lieber als meine Mutter ... Es ist schon spät – ich muss nach Hause zurück – fast Mitternacht. Verdammt, was soll ich nur tun? Ich weiß, dass sie oft allein und krank ist – sie hat doch sonst keinen außer mir. Was soll ich nur machen? Ich kann sie doch nicht alleine lassen. Kann mir keiner helfen???

Ausdrücke und Wendungen, die ich mir merken möchte:

A 2 Die Prüfungsaufgaben | Schreibaufgabe | **15**

Wonach richtet sich die Note der Schreibaufgabe (Aufgabentyp 4a)?

1. Beurteile den Schüleraufsatz anhand des Bewertungsbogens.

Inhaltliche Leistung

Aufgabe	Anforderung	erfüllt	nicht erfüllt
	Der Prüfling …		
1 a)	schreibt eine Einleitung, in der er … • Titel, Autor, Textart sowie • das Thema (*Konflikt zwischen Mutter und Tochter, den die Mutter nicht wahrnimmt, der die Tochter aber in einen inneren Zwiespalt stürzt*) benennt.		
1 b)	fasst den Text kurz zusammen (*Tochter fühlt sich von Mutter bedrängt; geht aus Badezimmer, wenn Mutter hereinkommt; verlässt das Haus, ohne sich zu verabschieden; will in der Stadt eine eigene Wohnung suchen; kehrt unverrichteter Dinge nachts zurück; denkt an die Mutter, die einsam und oft krank ist; ist unschlüssig*).		
1 c)	stellt dar, welche Personen sich gegenüberstehen und welche Absichten sie verfolgen, z. B.: • *Mutter: sucht Nähe ihrer Tochter, nimmt eigene Aufdringlichkeit nicht wahr, liebt ihre Tochter …* • *Tochter: braucht Privatsphäre, fühlt sich bedrängt, flüchtet vor der Nähe ihrer Mutter, sucht die Anonymität der Stadt, ist hin- und hergerissen zwischen Mitleid und Abkehr …*		
1 d)	beschreibt die Beziehung zwischen Mutter und Tochter und zieht dazu Textbelege heran, z. B.: • *angespanntes Verhältnis, Mutter erkennt die Bedrängnis ihrer Tochter nicht, keine offene Aussprache …*		
1 e)	untersucht, wie durch sprachliche und formale Mittel deutlich gemacht wird, dass Elsa in einem innerem Zwiespalt steckt, z. B.: • *Aufzählung/Adjektive: Beschreibung der Emotionen (Z. 19),* • *Parataxen und Ellipsen: Verdeutlichung der inneren Anspannung, der Gedanken (Z. 7–8, Z. 9–12, …)* • *Anaphern: Betonung des Fluchtgedankens (Z. 69–83)* • *Er-/Sie-Erzählform und personales Erzählverhalten: Offenlegung von Elsas Reaktionen und Gedankengängen (Z. 7–8, 9–12) …*		
1 f)	verfasst einen kurzen Text aus der Sicht von Elsa, aus dem deutlich wird, warum Elsa fluchtartig die Wohnung der Mutter verlässt, in dem die Gedanken deutlich werden, die Elsa hat, als sie durch die Stadt läuft, und der angibt, welche Sorgen sie sich macht (Ich-Form).		

Darstellungsleistung

	Anforderung	erfüllt	nicht erfüllt
	Der Prüfling …		
1	• strukturiert seinen Text schlüssig und gedanklich klar.		
2	• belegt seine Aussagen durch angemessenes und korrektes Zitieren.		
3	• formuliert syntaktisch variabel (Satzbau).		
4	• drückt sich präzise und differenziert aus.		
5	• schreibt sprachlich richtig (Rechtschreibung, Zeichensetzung, Grammatik).		

B Arbeitstechniken
B 1 Im Wörterbuch nachschlagen

Das Wörterbuch ist für die Abschlussprüfung ein wichtiges Hilfsmittel:
- Du benötigst es zum Klären von unbekannten Wörtern.
- Du kannst nachschlagen, um die Rechtschreibung von Wörtern zu überprüfen. Das ist vor allem für die Überarbeitung eigener Texte wichtig.

1. Erkläre, welche Bedeutung die unterstrichenen Wörter im Textzusammenhang haben. Benutze dein Wörterbuch.

> Millionen Menschen nutzen jede Gelegenheit, um zum Smartphone zu greifen. Nun zeigt eine Studie von Medienforschern, dass diese <u>exzessive</u> Nutzung große <u>Risiken</u> birgt. Besonders häufig chatten, posten und spielen die <u>Probanden</u> unter 25 Jahren. Die Angst, nicht alles von seinen Freunden mitzubekommen, führt zu <u>permanentem</u> Kommunikationsdruck und dazu, dass viele Menschen Hunderte Male am Tag auf ihr Mobiltelefon schauen oder selbst Kurznachrichten verbreiten.

exzessive Nutzung: _____

Risiken: _____

die **Probanden**: _____

permanentem Kommunikationsdruck: _____

TIPP

1. Bei Fremdwörtern gibt es oft mehrere Bedeutungen. Um die richtige Bedeutung herauszufinden, mache die **Ersatzprobe:** Setze jede angegebene Bedeutung im Text an die Stelle des Fremdwortes. Welche Bedeutung ist im Textzusammenhang sinnvoll? Prüfe und wähle aus.
2. Manche Wörter findet man nicht auf Anhieb im Wörterbuch, weil sie im Text in veränderter Form vorkommen. Gehe daher vor dem Nachschlagen so vor:
   - Bilde von gebeugten Verben die Grundform (den Infinitiv): *aß → essen*.
   - Bilde bei Nomen die Einzahl (Singular): *Kakteen → Kaktus*.
   - Schlage bei zusammengesetzten Wörtern erst unter dem ersten Wortteil nach. Wenn dort die Wortzusammensetzung nicht zu finden ist, musst du auch den zweiten Wortteil nachschlagen:
   - Reflexionsprozess: *→ Reflexion → Prozess*.

2. In dem folgenden Text befinden sich sechs Rechtschreibfehler. Streiche falsch geschriebene Wörter durch und schreibe sie richtig auf.

> Smartphones sind genial, weil ich damit mit meinen Freunden über Hausaufgaben und anstehende Klassenarbeiten diskutieren kann. Natürlich kommt an einem einziegen Tag eine riesige menge von Nachrichten zusammen, weil viele über flüssige und unwichtige Miteilungen geschrieben werden. Wenn ich mich durch mein Handy gestrest fühle, stelle ich einfach den Signalton aus.

TIPP

Alle wichtigen Rechtschreibregeln findest du auch noch einmal auf der Internetseite **www.finaleonline.de**.
Einfach „Mittlerer Schulabschluss" und dein Bundesland eingeben und dann das kostenlose „EXTRA-Training Rechtschreibung" herunterladen.
Neben den Regeln findest du dort auch noch weitere Übungen mit Lösungen.

B 2 Texte erschließen und Inhalte zusammenfassen – literarische Texte

1. Um einen literarischen Text zu erschließen, gehst du am besten schrittweise vor. Ein Lesefächer kann dir dabei helfen. Kopiere diese Seite, um einen Lesefächer anzulegen. Gehe dann folgendermaßen vor:
   - Schneide die einzelnen Streifen aus und lege die Papierstreifen in der Reihenfolge der Schritte übereinander (den ersten Schritt nach oben). Loche sie wie vorgegeben.
   - Hefte die Streifen mit einer Klammer oder binde sie mit einem Band zusammen.

2. Bearbeite mithilfe des Lesefächers den Text „*Streuselschnecke*" auf Seite 18.

○ **1. Schritt: Vermutungen äußern**
Stelle Vermutungen zum Inhalt an:
– Lies die Überschrift des Textes. Worum geht es wohl?
– Gibt es zu dem Text eine Abbildung? Wenn ja: Was ist darauf zu sehen?

Vor dem Lesen

○ **2. Schritt: Unbekannte Begriffe klären**
– Markiere mit einer Wellenlinie Begriffe und Textstellen, die du nicht verstehst.
– Erschließe ihre Bedeutung aus dem Satzzusammenhang, dem dazugehörigen Text oder durch Nachschlagen im Wörterbuch (siehe B 1, S. 16). Notiere die Bedeutung am Rand.

Während des Lesens

○ **3. Schritt: Schlüsselstellen markieren**
– Markiere **Schlüsselstellen**. Das sind die Textstellen, die Anworten auf folgende Fragen geben: *Wo und wann spielt die Erzählung? Welche Personen handeln dort? Worum geht es?*
– Halte am Rand **weitere Beobachtungen** fest: *Wie wirkt der Text auf dich (lustig, ernst, spannend ...)? Wer erzählt die Geschichte (siehe Glossar „Merkmale erzählender Texte", S. 141)? Welche sprachlichen Mittel werden verwendet (siehe S. 143)? Welche Wirkung entsteht durch den Satzbau?*

Während des Lesens

○ **4. Schritt: Wichtiges herausschreiben**
– Bilde **Sinnabschnitte**. Das sind Absätze, die inhaltlich eng zusammengehören. Ein neuer Sinnabschnitt beginnt, wenn z. B. eine neue Person auftritt oder ein wichtiges Ereignis geschieht. Du kannst dich auch an den vorhandenen Absätzen orientieren.
– Formuliere zu jedem Sinnabschnitt eine **Überschrift** (ein Stichwort oder einen kurzen Satz).
– Notiere zu jeder Überschrift stichwortartig den **Inhalt des Sinnabschnittes**. Orientiere dich dabei daran, welche Schlüsselstellen du markiert hast.

Nach dem Lesen

○ **5. Schritt: Inhalte zusammenfassen**
– Bilde aus den Stichpunkten zum Inhalt vollständige Sätze und verknüpfe sie miteinander. So erhältst du eine kurze Inhaltszusammenfassung des Textes.
– Bestimme die Textart (Erzählung, Kurzgeschichte, Roman, Jugendbuchauszug, Gedicht ...; siehe Glossar, S. 144).

Nach dem Lesen

Streuselschnecke *Julia Franck (2000)*

Der Anruf kam, als ich vierzehn war. Ich wohnte seit einem Jahr nicht mehr bei meiner Mutter und meinen Schwestern, sondern bei Freunden in Berlin. Eine fremde Stimme meldete sich, der Mann nannte seinen Namen, sagte mir, er lebe in Berlin, und fragte, ob ich ihn kennenlernen wolle. Ich zögerte, ich war mir nicht sicher. Zwar hatte ich schon viel über solche Treffen gehört und mir oft vorgestellt, wie so etwas wäre, aber als es so weit war, empfand ich eher Unbehagen. Wir verabredeten uns. Er trug Jeans, Jacke und Hose. Ich hatte mich geschminkt. Er führte mich ins Café Richter am Hindemithplatz und wir gingen ins Kino, ein Film von Rohmer[1]. Unsympathisch war er nicht, eher schüchtern. Er nahm mich mit ins Restaurant und stellte mich seinen Freunden vor. Ein feines, ironisches Lächeln zog er zwischen sich und die anderen Menschen. Ich ahnte, was das Lächeln verriet.

Einige Male durfte ich ihn bei seiner Arbeit besuchen. Er schrieb Drehbücher und führte Regie bei Filmen. Ich fragte mich, ob er mir Geld geben würde, wenn wir uns treffen, aber er gab mir keins, und ich traute mich nicht, danach zu fragen. Schlimm war das nicht, schließlich kannte ich ihn kaum, was sollte ich da schon verlangen? Außerdem konnte ich für mich selbst sorgen, ich ging zur Schule und putzen und arbeitete als Kindermädchen. Bald würde ich alt genug sein, um als Kellnerin zu arbeiten, und vielleicht wurde ja auch noch eines Tages etwas Richtiges aus mir.

Zwei Jahre später, der Mann und ich waren uns noch immer etwas fremd, sagte er mir, er sei krank. Er starb ein Jahr lang, ich besuchte ihn im Krankenhaus und fragte, was er sich wünsche. Er sagte mir, er habe Angst vor dem Tod und wolle es so schnell wie möglich hinter sich bringen. Er fragte mich, ob ich ihm Morphium[2] besorgen könne. Ich dachte nach, ich hatte einige Freunde, die Drogen nahmen, aber keinen, der sich mit Morphium auskannte. Auch war ich mir nicht sicher, ob die im Krankenhaus herausfinden wollten und würden, woher es kam. Ich vergaß seine Bitte. Manchmal brachte ich ihm Blumen. Er fragte nach dem Morphium, und ich fragte ihn, ob er sich Kuchen wünsche, schließlich wusste ich, wie gerne er Torte aß. Er sagte, die einfachen Dinge seien ihm jetzt die liebsten – er wolle nur Streuselschnecken, nichts sonst. Ich ging nach Hause und buk[3] Streuselschnecken, zwei Bleche voll. Sie waren noch warm, als ich sie ins Krankenhaus brachte. Er sagte, er hätte gerne mit mir gelebt, es zumindest gern versucht, er habe immer gedacht, dafür sei noch Zeit, eines Tages – aber jetzt sei es zu spät. Kurz nach meinem siebzehnten Geburtstag war er tot. Meine kleine Schwester kam nach Berlin, wir gingen gemeinsam zur Beerdigung. Meine Mutter kam nicht. Ich nehme an, sie war mit anderem beschäftigt, außerdem hatte sie meinen Vater zu wenig gekannt und nicht geliebt.

Aus: Julia Franck: Bauchlandung. Geschichten zum Anfassen. München. Deutscher Taschenbuch Verlag, 2002. © 2000 DuMont Buchverlag, Köln.

[1] Rohmer: Spielfilme von Rohmer thematisieren Beziehungen von Erwachsenen. Sie sind ohne Aktion; es wird viel gesprochen und diskutiert.
[2] Morphium: Droge; eines der stärksten Schmerzmittel
[3] buk: Präteritum von backen

B 3 Texte erschließen und Inhalte zusammenfassen – Sachtexte

1. Um einen Sachtext zu erschließen, gehst du am besten schrittweise vor. Ein Lesefächer kann dir dabei helfen. Kopiere diese Seite, um einen Lesefächer anzulegen. Gehe dann folgendermaßen vor:
   - Schneide die einzelnen Streifen aus und lege die Papierstreifen in der Reihenfolge der Schritte übereinander (den ersten Schritt nach oben). Loche sie wie vorgegeben.
   - Hefte die Streifen mit einer Klammer oder binde sie mit einem Band zusammen.

2. Bearbeite mithilfe des Lesefächers den Text *„Was ist ein Blog und was macht ein Blogger eigentlich genau?"* auf Seite 20.

---

1. Schritt: Vermutungen äußern
Stelle Vermutungen zum Inhalt an:
- „Überfliege" den Text: Wovon könnte der Sachtext handeln?
- Lies die Überschrift, die Zwischenüberschriften und betrachte die Abbildungen:
  - Notiere am Rand, was du bereits über das Thema weißt.
  - Stelle W-Fragen an den Text: Was …? Wer …? Warum …? Wo …? Wann …?

Vor dem Lesen

---

2. Schritt: Unbekannte Begriffe klären
- Markiere mit einer Wellenlinie Begriffe und Textstellen, die du nicht verstehst.
- Erschließe ihre Bedeutung aus dem Satzzusammenhang, dem dazugehörigen Text oder durch Nachschlagen im Wörterbuch (siehe B 1, S. 16). Notiere die Bedeutung am Rand.

Während des Lesens

---

3. Schritt: Schlüsselstellen markieren
- Markiere **Schlüsselstellen**:
  - Textstellen, die Antworten auf die W-Fragen geben
  - Informationen, die du interessant findest
  - Wenn du die Aufgaben zum Text bereits gelesen hast, unterstreiche die Textstellen, die du zu deren Bearbeitung nutzen kannst.

Während des Lesens

---

4. Schritt: Informationen entnehmen
- Bilde **Sinnabschnitte**. Das sind Absätze, die inhaltlich eng zusammengehören. Du kannst dich auch an den vorhandenen Absätzen orientieren.
- Formuliere zu jedem Sinnabschnitt eine **Überschrift** (ein Stichwort oder einen kurzen Satz).
- Notiere zu jeder Überschrift stichwortartig den **Inhalt des Sinnabschnittes**. Orientiere dich dabei daran, welche Schlüsselstellen du markiert hast.

Nach dem Lesen

---

5. Schritt: Inhalte zusammenfassen
- Bilde aus den Stichpunkten zum Inhalt vollständige Sätze und verknüpfe sie miteinander. So erhältst du eine kurze Inhaltszusammenfassung des Textes.
- Bestimme die Textart (Reportage, Bericht, Interview; siehe Glossar, S. 144).

Nach dem Lesen

Was ist ein Blog und was macht ein Blogger eigentlich genau? *Andreas Meyhöfer*

Das Weblog, das Blog oder mittlerweile laut Duden auch der Blog ist aus dem Ursprung heraus nichts anderes als ein Online-Tagebuch. User, die das Internet früh für sich entdeckt hatten, stellten ihre Lebensereignisse online. Wofür einst das gute alte Tagebuch aus Papier herhalten durfte, wurde nun das World Wide Web als Medium genutzt. Das Kunstwort Weblog als Kurzform für World Wide Web & Logbuch entstand und die ersten Web-Logger, also Blogger, waren geboren.

Mittlerweile ist das Medium Blog den Kinderschuhen entwachsen und schon lange kein reines Tagebuch mehr für persönliche Gedanken und Träume. Blogs entstehen aus den unterschiedlichsten Gründen, Zielsetzungen und mit den vielfältigsten Themen. Der Unterschied zwischen teilweise überladenen Webseiten und Blogs ist der einfache und schlichte Aufbau. [...] Reine Blogs bieten dem Leser eine sauber strukturierte Informationsquelle ohne viel Drumherum. In der Regel sind Blogbeiträge absteigend nach Datum aufgelistet und geben dem Blogleser eine genaue Übersicht über die Aktualität eines Beitrags.

Dank Kategorien und Schlagwörtern können Blogleser schnell und einfach durch den Blog navigieren. Die entsprechende interne Verlinkung und Auflistungen aller Artikel, die einer Kategorie oder einem Schlagwort zugeordnet sind, tragen erheblich zur Nutzerfreundlichkeit bei. [...]

Die Faszination Blog hat weltweit mittlerweile viele Millionen Anhänger und täglich werden es mehr. Das Tolle an einem Blog ist, dass er dank der Kommentarfunktion ganz einfach zu einem regen Gedankenaustausch von Gleichgesinnten beitragen kann. [...] Möchte man einen eigenen Blog erstellen, findet man im Netz kostenlose Blogging-Dienste und kann so ohne finanziellen Aufwand und mit wenigen Klicks sofort loslegen. Für eine einfache und schnelle Einrichtung ist in der Regel keine Registrierung vonnöten, es reicht, einen Nickname sowie eine Mailadresse anzugeben.

Egal, ob jemand aus Spaß an der Freude im Hobbybereich bloggt oder seinen Lebensunterhalt damit bestreiten möchte, inzwischen ist alles möglich. Dabei gibt es zahlreiche unterschiedliche Blogthemen wie Fashionblogs, Kunstblogs, Newsblogs, Mikroblogs (wie z. B. Twitter), Wissenschaftsblogs und viele mehr. Die Liste lässt sich endlos verlängern. [...]

Vom Einzelkämpfer bis zu ganzen Gruppen gibt es Blogger, die einzelne Blogs oder gar Blognetzwerke betreiben. Der Blog ist global betrachtet weitaus mehr als nur ein Tagebuch oder eine Website, sondern ein Medium, das mitunter eine sehr große Meinungsmacht mit sich bringt. Von professionellen Journalisten werden Blogger oft fachlich nicht ernst genommen, sei es wegen der fehlenden journalistischen Ausbildung oder einfach, weil man die neue Konkurrenz fürchtet. Zudem sind Blogger oftmals schneller und damit aktueller in ihrer Berichterstattung.

https://blogsheet.info/blog-blogger-genau-erklaert-18677, Zugriff: 23.10.2017 (verändert)

B 4 Schaubilder auswerten

Häufig findest du in Prüfungsaufgaben auch Schaubilder wie Diagramme und Tabellen. Diese enthalten Zusammenfassungen von Daten, die nach bestimmten Gesichtspunkten geordnet sind.
Folgende Aufgabenstellungen sind bei Schaubildern möglich:

- Du musst überprüfen, ob die vorgegebenen Aussagen zu einem Schaubild richtig sind oder nicht.
- Du musst feststellen, ob die Informationen eines Schaubildes die Aussagen eines Textes bestätigen, ergänzen oder widerlegen. Dazu musst du ein Schaubild richtig lesen und verstehen.

1. Werte Schaubild A (Seite 22) nach folgenden Schritten aus:

Erster Schritt: Sich orientieren

a) Worum geht es in dem Schaubild A? Notiere stichpunktartig.

Thema: _____

Zahlenangaben: _____

hellgraue Balken: _____

dunkelgraue Balken: _____

Vergleiche zwischen: _____

_____

TIPP zum ersten Schritt

1. Lies die Überschriften und Erläuterungen. Um welches Thema geht es?
2. Welche Zahlenangaben werden gemacht? Werden sie in Prozent, Promille oder in absoluten Zahlen (z. B. in Tausend) angegeben?
3. Worauf beziehen sich diese Angaben?
4. Was wird miteinander verglichen?

Zweiter Schritt: Den Inhalt des Schaubildes erfassen und stichpunktartig aufschreiben

b) Schreibe die Informationen auf, die du dem Schaubild entnehmen kannst.

_____

_____

_____

_____

TIPP zum zweiten Schritt

1. Sieh dir das Schaubild genauer an. Worauf bezieht sich der größte Wert?
2. Worauf bezieht sich der niedrigste Wert?
3. Gibt es weitere Auffälligkeiten?

Dritter Schritt: Aufgabenstellung beantworten und Ergebnisse aufschreiben

c) Beantworte die Aufgaben zu Schaubild A. Achte genau auf die Aufgabenstellung. Wenn du dir bei der Formulierung der Ergebnisse unsicher bist, findest du auf Seite 23 Formulierungshilfen.

_____

_____

_____

_____

TIPP zum dritten Schritt

1. Formuliere in ganzen Sätzen.
2. Verwende folgende Formulierungen:
   es gibt weniger als ...
   mehr als bei ...
   genauso oft ...
   seltener ...
   auffällig ist, dass ...

2. Bearbeite in gleicher Weise die Schaubilder B und C.

Schaubild A: Balkendiagramm
Medienbeschäftigung in der Freizeit

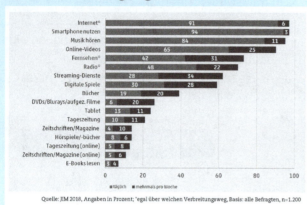

Quelle: JIM 2018, Medienpädagogischer Forschungsverbund Südwest

INFO

Balkendiagramme zeigen oft absolute Zahlen oder Prozentzahlen an. Die Länge des Balkens gibt die Anzahl an, die man meist auf der x-Achse ablesen kann. Neben der y-Achse wird angegeben, worauf sich die Balken beziehen.

Aufgaben:
1. Welches Medium wird von den Jugendlichen am häufigsten täglich genutzt?
2. Welche Medien sind bei der regelmäßigen Nutzung (mehrmals pro Woche) am beliebtesten?

Schaubild B: Kreisdiagramm
Familien, Paare ohne Kinder, Alleinstehende

Quelle: Statistisches Bundesamt, Wiesbaden 2013

INFO

Kreisdiagramme zeigen die prozentuale Zusammensetzung einer Gesamtmenge. Dabei ist der Kreis in mehrere Teile unterteilt, die jeweils den Anteil an der Gesamtmenge wiedergeben.

Aufgaben:
1. Welche Lebensweise hat von 1996 bis 2012 am meisten zugenommen?
2. Beschreibe die Entwicklung der verschiedenen Lebensweisen von 1996 bis 2012.

Schaubild C: Verlaufsdiagramm
Preisentwicklung Telekommunikation

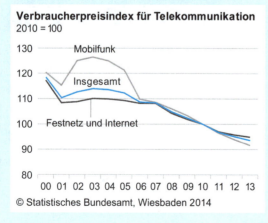

© Statistisches Bundesamt, Wiesbaden 2014

INFO

Kurven- oder Liniendiagramme eignen sich dazu, Daten von verschiedenen Zeitpunkten grafisch vergleichend darzustellen.

Aufgaben:
1. Beschreibe die Entwicklung der Preise für Telekommunikation.
2. In welchem Zeitraum und in welchem Bereich stiegen die Preise für Telekommunikation am stärksten an?

B 4 Arbeitstechniken | Schaubilder auswerten | 23

Schaubilder auswerten: Formulierungshilfen

1. a) Nachdem du die Schaubilder ausgewertet hast, fasse die wesentlichen Inhalte zusammen und beantworte in deinem Text die auf Seite 22 gestellten Fragen. Ergänze dazu die Lückentexte unten.
   b) Sammle in einer Liste Formulierungshilfen, die du zum Beschreiben von Schaubildern nutzen kannst.

Schaubild A: Das vorliegende _____ stellt die „Medienbeschäftigung von Jugendlichen in der Freizeit" dar. Es wurde durch den _____ im Jahre 2018 veröffentlicht. Dazu wurden _____ Jugendliche befragt. Auf der x-Achse kann man die _____ zu den Nennungen ablesen. Dabei stellen die hellgrauen Balken die _____ dar, während die dunkelgrauen Balken die _____ verdeutlichen. Das heißt, die Studie ermöglicht einen Vergleich zwischen täglicher und wöchentlicher Nutzung. Auf der y-Achse sind die _____ aufgelistet, die Jugendliche nutzen. Die Auflistung beginnt mit dem am häufigsten genannten Medium und endet mit dem am wenigsten genannten. Bezüglich der täglichen Mediennutzung werden _____ (94 Prozent), Internet (_____) und _____ (_____) besonders häufig genannt. Beliebt sind außerdem _____ (65 Prozent). Mindestens mehrmals pro Woche nutzen die Jugendlichen insbesondere _____ (34 Prozent), gefolgt von Fernsehen (_____) und _____ (_____). Zusammenfassend ist festzustellen, dass für viele Jugendliche das _____ im Alltag mittlerweile eine große Bedeutung hat.

Schaubild B: Das _____ mit dem Titel „Familien, Paare ohne Kinder, Alleinstehende", veröffentlicht im Jahre _____, befasst sich mit den unterschiedlichen _____ _____. Diese Aufschlüsselung wurde vom _____ in Wiesbaden veröffentlicht. Das Schaubild besteht aus zwei _____, die durch die Anordnung einander gegenübergestellt werden können. Der äußere Kreis enthält _____-Angaben zum Jahr _____, während der _____ Angaben zum Jahr _____ darstellt. Durch den Vergleich beider Angaben lässt sich ermitteln, dass sich im angegebenen Zeitraum, also von _____ bis _____, die Anzahl der Familien um 7 % auf _____ verringert hat. Demgegenüber hat der Anteil der Alleinstehenden um _____ zugenommen, denn er ist von 38 % auf 44 % gestiegen. Nahezu gleich geblieben ist der Anteil der _____ (1996: 28 %, 2012: _____).
Insgesamt verdeutlicht das Kreisdiagramm die Tendenz, dass Menschen eher allein leben. Allerdings enthält das Schaubild keine Angaben über das Alter der Befragten.

Schaubild C: Das _____, das den Titel _____ trägt, stellt die Preisentwicklung für Telekommunikation im Jahr _____ dar. Diese wurde erhoben durch das Statistische Bundesamt in _____. Auf der _____ sind die Jahreszahlen ablesbar, während auf der _____ Angaben zum Verbraucherpreisindex gemacht werden. Ausgehend vom Verbraucherpreisindex (2010 = 100) sind die _____ als Kurven für „Mobilfunk" (hellgraue Kurve), „Festnetz und Internet" (_____) kombiniert und „insgesamt" (_____) über den Zeitraum von _____ bis _____ abzulesen. Dabei fällt auf, dass, nachdem die Preise bis _____ für Mobilfunk, Festnetz und Internet _____, die Kosten für den _____ zwischen 2001 und _____ besonders stark anstiegen. Festnetz und _____ wurden nur etwas teurer. Bis _____ glichen sich die Kosten in allen Bereich an und _____ seitdem jedes Jahr. Das heißt zusammenfassend betrachtet, Telekommunikation wird tendenziell _____.

C Strategien zur Bearbeitung von Schreibaufgaben
C 1 Aufgabentyp 2
C 1.1 Was bedeutet die Aufgabenstellung „Informiere …"?

Die Aufgabenstellung stammt aus einer Prüfungsvorlage, in welcher ein informierender Text verfasst werden sollte. (ACHTUNG: Die zugehörigen Texte und Materialien findest du auf den Seiten 79 – 82.)

> Am 1. Juli findet an deiner Schule ein Projekttag „Sprachenreichtum an unserer Schule" statt. Dafür wird ein Ordner zur Vorbereitung erstellt, der allen Schülerinnen und Schülern sowie Lehrkräften zur Verfügung steht. Du bist gebeten worden, für den Vorbereitungsordner einen informierenden Text zum Thema „Mehrsprachigkeit" zu verfassen. Um deinen Text schreiben zu können, bekommst du eine Materialsammlung (M1 – M7).
>
> <u>Verfasse</u> auf der Grundlage der Materialien M1 – M7 einen informierenden Text zum Thema „Mehrsprachigkeit". Schreibe nicht einfach aus den Materialien ab, sondern achte auf eine eigenständige Darstellung in einem zusammenhängenden Text. Gehe dabei so vor:
> - <u>Formuliere</u> für den Text eine passende Überschrift.
> - <u>Schreibe</u> eine Einleitung, in der du kurz <u>erklärst</u>, was Mehrsprachigkeit ist.
> - Stelle die Vorteile und die Herausforderungen dar, wenn man von Geburt an mehrsprachig aufwächst.
> - Erläutere, wie sich die Meinungen zu „Mehrsprachigkeit ab Geburt" geändert haben.
> - Schlussfolgere anhand der Materialien und eigener Überlegungen, warum Mehrsprachigkeit in der Zukunft noch wichtiger wird.
> - Notiere unterhalb des Textes die von dir genutzten Materialien.

INFO zu 1.

Um einen informierenden Text schreiben zu können, musst du dir Folgendes verdeutlichen:
- An welchen **Adressaten** richtest du dich?
- **Worüber** sollst du informieren (Situation/Thema)?
- Welches **Schreibziel** hast du?
- Welche **Informationen** aus dem vorgegebenen Material sind für deinen Text geeignet?

Orientiere dich sprachlich und inhaltlich an deinem Adressaten.

1. Die Aufgabenstellungen geben dir Hinweise zum Adressaten, der Situation bzw. dem Thema und dem Schreibziel. Markiere diese Stellen und notiere sie.

   <u>Adressat:</u> _____

   <u>Situation/Thema:</u> _____

   <u>Schreibziel:</u> _____

2. In der Aufgabenstellung oben ist zum Teil schon unterstrichen worden, was von dir erwartet wird. Unterstreiche auch in den weiteren Aufgaben, was du tun sollst. Die Operatoren geben dir Hinweise.

INFO

In der letzten Teilaufgabe sollst du die von dir genutzten Materialien angeben. Damit vergewisserst du dich, dass du die Materialien, die du nennst, bewusst bearbeitet hast. Außerdem machst du deutlich, dass die Informationen der Materialien nicht von dir persönlich stammen.

INFO zu 2.

verfassen/formulieren: einen Text schreiben
erklären: Textaussagen oder Sachverhalte auf der Basis von Kenntnissen und Einsichten darstellen
darstellen: Inhalte, Aussagen oder Zusammenhänge sachlich und strukturiert formulieren
erläutern: Sachverhalte/Textaussagen veranschaulichen und verständlich machen
schlussfolgern: auf der Grundlage von gegebenen Informationen zu eigenen Erkenntnissen gelangen

C 1.2 Einen informierenden Text verfassen – Fachwissen

Um einen **informierenden Text** schreiben zu können, musst du anhand der Aufgabenstellung zunächst ermitteln, wer dein(e) **Adressat(en)** ist/sind (Für wen schreibe ich?), in welcher **Situation** du schreibst (Was ist der Anlass?) und welches **Schreibziel** du verfolgst (Welche Funktion hat der Text?). Diese Informationen entnimmst du dem Vortext der Aufgabe. Sie geben dir Hinweise dazu, wie du formulieren musst:

Adressaten: *Schülerinnen und Schüler, Lehrerinnen und Lehrer, Eltern → höfliche und freundliche Ansprache*

Situation: *Lesung aus den Werken von Cornelia Funke → Personalpronomen (wir) und Possessivpronomen (unsere) verwenden, da Autor und Adressaten der Schulgemeinschaft angehören*

Schreibziel: *Informationen zur Autorin Cornelia Funke → informativ, sachlich, anschaulich*
(vgl. Aufgabe ❶, Kapitel C 1.5, S. 29)

Die **Gliederung** deines Informationstextes wird dir durch die Teilaufgaben vorgegeben. Abschließend nimmst du zumeist selber zu einer Aussage bzw. einem im Text dargestellten Sachverhalt Stellung:

- **Formuliere ... Überschrift** → Thema und Situation beachten
- **Schreibe eine Einleitung ...**
- **Stelle dar, ...** → Schwerpunkte der Aufgaben beachten
- **Erläutere ...**
- **Schlussfolgere ...** → ziehe auch Schlussfolgerungen, die nicht im Text stehen

Ziele des Textes (= Funktion)
- Information
- Unterhaltung

Schreibstil und Art der Informationen
- informativ
- beschreibend
- sachlich
- interessant
- anschaulich
- unterhaltsam

Beachte dabei:

✔ Wähle eine **Interesse weckende Überschrift**, die das Thema trifft.

✔ Formuliere **verständlich** (ggf. Fremdwörter erklären) und für die Adressaten angemessen.

✔ Schreibe nicht aus dem Text ab. **Zahlen**, **Daten**, **Namen** und **Fakten** solltest du aber **richtig übernehmen**.

✔ **Originaltöne** machen deinen Text anschaulich. Wenn du **wörtlich zitierst**, z. B. aus einem Interview, setze das Zitat in Anführungsstriche und gib Namen, Ort, Funktion und Erscheinungsjahr an: *Cornelia Funke sagte von sich in einem Interview mit dem Deutschlandfunk (2020): „[…] viele Figuren sind inspiriert von Kindern, die ich auf dem Bauspielplatz getroffen hatte."* (vgl. dazu Teilaufgabe ❶ c, S. 29)

Auch beim **indirekten Zitieren** sind diese Angaben notwendig. Dann verwendest du den **Konjunktiv I**, um deutlich zu machen, dass du die Äußerungen einer anderen Person wiedergibst.

✔ Nenne im Text **keine Materialien**, denn deine Leser verfügen nicht darüber. Diese benennst du nur **kurz im letzten Satz**.

TIPP

– Weise bereits beim Lesen der Schreibaufgabe den einzelnen Teilaufgaben unterschiedliche Farben zu.
– Beim Erschließen des Textes markierst du in diesen Farben die Informationen, die du für die Bearbeitung der jeweiligen Teilaufgabe verwenden willst.

C 1.3 Einen informierenden Text verfassen

Hier erhältst du eine Übersicht über die **Vorgehensweise zur Bearbeitung der Schreibaufgabe zum Aufgabentyp 2**. Die blau markierten Wörter (Arbeitstechniken, Operatoren, Fachbegriffe) kannst du im Glossar (ab S. 139) oder den Kapiteln C 1.1 (S. 24) und C 1.5 (ab S. 28) nachschlagen. Bei der Bearbeitung der Aufgabenstellungen in den Kapiteln D 3 – D 5 kannst du dich an der Übersicht orientieren.

Sechs Schritte zur Bearbeitung der Aufgabenstellung

1. Schritt: Sich orientieren
- Aufgabenstellung und Teilaufgaben lesen
- Adressaten ermitteln
- Situation/Thema erfassen
- Teilaufgaben und **Operatoren** erfassen
- Schreibziel erkennen (→ **informieren**)

⬇

2. Schritt: Materialien erschließen und Inhalte erfassen
- Texte, **Grafiken**, Tabellen lesen
- unbekannte Begriffe und Ausdrücke klären (Wörterbuch, Sinnzusammenhang)
- **Schlüsselstellen** markieren und bewerten (mit Symbolen, Pfeilen)
- Stichpunkte in der Randspalte notieren

⬇

3. Schritt: Schreibplan anlegen
- Tabelle anlegen (nach Teilaufgaben und Materialien gliedern)
- ggf. Alternative zum Schreibplan anlegen: farbige Markierungen pro Teilaufgabe vornehmen

⬇

4. Schritt: Materialien auswerten und Stichworte im Schreibplan festhalten
- Überschrift: Thema nennen, Interesse wecken
- Einleitung: ins Thema einführen, Vorgaben der Teilaufgaben ❶ a und ❶ b berücksichtigen
- Hauptteil: Teilaufgaben ab ❶ c berücksichtigen
- Schlussteil: Schlussfolgerungen zu den Aspekten der Teilaufgabe ❶ e ziehen
- Nummern der verwendeten Materialien im Schreibplan notieren

⬇

5. Schritt: Informierenden Text schreiben
Inhalt:
- Überschrift formulieren
- zusammenhängenden Text verfassen
- schlüssige Reihenfolge beachten
- Adressaten berücksichtigen (sachlich, verständlich, anschaulich schreiben)
- inhaltliche Zusammenhänge richtig darstellen (Fakten, Zahlen, Fachbegriffe)

Darstellung:
- nach Teilaufgaben Absätze einfügen
- in eigenen Worten formulieren
- verwendete Materialien aufzählen

⬇

6. Schritt: Text überarbeiten
- Interessante Überschrift?
- Alle Teilaufgaben berücksichtigt (→ **Operatoren**)?
- Informationen für die Adressaten nachvollziehbar und interessant formuliert?
- Informationen richtig dargestellt?
- Sinnvolle Gliederung des Textes?
- Vollständige Sätze?
- Im **Präsens** geschrieben?
- In eigenen Worten formuliert?
- **Rechtschreibung, Zeichensetzung, Grammatik** korrekt?

C 1.4 Schreibplan zu Aufgabentyp 2

Nutze diese Tabelle zur Planung deines informierenden Textes. Ergänze die Kategorien der Teilaufgaben und die Informationen aus den Materialien stichwortartig. Nutze für jedes Material eine Zeile. Überflüssige Zeilen bzw. Spalten streichst du.

Adressat: _____

Situation / Thema: _____

Schreibziel: _____

Aufgaben/ Material	1 a) Überschrift	1 b) Einleitung	1 c)	1 d)	1 e)	Daran muss ich denken:
M1						
M2						
M3						
M4						
M5						
M6						
M7						

C 1.5 Schreibaufgabe in sechs Schritten bearbeiten: Cornelia Funke

Auf den folgenden Seiten lernst du die wichtigsten Arbeitsschritte zur Erarbeitung eines informierenden Textes kennen. Auf den Seiten 29–33 findest du die Materialien, mit denen du diese Schritte üben kannst. Auch in der angeleiteten Prüfungsaufgabe zum Thema „Sprachkultur und Leselust" (Teil D) wird auf diese grundlegenden Seiten verwiesen.

Erster Schritt: Sich orientieren

1. Lies die Aufgabenstellung in der Prüfungsvorlage auf Seite 29 „mit dem Stift". Markiere die Operatoren und die Schlüsselwörter.

2. Mache dir klar, in welcher Situation und an wen du schreibst:

   Adressat: _____

   Situation/Thema: _____

   Schreibziel: _____

3. Notiere stichpunktartig, was dir zu dem Thema „Cornelia Funke" einfällt. Wer ist Cornelia Funke? Wovon könnten die Materialien handeln?

   _____
   _____
   _____
   _____
   _____
   _____

> **TIPP zum ersten Schritt**
>
> Stürze dich nicht gleich in die Arbeit, sondern verschaffe dir einen ersten Überblick:
> 1. Mache dir klar, was die Aufgabe von dir verlangt: Lies dazu die einzelnen Teilaufgaben und unterstreiche alle wichtigen Hinweise auf das, was du tun sollst. Die Operatoren sind zur besseren Orientierung fett gedruckt. Eine Erklärung der Verben findest du im Teil C 1.1 (S. 24) und im Glossar (S. 142).
> 2. Die Operatoren geben dir Hinweise dazu, worauf du beim Erschließen der Materialien achten musst.
> 3. Die Informationen zum Adressaten und zur Situation findest du im Vortext über der Aufgabe.

Zweiter Schritt: Materialien erschließen und Inhalte erfassen

4. a) Erschließe die Materialien (Texte, Bilder, Tabellen) wie im TIPP zum zweiten Schritt dargestellt. Setze dazu die Bearbeitung fort.
   b) Kennzeichne die Informationen (Schlüsselstellen), die du zur Erarbeitung der Teilaufgaben benötigst, durch Unterstreichungen und Randbemerkungen (z. B. Lebensdaten Cornelia Funkes, Werke …). Markiere auch Besonderheiten, die dir auffallen. Verwende dazu für jede Teilaufgabe eine eigene Farbe.

> **TIPP zum zweiten Schritt**
>
> 1. Markiere alle Textstellen, die dir unklar sind. Kläre unbekannte Ausdrücke aus dem Sinnzusammenhang oder schlage im Wörterbuch nach. Beachte auch die Worterklärungen unter dem Text.
> 2. Unterstreiche Schlüsselstellen. Das sind Antworten auf die W-Fragen und Textstellen, die du zur Bearbeitung der Teilaufgaben heranziehen willst.
> 3. Kennzeichne mit Markierungen und Symbolen (!?) Textstellen, die für das Verständnis der Materialien wichtig sind. Verdeutliche Verweise mit Pfeilen (➡).
> 4. Notiere zu jedem Abschnitt in der Randspalte Stichpunkte zum Inhalt und ergänze die Nummer der jeweiligen Teilaufgabe.

C 1.5 Strategien | Aufgabentyp 2 | Schreibaufgabe bearbeiten | 29

Teil II

Anlässlich der Verleihung des Sonderpreises des Deutschen Jugendliteraturpreises für ihr Gesamtwerk an die Autorin Cornelia Funke im Jahr 2020 soll in deiner Schule eine Lesung aus ihren Romanen veranstaltet werden. An dieser Lesung sollen alle Schülerinnen und Schüler, Lehrerinnen und Lehrer sowie Eltern teilnehmen. Damit alle gut vorbereitet sind, bist du gebeten worden, einen informierenden Text über Cornelia Funke zu schreiben. Dafür bekommst du eine Materialsammlung (M1 – M6) als Grundlage.

Lies zunächst die Aufgabenstellung und dann die Materialien aufmerksam durch, bevor du mit dem Schreiben beginnst.

❶ Verfasse auf Grundlage der Materialien M1 bis M6 einen **informierenden Text** über Cornelia Funke. Schreibe nicht einfach aus den Materialien ab, sondern achte auf eine eigenständige Darstellung in einem zusammenhängenden Text.
Gehe dabei so vor:
a) **Formuliere** für den Text eine passende Überschrift.
b) **Schreibe** eine Einleitung, in der du die Autorin Cornelia Funke kurz vorstellst (*Geburtsdatum, -ort, Ausbildung und Tätigkeiten, Auszeichnungen, Engagement*).
c) **Stelle dar**, welche Themen Cornelia Funke in ihren Kinder- und Jugendbüchern verarbeitet, und erkläre, welche Funktion Literatur ihrer Meinung nach hat.
d) **Erläutere** ihre Arbeitsweise. Beziehe dazu auch ein, warum sie keine „Schreibblockaden" hat.
e) **Schlussfolgere** anhand der Materialien und eigener Überlegungen, welche Bedeutung Bücher für Cornelia Funke haben und warum sie mit dem Schreiben solchen Erfolg hat. Erläutere in diesem Zusammenhang auch, warum sie Bücher als „Fenster und Türen" bezeichnet (siehe M4, Z. 23/24).
f) **Notiere** unterhalb des Textes die Nummern der von dir genutzten Materialien.

M1 Lebensdaten von Cornelia Funke

Geburtsjahr/-ort	10. Dezember 1958/Dorsten, Nordrhein-Westfalen, Deutschland	} 1b
Ausbildung	- Abitur am Gymnasium St. Ursula in Dorsten - Ausbildung zur Diplompädagogin in Hamburg, dreijährige Arbeit als Erzieherin - nebenbei Studium Buchillustration an der FH für Gestaltung in Hamburg	
Berufstätigkeit	Autorin von Kinder- und Jugendbüchern: Geschichten von Drachen, Rittern, Zauberei und Träumen, aber auch reale Alltagsgeschichten	} 1c
Besonderheiten	- als Schriftstellerin auch international sehr erfolgreich - privater Einsatz für das Gemeinwohl: seit 2010 offizielle Patin des Kinderhospizes Bethel, seit 2012 Botschafterin der UN-Dekade Biologische Vielfalt - ihre Geschichten sind Vorlage für zahllose Hörbücher, digitale Spiele und Apps	
Veröffentlichungen (nur einige Beispiele)	- Gesamtauflage ihrer über 70 Kinder- und Jugendbücher: mehr als 31 Millionen weltweit, in 50 Sprachen übersetzt - Durchbruch mit dem Roman *Herr der Diebe* (2000), auch in den USA (2002) - weitere: *Die Wilden Hühner* (1993), *Gespensterjäger auf eisiger Spur* (1994), *Tintenherz* (2003), *Tintenblut* (2005), *Tintentod* (2007), *Reckless: Steinernes Fleisch* (2010), *Die Feder eines Greifs* (2016), *Das Labyrinth des Fauns* (2019), *Spiegelwelt* (2020) etc.	
Auszeichnungen (nur einige Beispiele)	Preis der Jury der jungen Leser für *Tintenherz* (2004)/„Die einflussreichste Deutsche der Welt" (eine Bewertung des Time-Magazine, 2005)/Bundesverdienstkreuz am Bande (2008)/Bambi in der Kategorie Kultur (2008)/Deutscher Phantastik Preis für den besten Roman: *Tintentod* (2008)/Jacob-Grimm-Preis (2009)/Annette-von-Droste-Hülshoff-Preis (2015)/Deutscher Phantastik Preis für das Hörbuch *Drachenreiter* (2017) etc.	

M2 Der Weg zum Schreiben Kerstin Zilm

[...] „Weil meine damalige Lektorin bei mir im Garten saß und sagte: ‚Kannst du nicht mal endlich was ohne Zwerge und Feen schreiben?' Vieles aus meiner Bauspielzeit ist in die Wilden Hühner geflossen, viele Figuren sind inspiriert von Kindern, die ich auf dem Bauspielplatz getroffen hatte. Und das machte dann auch wieder Spaß, weil ich Dinge verarbeitete, von denen ich wirklich wusste, wovon ich rede."

Leseausschnitt „Wilde Hühner": „Es war ein wunderbarer Tag. Warm und weich wie Hühnerfedern. Aber leider ein Montag. Und die riesige Uhr über dem Schuleingang zeigte schon Viertel nach acht, als Sprotte auf den Schulhof gerast kam. „Mist!", sagte sie, bugsierte ihr Rad in den verrosteten Fahrradständer und zerrte die Schultasche vom Gepäckträger. Dann stürmte sie die Treppe rauf und rannte durch die menschenleere Pausenhalle. Auf der Treppe raste sie fast in Herrn Mausmann, den Hausmeister, hinein. „Hoppla!", sagte er und verschluckte sich an seinem Käsebrot. „'tschuldigung!", murmelte Sprotte – und stürmte weiter. Noch zwei Flure entlang, dann stand sie japsend vor ihrer Klassentür."

Für die Autorin [C. Funke] ist das Wichtigste an diesen Abenteuern der Mädchen zunächst, dass sie durch den Erfolg endlich genug Geld verdient, um sich Zeit zu nehmen, ein dickes Buch zu schreiben. Ihr Verleger ermutigt sie. Cornelia Funke ist jetzt nicht mehr Erzieherin oder Diplompädagogin. 1996 ist sie Schriftstellerin [...]

Von Feuern, Wildblumen und Drachenreitern. Deutschlandradio Kultur, Beitrag vom 30.05.202 (https://www.deutschlandfunkkultur.de/cornelia-funke-als-geschichtenerzaehlerin-von-feuern.1024.de.html?dram:article_id=477529, Seitenaufruf am 02.01.2021)

[1] die Lektorin: Verlagsmitarbeiterin
[2] Bauspielzeit: Cornelia Funke arbeitete zunächst als Erzieherin auf einem Bauspielplatz in Hamburg

M3 Cornelia bekommt den Sonderpreis des Deutschen Jugendliteraturpreises 2020!

Freitag, der 16. Oktober 2020

2020 geht der Sonderpreis „Gesamtwerk" an Cornelia. Das wurde heute, am 16. Oktober, im Rahmen eines Online-Streamings live aus dem Berliner GRIPS Theater bekannt gegeben.

Seit 1956 zeichnet der Deutsche Jugendliteraturpreis jährlich herausragende Werke der Kinder- und Jugendliteratur aus. Er wird vom Bundesministerium für Familie, Senioren, Frauen und Jugend gestiftet und vom Arbeitskreis für Jugendliteratur ausgerichtet. Drei unabhängige Jurys – die Kritikerjury, die Jugendjury und die Sonderpreisjury – sind für die Auswahl verantwortlich. 647 Neuerscheinungen wurden für den Deutschen Jugendliteraturpreis 2020 eingereicht. Alle wurden von der Kritikerjury geprüft. Die Jugendjury hat insgesamt rund 200 Titel begutachtet. 2020 gehen die Sonderpreise „Gesamtwerk" und „Neue Talente" an deutsche Autorinnen/Autoren. Herzlichen Glückwunsch, Cornelia

Cornelia Funke – die offizielle Homepage, Beitrag vom 16.10.2020 (https://corneliafunke.com/de/news, Seitenaufruf am 02.01.2021)

M4 Schriftstellerin Cornelia Funke: „Es ist eigentlich realistischer, fantastisch zu schreiben" *Katrin Heise*

Cornelia Funke ist die erfolgreichste Jugendbuchautorin Deutschlands. In ihren Fantasy-Romanen entführt sie in magische Welten. [...] Die Bestsellerautorin schafft märchenhafte Realitäten. Inspiriert wird sie dabei von der Vielschichtigkeit der Wirklichkeit, sagt sie, und so sei es „eigentlich realistischer, fantastisch zu schreiben". [...] Cornelia Funkes fantastische Geschichten sind oft voller Gefahren. „Kinder wissen sehr genau, wie gefährlich die Welt ist", weiß die Autorin aus eigener Erfahrung als gelernte Erzieherin. Und „in der Sicherheit des Buches" probieren sie beim Lesen aus, wie bedrohliche Situationen gemeistert werden können. [...] Cornelia Funke selbst war als Kind eher furchtlos. Und ein Bücherwurm. „Für mich waren Bücher immer schon Fenster und Türen", die sie herausführten aus der engen Welt des münsterländischen Dorsten, in der sie aufwuchs. Wobei ihr auffälligstes Talent das Zeichnen war. Doch statt Kunst studierte Funke zunächst Erziehungswissenschaft, wurde Sozialarbeiterin. Und erkannte, „dass man gegen das eigene Talent nicht anleben kann". So wurde sie schließlich doch Buchillustratorin und begann, Geschichten zu ihren Illustrationen zu schreiben.

Seit 15 Jahren lebt Cornelia Funke im kalifornischen Malibu auf einer Farm. Altes Indianerland, nahe der mexikanischen Grenze, ein kultureller Hintergrund, der sie beim Schreiben „maßlos anregt". Cornelia Funke taucht ein in Mythen und Märchen nicht nur des alten Europas, sondern Amerikas, Persiens, Indiens.

[...] Für ihr neuestes Buch aus der „Reckless"-Reihe hat sie Dutzende von Sachbüchern über die Kultur Japans verschlungen, für sie ein „Ort der Sehnsucht", an dem sie noch nie war. Sich auf fremde Mythen einzulassen, fremdländischem Denken auszusetzen, ist für Cornelia Funke „die abenteuerlichste Reise" und ständige Inspiration.

Dabei ist sie auch ein politischer Mensch: Schon mit 14 engagierte Funke sich bei Amnesty International, heute treibt sie die Sorge um den Klimawandel um. Die Klimakatastrophe werde „irgendwann wesentlich mehr Menschen töten und bedrohen als alles, was wir uns im Moment vorstellen können". [...] Seit einigen Jahren vergibt Cornelia Funke Stipendien an überwiegend junge Künstler, lädt sie als „artists in residence" auf ihre Farm in Malibu ein. Sie wolle „auch ein bisschen der Mentor sein", weitergeben, was sie erfahren hat. Derzeit prüft sie, ob sie irgendwo in Norddeutschland etwas Ähnliches aufziehen kann, denn als gebürtige Europäerin wolle sie „immer einen Fuß in Europa" haben.

Der andere Fuß solle aber in den USA bleiben, auch wenn es dort politisch und gesellschaftlich „gerade sehr finster" zugehe. Wenn sie von einer Fee aus ihren Märchenwelten Wünsche frei hätte, sagt Cornelia Funke, dann für die Präsidentschaftswahl am 3. November. Und gegen die Klimakatastrophe, denn die sei „eine noch größere Bedrohung als Mister Trump." (pag)

Deutschlandradio Kultur, Beitrag vom 29.10.2020 (https://www.deutschlandfunkkultur.de/schriftstellerin-cornelia-funke-es-ist-eigentlich.970.de.html?dram:article_id=486564, Seitenaufruf am 02.01.2021)

M5 Inhalt „Die Feder eines Greifs" (Drachenreiter Band 2)

Die Feder eines Greifs [ab 14 Jahre]: Zwei Jahre nach ihrem Sieg über Nesselbrand erwartet Ben, Barnabas und Fliegenbein ein neues Abenteuer: Der Nachwuchs des letzten Pegasus ist bedroht! Nur die Sonnenfeder eines Greifs kann ihre Art noch retten. Gemeinsam mit einer fliegenden Ratte, einem Fjordtroll und einer nervösen Papageiin reisen die Gefährten nach Indonesien. Auf der Suche nach dem gefährlichsten aller Fabelwesen merken sie schnell: Sie brauchen die Hilfe eines Drachens und eines Kobolds.

Cornelia Funke – die offizielle Homepage (https://corneliafunke.com/de/buecher/die-feder-eines-greifs-drachenreiter-band-2, Seitenaufruf am 03.01.2021)

M6 Cornelia Funke über ihre Arbeit als Schriftstellerin

action press, Hamburg (Foto Langbehn)

Wie denkst du dich in eine Geschichte rein? Während der Arbeit an „Tintenherz" hast du dir ja Bilder an die Wände gehängt …

Früher habe ich das gemacht, dass ich Sachen an Wände gehängt habe, aber das fand ich so unpraktisch auf die Dauer, weil man irgendwann alles abnehmen und verschrotten muss. Deswegen arbeite ich mittlerweile nur noch in Notizbüchern. Ich habe inzwischen 90 Notizbücher, die alle gefüllt sind mit meinen Recherchen, mit Fotos, mit Skizzen, mit Zeichnungen … inzwischen kannst du anhand meiner Skizzenbücher richtig nachvollziehen, wie meine Bücher entstanden sind. [...]

Arbeitest du also immer an mehreren Schreibprojekten auf einmal?

Ich mache immer mehrere gleichzeitig. Ich bin jetzt in der dritten Fassung von Reckless 4, da fange ich so langsam an alles zurecht zu rücken. Das heißt der Plot steht, jetzt geht's ans Sprachliche, an Details der Charaktere … es ist also noch ein langer Weg. Ich mache mindestens noch drei, vier Fassungen. Dann schreibe ich an der ersten Fassung vom nächsten „Drachenreiter" und im nächsten Jahr gehe ich an die Fortsetzung von den Tintenwelt-Büchern. Außerdem schreibe ich gerade an einer Kurzgeschichte fürs Getty Research Institute[1], für die ich regelmäßig Kurzgeschichten zu ihren Ausstellungen schreibe, die ich dann bei ihnen lese. [...] Und ich arbeite an mehreren Illustrationsprojekten im Moment, weil mir das immer wichtiger wird. Ich arbeite mit einer Kräuterkundlerin an einem Buch über Pflanzen. Ich arbeite an einem Alphabetbuch. Und jetzt kommt bald ein befreundeter Maler aus Barcelona mit seiner Familie und mit dem will ich an einem Skizzenbuch meiner Farm hier arbeiten. [...]

Weißt du am Anfang einer Geschichte schon, wie sie ausgehen wird?

Das entwickelt sich. Ich würde mich sonst zu Tode langweilen.

Hast du je so etwas wie Schreibblockaden?

Nein, die gibt es ja überhaupt nicht! Das ist so ein Blödsinn. Ich versuche das so zu vergleichen: Jede Geschichte ist wie ein Labyrinth – und je besser du wirst, desto größer, desto komplexer wird das Labyrinth. Die Geschichte versteckt sich darin vor dir. Die hat großen Spaß daran, sich vor dir zu verbergen, schickt dir die falschen Charaktere, lockt dich in die falschen Seitengänge, versucht so richtig, dich von ihrem Herzen abzulenken. Während du schreibst, merkst du manchmal richtig, wie du dem Herzen näherkommst und du merkst eben manchmal auch, wenn du in die Hecke läufst – und das nennen Leute Schreibblockaden. Aber was es wirklich ist, ist dass die Geschichte sich vor dir versteckt.

Und was machst du, wenn sich die Geschichte vor dir versteckt?

Ich glaube, solche Tage sind besonders wichtig, weil du dann merkst, dass du falsch gegangen bist. Du musst im Grunde noch einmal zurückgehen und schauen, wo sie dich getrickst hat, wo du statt rechts links hättest gehen müssen. Von daher finde ich diese Tage, an denen du merkst, dass du nicht weiterkommst oder dass die Geschichte sich versteckt, immer sehr aufregend, weil ich dann denke, ich bin ihr ein bisschen nähergekommen.

Also ist das nichts, was dich groß frustriert?

Nein, dann muss man einfach mehr graben. Da hat man es sich vielleicht zu einfach gemacht. Dann ist man ganz schnell den leichteren Weg gegangen und da muss man eben erst einmal zurückgehen. Ich glaube wirklich nicht, dass es Schreibblockaden gibt. Ich glaube, jede Geschichte hat schon ihre Form, man muss ihr nur auf die Spur kommen. Ich habe immer fast das Gefühl, die ist schon irgendwo ... was natürlich eine vollkommen irrationale Einstellung ist. Michelangelo[2] hat das einmal so schön gesagt, als er gefragt wurde, wie er den David aus dem Stein gemeißelt hat: „Der war doch da drin, ich musste den nur finden." Ich glaube, dass alle Künstler dieses Gefühl haben [...]

Josefine Andrae: audible magazin, Beitrag vom 30.09.19 (https://magazin.audible.de/cornelia-funke-schriftstellerin, Seitenaufruf am 03.01.2021)

[1] Getty Research Institute: Institut in Los Angelos, das sich der Förderung des Wissens und des Verständnisses der bildenden Künste widmet
[2] Michelangelo: italienischer Maler und Bildhauer (1475 – 1564)

Dritter Schritt: Schreibplan anlegen

INFO zum dritten Schritt

Ein Schreibplan hilft, die Materialien nach den Vorgaben der Teilaufgaben zu bearbeiten:
1. Nutze die Aufgabenstellung und deren Unterpunkte für deine Gliederung.
2. Lege in einem Schreibplan (Tabelle) die Gliederung deines Textes nach den Teilaufgaben (oberste Zeile) fest. In den senkrechten Spalten trägst du dazu passende Informationen aus den Materialien M1 – M6 ein. Wenn du schon oft mit einem Schreibplan gearbeitet hast und gut formulieren kannst, kannst du diesen Schritt überspringen. Weise den einzelnen Teilaufgaben stattdessen verschiedene Farben zu. Mit diesen Farben markierst du zugehörige Textstellen in den Materialien (siehe 2. Schritt, Aufgabe 4b). Anschließend machst du direkt mit dem 5. Schritt weiter und schreibst deinen Text auf der Grundlage deiner farbigen Markierungen und Notizen.
3. In die Spalte „Daran muss ich denken" trägst du ein, worauf du bei der anschließenden Verschriftlichung achten willst.

C 1.5 Strategien | Aufgabentyp 2 | Schreibaufgabe bearbeiten

5. Übertrage den Schreibplan unten auf eine DIN-A4-Seite. Lasse in den einzelnen Zeilen/Spalten ausreichend Platz. Du kannst auch den vorbereiteten Schreibplan von Seite 27 kopieren (C 1.4).

Schreibplan
Adressat: Mitschülerinnen und Mitschüler, Lehrkräfte, Eltern
Situation/Thema: Lesung von Werken der Autorin Cornelia Funke anlässlich der Preisverleihung
Schreibziel: informierender Text über Cornelia Funke zur Vorbereitung der Lesung

Aufgaben/ Material	❶ a) Überschrift	❶ b) Einleitung	❶ c) …	❶ d) …	❶ e) …	Daran muss ich denken:
M1		10.12.1958 in Dorsten/NRW – …	– Geschichten von Drachen, Rittern … – …			– Materialien mehrfach lesen – Informationen zu den Teilaufgaben bunt markieren (Übersichtlichkeit) – Notizen in eigenen Worten verschriftlichen – …
M2						
M3	Sonderpreis des Deutschen Jugendliteraturpreises					
M4		erfolgreichste Jugendbuchautorin Deutschlands				
M5						
M6						

Vierter Schritt: Materialien auswerten und Stichworte im Schreibplan festhalten

INFO zum vierten Schritt

Deine Schreibaufgabe besteht darin, in einem informierenden Text alle Teilaufgaben zusammenhängend zu bearbeiten:

a) Finde eine passende **Überschrift** (Teilaufgabe ❶a). Orientiere dich dabei an der Vorgabe des Themas. Achte darauf, dass die Überschrift zum Lesen anregt (Adressatenbezug).

b) In der **Einleitung** führst du in das Thema ein und machst kurz Angaben zu dem, was die Teilaufgabe fordert (Teilaufgabe ❶b).

c) Im **Hauptteil** erarbeitest du die Teilaufgaben ❶c–d. Das sind Aufgaben zu inhaltlichen Aspekten (z. B. *Themen der Bücher*). Beachte dazu genau die Operatoren (z. B. *darstellen, erklären, erläutern* …) und die Schlüsselwörter in den Teilaufgaben (z. B. *Funktion der Literatur, Arbeitsweise* …).

d) Im **Schlussteil** ziehst du Schlüsse zu den genannten Aspekten der Teilaufgabe ❶e) (z. B. *Welche Bedeutung haben Bücher für die Autorin?*).

e) Abschließend nennst du in einem Satz noch die **Materialien**, die du verwendet hast (Teilaufgabe ❶f). Orientiere dich dazu an deiner Tabelle bzw. deinem Schreibplan oder an den von dir gemachten farbigen Markierungen.

6. Ergänze nun deinen Schreibplan stichwortartig. Beginne mit der ersten Spalte zur Überschrift (① a).

7. Notiere in der zweiten Spalte Stichworte zur Einleitung (Teilaufgabe ① b). Gehe dazu auf die vorgegebenen Aspekte in der Teilaufgabe (*Geburtsdatum, -ort, Ausbildung und Tätigkeiten, Auszeichnungen, Engagement*) ein.

8. a) Markiere in den Materialien, welche Inhalte Cornelia Funke thematisiert. Trage diese Informationen in die dritte Spalte des Schreibplans ein (Teilaufgabe ① c).
   b) Notiere außerdem die Gründe, warum Literatur für sie wichtig ist (ebenfalls Teilaufgabe ① c).

9. a) Markiere in den Materialien, wie Funke arbeitet (= Arbeitsweise). Übertrage diese Informationen in die 4. Spalte des Schreibplans (Teilaufgabe ① d).
   b) Sammle Hinweise darauf, warum die Autorin nicht unter „Schreibblockaden" zu leiden hat, und notiere diese ebenfalls in Spalte (① d).

10. a) Ziehe Schlüsse aus den Informationen, die du über die Autorin gesammelt hast, und notiere in der fünften Spalte, welche Bedeutung Bücher für sie haben und warum sie mit dem Schreiben solch einen Erfolg hat (① e).
    b) Begründe nun, warum sie Bücher als „Fenster und Türen" (M4, Z. 23/24) bezeichnet (① e).

TIPP zum 4. Schritt

Wenn du dich während der Arbeit dazu entschieden hast, dass dir die farbigen Markierungen zu den Teilaufgaben als Schreibplan reichen, überprüfe noch einmal, ob du zu allen Teilaufgaben ausreichende Informationen markiert hast.

TIPP zu 8./9./10.

1. Orientiere dich beim Festhalten der Notizen an den Operatoren (*stelle ... dar, erkläre ...*) und am Wortlaut (*Schlüsselwörter*) der Teilaufgaben. So kannst du beim Ausformulieren der Ergebnisse Wiederholungen vermeiden.
2. Achte darauf, dass du in **mehreren** Materialien Informationen zu **einer** Teilaufgabe finden kannst.

Fünfter Schritt: Einen informierenden Text schreiben

TIPP zum fünften Schritt

1. Schreibe deinen Text. Lasse einen **breiten Rand** an der Seite und unten. So hast du Platz für die Überarbeitung und Ergänzungen.
2. Formuliere eine passende Überschrift (*Sonderpreis des Deutschen Jugendliteraturpreises für Cornelia Funke*).
3. Bringe die Ergebnisse aus deinem **Schreibplan** bzw. die Ergebnisse deiner **Markierungen** als Alternative zum Schreibplan in eine **schlüssige und zusammenhängende Reihenfolge**. Achte darauf, die Stichpunkte/Informationen aus den verschiedenen Materialien miteinander zu verknüpfen.
4. Orientiere dich an den Teilaufgaben. Setze nach der Bearbeitung jeder Teilaufgabe einen Absatz.
6. Berücksichtige beim Ausformulieren deines Textes die Adressaten (Mitschüler, Lehrkräfte und Eltern). Schreibe sachlich, verständlich und anschaulich: *Funke lässt ihre Leser in die Welt der Drachen und Ritter eintauchen. Sie schreibt von Zauberei und Träumen, aber ...*
7. Halte dich an die dargestellten Fakten und Zahlen. Verwende Fachbegriffe, erkläre aber auch Begriffe und Namen, die in der Alltagssprache nicht häufig vorkommen.
8. Formuliere **in eigenen Worten** und im **Präsens**. Kennzeichne Zitate oder Belege durch Anführungszeichen und Angabe der Quelle: *Cornelia Funke sagte von sich in einem Interview mit dem Deutschlandfunk (2020): „[...] viele Figuren sind inspiriert von Kindern, die ich auf dem Bauspielplatz getroffen hatte."*

11. Verfasse deinen informierenden Text auf einem Extrablatt. Orientiere dich am TIPP und nutze die Ergebnisse deiner Vorarbeit.

Teilaufgabe ❶a: Sonderpreis des Deutschen Jugendliteraturbuchpreises …

Teilaufgabe ❶b: Die Auswahl ist getroffen: Die wohl erfolgreichste Jugendbuchautorin Deutschlands, Cornelia Funke, erhält den Sonderpreis … Dies ist schon Grund genug, sie und ihre Bücher vorzustellen … Darüber hinaus …

Teilaufgabe ❶c: Cornelia Funke lässt ihre Leser in die Welt der Drachen und Ritter eintauchen und schreibt von Zauberei und Träumen, aber …

Teilaufgabe ❶d: Wenn Funke arbeitet, schafft sie märchenhafte Realitäten, zu denen sie die Inspiration aus dem Alltag bezieht. Sie scheint vor Ideen nur so zu sprudeln, denn ansonsten hätte sie in ihrem Schriftstellerleben nicht schon über 70 Kinder- und Jugendbücher verfasst …

Teilaufgabe ❶e: Bücher sind für Funke Lebensmittelpunkt … Wenn sie arbeitet, kennt sie keine Schreibblockaden. Sie glaubt eher, dass sich die Geschichten vor ihren Autoren „versteckten". Damit meint sie, dass …

Teilaufgabe ❶f: . Ich habe für meinen Text Informationen aus den Materialien … genutzt.

Sechster Schritt: Text überarbeiten

12. Überarbeite deinen informierenden Text. Verwende dazu die CHECKLISTE.

CHECKLISTE zur Überarbeitung von Texten (Aufgabentyp 2)

1. **Den Text inhaltlich überprüfen (Inhaltsleistung)**
   - ✓ Hast du eine interessante Überschrift gewählt?
   - ✓ Hast du in deinem Text alle Ergebnisse deiner Vorarbeit berücksichtigt und dich an den Teilaufgaben orientiert?
   - ✓ Sind deine Informationen für den Leser nachvollziehbar und interessant formuliert?
   - ✓ Wurden die Informationen (Aussagen, Fakten, Zahlen) richtig aus den Materialien übernommen?
   - ✓ Wurden nachvollziehbare Schlussfolgerungen gezogen, die sich sinnvoll aus den Materialien ergeben?
   - ✓ Hast du die Nummern der von dir genutzten Materialien notiert?

2. **Den Text sprachlich überprüfen (Darstellungsleistung)**
   - ✓ Hast du den Text sinnvoll gegliedert? Ist er durch Absätze überschaubar gestaltet?
   - ✓ Hast du eigenständig formuliert und nur Namen, Fakten und Daten aus den Materialien übernommen?
   - ✓ Hast du unnötige Wiederholungen und unklare Formulierungen vermieden?
   - ✓ Sind deine Sätze vollständig?
   - ✓ Kannst du komplizierte Sätze vereinfachen?
   - ✓ Hast du Zusammenhänge durch sinnvolle Satzverknüpfungen verdeutlicht?
   - ✓ Hast du im Präsens geschrieben?
   - ✓ Überprüfe auch Rechtschreibung, Zeichensetzung und Grammatik, denn sie fließen in die Bewertung ein und können den Lesefluss beeinträchtigen.
   ➔ Kontrolliere deinen Text mehrfach und berücksichtige deine persönlichen Fehlerschwerpunkte.

C 2 Aufgabentyp 4a

C 2.1 Was wird bei der Aufgabenstellung „Analysiere ..." erwartet?

1. Die Aufgabenstellungen unten stammen aus einer Prüfungsvorlage, bei der ein erzählender Text untersucht werden sollte. Lies die Aufgaben. (ACHTUNG: Die zugehörigen Texte und Materialien findest du auf den Seiten 105–107).

> <u>Analysiere</u> den Textauszug aus dem Roman „Schneeriese" von Susan Kreller. Gehe dabei so vor:
> - <u>Schreibe</u> eine Einleitung, in der du Textsorte, Titel, Autorin und Erscheinungsjahr <u>benennst</u> sowie das Thema <u>formulierst</u>.
> - <u>Fasse</u> den Text <u>zusammen</u>.
> - Stelle dar, welche Erwartungen Adrian an Stella hat und wie er sich ihr gegenüber verhält.
> - Untersuche, wie Adrian Stellas Körpersprache bei ihrer Begegnung wahrnimmt.
> - Erläutere, auf welche Weise durch sprachliche Mittel deutlich wird, wie enttäuscht Adrian von Stellas Verhalten ist (*mögliche Aspekte: Wortwahl, stilistische Mittel, Satzbau*).
> - Schreibe einen kurzen Text aus der Sicht Stellas am Ende der Begegnung.
>   - Welche Gedanken hat Stella, als sie noch einmal über ihre Begegnung mit Adrian nachdenkt?
>   - Wie bewertet sie ihr eigenes und Adrians Verhalten? Schreibe in der Ich-Form und berücksichtige die Informationen, die der Textauszug gibt.

INFO zu 2.

schreiben/formulieren: einen Text verfassen
benennen: Informationen zielgerichtet zusammentragen, ohne diese zu kommentieren
zusammenfassen: Inhalte komprimiert und strukturiert in eigenen Worten wiedergeben
darstellen: Inhalte, Aussagen oder Zusammenhänge sachlich und strukturiert formulieren
untersuchen: an Texten, Textaussagen, Problemstellungen oder Sachverhalten kriterienorientiert bzw. fragengeleitet arbeiten
erläutern: Sachverhalte oder Textaussagen auf der Basis von Kenntnissen oder Einsichten darstellen und durch zusätzliche Informationen und Beispiele veranschaulichen

2. In der Aufgabenstellung oben ist zum Teil schon unterstrichen worden, was von dir erwartet wird. Unterstreiche auch in den weiteren Aufgaben, was du tun sollst. Die Operatoren geben dir Hinweise. Lies dazu die Info rechts. Sie erklärt, was unter den Arbeitsanweisungen genau zu verstehen ist.

3. a) Lies die Aufgabenstellungen oben noch einmal.
   b) Woran erkennst du an den Aufgabenstellungen zu den Teilaufgaben, dass du dich auf den Text beziehen musst?

INFO zu 3.

Um einen erzählenden Text zu verstehen, musst du ihn *analysieren*:
- Um welche Textsorte handelt es sich?
- Wo und wann spielt die Handlung?
- Welche Personen sind wichtig?
- In welchem Verhältnis stehen sie zueinander?
- Wie ist die Handlung aufgebaut?
- Wie wird erzählt (Erzählform und -verhalten)?
- Welche sprachlichen Besonderheiten fallen auf und welche Funktion haben sie?

Zur Analyse gehört auch die *Deutung*.
Dazu beantwortest du folgende Fragen:
- Welche Wirkung hat der Text auf den Leser?
- Mit welcher Absicht wurde er geschrieben?
- Welches Problem macht der Text deutlich?

C 2.2 Einen epischen Text analysieren – Fachwissen

Bei der Analyse eines epischen (= erzählenden) Textes (z. B. Romanauszug, Erzählung, Satire …) musst du nach der Vorstellung (TATTE-Satz) und der Zusammenfassung des Inhalts auch Aufgaben zu Inhalt und **Erzählweise** bearbeiten. Dadurch ermittelst du die Wirkung des Textes auf den Leser sowie die Textaussage (= Funktion). Anschließend nimmst du zu einer Aussage bzw. einem Zitat Stellung oder schreibst aus der Perspektive einer Figur.

Zur Analyse der **Erzählweise** werden dir in der Aufgabe Schwerpunkte (= mögliche Aspekte) vorgegeben. Diese solltest du auf jeden Fall untersuchen, du kannst aber auch auf weitere formale Merkmale eingehen: *Untersuche, wie durch* **sprachliche und formale Mittel** *deutlich wird, dass der vom Vater in der Kindheit ausgeübte Druck den Sohn ständig begleitet (mögliche Aspekte:* **Satzbau, sprachliche Gestaltungsmittel, Erzählform und Erzählhaltung**). *Erkläre in diesem Zusammenhang auch das Ende des Textes.*
(vgl. dazu Teilaufgabe ❶ e, S. 43)

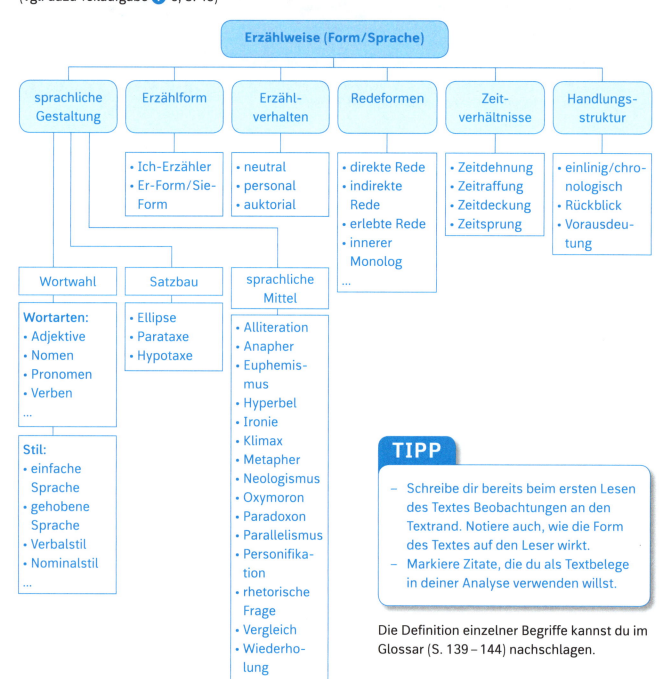

TIPP

– Schreibe dir bereits beim ersten Lesen des Textes Beobachtungen an den Textrand. Notiere auch, wie die Form des Textes auf den Leser wirkt.
– Markiere Zitate, die du als Textbelege in deiner Analyse verwenden willst.

Die Definition einzelner Begriffe kannst du im Glossar (S. 139 – 144) nachschlagen.

C 2.3 Einen lyrischen Text analysieren – Fachwissen

Bei der Analyse eines lyrischen Textes (z. B. Gedicht, Lied ...) musst du nach der Vorstellung (TATTE-Satz) und der Zusammenfassung des Inhalts auch Aufgaben zu Inhalt und **Form** bearbeiten. Dadurch ermittelst du die Wirkung des Textes auf den Leser sowie die Textaussage (= Funktion). Anschließend nimmst du zu einer Aussage bzw. einem Zitat Stellung oder schreibst aus der Perspektive einer Figur.

Zur Analyse der **Form** werden dir in der Aufgabe Schwerpunkte (= mögliche Aspekte) vorgegeben. Diese solltest du auf jeden Fall untersuchen, du kannst aber auch auf weitere formale Merkmale eingehen: *Untersuche, wie durch **sprachliche und formale Mittel** deutlich wird, dass die Liebe in der dargestellten Beziehung „abhanden" (V. 3) gekommen ist **(mögliche Aspekte: Strophen, Reimschema, Wortwahl, sprachliche Gestaltungsmittel)**.*
(vgl. dazu Teilaufgabe ❶ d, S. 51)

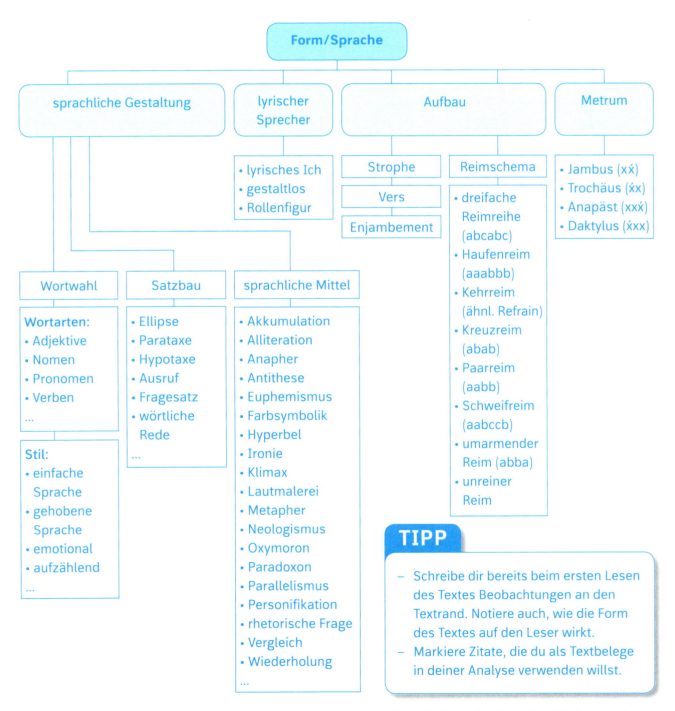

Die Definition einzelner Begriffe kannst du im Glossar (S. 139 – 144) nachschlagen.

TIPP

– Schreibe dir bereits beim ersten Lesen des Textes Beobachtungen an den Textrand. Notiere auch, wie die Form des Textes auf den Leser wirkt.
– Markiere Zitate, die du als Textbelege in deiner Analyse verwenden willst.

C 2.4 Einen Text analysieren und interpretieren

Hier erhältst du eine Übersicht zur **Vorgehensweise bei der Bearbeitung der Schreibaufgabe zum Aufgabentyp 4a**. Die blau markierten Wörter (Arbeitstechniken, Operatoren, Fachbegriffe) kannst du im Glossar (ab S. 139) oder in den Kapiteln C 2.1 (S. 37) und C 2.6 bzw. C 2.7 (ab S. 42 bzw. S. 50) nachschlagen. Bei der Bearbeitung der Aufgabenstellungen in den Kapiteln E 3–E 5 kannst du dich an dieser Übersicht orientieren.

Sechs Schritte zur Bearbeitung der Aufgabenstellung

1. Schritt: Sich orientieren
- Aufgabenstellung und Teilaufgaben lesen
- Teilaufgaben und **Operatoren** erfassen
- Schreibziel erkennen (→ **analysieren**)

2. Schritt: Text erschließen und Inhalt erfassen
- Text lesen, unbekannte Begriffe und Ausdrücke klären (Wörterbuch, Sinnzusammenhang)
- **Schlüsselwörter** und **-stellen** markieren
- Sinnabschnitte bilden und Zwischenüberschriften formulieren
- Stichworte zum Inhalt machen
- Beobachtungen zu den formalen und sprachlichen Merkmalen der Textart (**episch, lyrisch, dramatisch** oder **Sachtext**) notieren und deren Wirkungsweise festhalten

3. Schritt: Schreibplan anlegen
- Tabelle anlegen (nach Teilaufgaben gliedern)

4. Schritt: Text untersuchen und Sichworte im Schreibplan festhalten
- Informationen für Einleitung notieren: **TATTE**-Satz (**T**itel, **A**utor, **T**extart, **E**rscheinungsjahr und **T**hema)
- Inhalt **zusammenfassen**: Handlung stichpunktartig notieren
- **Aufgaben zu Inhalt und Form** stichpunktartig **bearbeiten** und passende Textbelege notieren
- zu einer Aussage/einem Zitat **Stellung nehmen** oder einen **Text aus Sicht einer Figur verfassen**

5. Schritt: Text schreiben/Analyse verfassen

Inhalt:
- zusammenhängenden Text verfassen
- Einleitung formulieren
- Inhalt mit eigenen Worten zusammenfassen
- Zusammenhang zwischen Inhalt und Form aufgabengeleitet darstellen, Fazit ziehen
- zu einer Aussage/einem Zitat Stellung nehmen oder einen Text aus Sicht einer Figur verfassen

Darstellung:
- **Präsens** verwenden (bei Vorzeitigkeit: **Perfekt**)
- Beobachtungen belegen, **Zitiertechniken** beachten
- nach Teilaufgaben Absätze einfügen
- Überleitungen formulieren
- in eigenen Worten formulieren

6. Schritt: Text überarbeiten
- Einleitung vollständig?
- Inhalt richtig und mit eigenen Worten zusammengefasst?
- Alle Teilaufgaben berücksichtigt (→ **Operatoren**)?
- Stellungnahme auf das Zitat/die Aussage abgestimmt oder Text aus Sicht einer Figur verfasst?
- Im **Präsens** geschrieben?
- **Rechtschreibung, Zeichensetzung, Grammatik** korrekt?

C 2.5 Schreibplan zu Aufgabentyp 4a

Nutze diesen Schreibplan zur Planung deines analysierenden Textes. Ergänze in der linken Spalte die Operatoren und Schlüsselwörter aus den Teilaufgaben und notiere in der rechten Spalte stichwortartig deine Ergebnisse mit passenden Textbelegen. Überflüssige Zeilen streichst du.

Teilaufgaben zu ❶	Stichworte zur Bearbeitung
a) Einleitung: TATTE-Satz	Titel: _____ Autor: _____ Textart: _____ Erscheinungsjahr: _____ Thema: _____
b) Inhalt zusammenfassen	
c) Aufgabe zu Form und/oder Inhalt	
d) Aufgabe zu Form und/oder Inhalt	
e) Aufgabe zu Form und/oder Inhalt	
f) Stellungnahme oder Text aus Sicht einer Figur	

C 2.6 Schreibaufgabe (erzählender Text) in sechs Schritten bearbeiten: Marathon

Auf den folgenden Seiten werden die wichtigsten Arbeitsschritte für das Lesen und Erschließen eines erzählenden Textes und die Schritte zur Bearbeitung der Prüfungsaufgaben dargestellt. Auf den Seiten 43–45 findest du den erzählenden Text, mit dem du diese Schritte üben kannst. Auch in der angeleiteten Prüfungsaufgabe zum Thema „Eine Frage der Beziehung" (Teil E) wird auf diese grundlegenden Seiten verwiesen.

Erster Schritt: Sich orientieren

> **TIPP zum ersten Schritt**
>
> Stürze dich nicht gleich in die Arbeit, sondern verschaffe dir einen ersten Überblick:
> 1. Mache dir klar, was die Aufgabe von dir verlangt. Lies dazu die einzelnen Teilaufgaben und unterstreiche alle wichtigen Hinweise auf das, was du tun sollst. So erhältst du oft schon Anhaltspunkte, worauf du beim Lesen und Erschließen des Textes achten musst.
> 2. Worum geht es in dem Text? Was verrät dir die Überschrift?

1. Lies die Aufgabenstellung in der Prüfungsvorlage (Seite 43) „mit dem Stift". Markiere die Operatoren und die Schlüsselwörter.

2. Gib mit eigenen Worten wieder, was du tun sollst. Beachte die Reihenfolge der einzelnen Schritte.
   _____
   _____

3. Notiere stichpunktartig, was dir zu dem Titel „Marathon" einfällt. Wovon könnte der Text handeln?
   _____
   _____

Zweiter Schritt: Text erschließen und Inhalt erfassen

4. a) Erschließe den Text wie im TIPP zum zweiten Schritt dargestellt. Setze dazu die Bearbeitung fort.
   b) Kennzeichne Besonderheiten durch Unterstreichungen und Randbemerkungen (z. B. zu Satzbau, sprachlichen Gestaltungsmitteln, Erzählform und -verhalten).

5. Worum geht es im Text? Formuliere Stichworte zum Thema.
   – Druck, den ein Vater auf seinen Sohn ausübt
   _____
   _____
   _____

> **TIPP zum zweiten Schritt**
>
> 1. Markiere alle Textstellen, die dir unklar sind. Kläre unbekannte Ausdrücke aus dem Sinnzusammenhang oder mithilfe des Wörterbuchs. Beachte auch die Worterklärungen unter dem Text.
> 2. Unterstreiche Schlüsselstellen. Das sind Antworten auf die W-Fragen und Textstellen, die du zur Bearbeitung der Teilaufgaben heranziehen willst.
> 3. Bilde Sinnabschnitte. Notiere dazu jeweils eine Überschrift.
> 4. Notiere zu jedem Abschnitt Stichpunkte zum Inhalt.
> 5. Bestimme die Textart.

Teil II

1 **Analysiere** den Text „Marathon" von Reinhold Ziegler. Gehe dabei so vor:
  a) **Schreibe** eine Einleitung, in der du Titel, Autor, Textart und Thema **benennst**.
  b) **Fasse** den Text **zusammen**.
  c) **Stelle** die Entwicklung der Sportlerkarriere des Sohnes **dar** und **erkläre**, warum er die gesteckten Ziele jeweils erreicht oder nicht.
  d) **Erläutere** die Beziehung des Sohnes zu seinem Vater und ziehe dazu Textbelege heran.
  e) **Untersuche**, wie durch sprachliche und formale Mittel deutlich gemacht wird, dass der vom Vater in der Kindheit ausgeübte Druck den Sohn ständig begleitet (*mögliche Aspekte: Satzbau, sprachliche Gestaltungsmittel, Erzählform und Erzählhaltung*). **Erkläre** in diesem Zusammenhang auch das Ende des Textes.
  f) Ein Mitschüler sagt über den Text: *„Ich finde, der Sohn war zu gemein zu seinem Vater. Der wollte doch wirklich nur sein Bestes."* **Setze** dich mit dieser Aussage **auseinander** und überlege, ob du die Einschätzung teilen kannst. **Begründe** deine Meinung und beziehe dich dabei auf den Text.

Marathon (2001)   *Reinhold Ziegler*

Ich-Form

Ob ich meinen Vater schon hasste, als ich auf die Welt kam, bezweifle ich. Ich vermute, ich fing damit erst an, als ich laufen lernen musste.

Aufzählung, Vater hat große Erwartungen an den Sohn – Sportler

⁵ Ein Sohn, der nur krabbeln konnte, der sich später mühsam von einem Bein aufs andere fallend, durch die Welt hangelte, der schließlich gehen konnte, aber doch nicht lief, noch ¹⁰ nicht federnd aus den Fußgelenken, noch nicht abrollend mit der ganzen Sohle, noch nicht locker aus den Hüften heraus, noch nicht exakt im Knie geführt, der eben ging, ¹⁵ wie ein Kind geht – all das muss ihn ungeduldig geschmerzt haben in seinem großen Sportlerherz. Und diese Ungeduld ließ er mich damals schon spüren.

Ehrgeiz des Vater verfolgt den Sohn

²⁰ [...] Wenn ich an meine Kindheit denke, sehe ich nur ein Bild vor mir: Es ist mein Vater, laufend, schräg rechts vor mir. Er blickt über seine linke Schulter zurück und ruft: ²⁵ „Auf, auf!" Und wenn ich länger hineinhöre in dieses Bild, dann höre ich sein gleichmäßiges Atmen, höre seinen Rhythmus: Schritt, Schritt, ein – Schritt, Schritt, aus. Und ich ³⁰ höre mein eigenes Keuchen, spüre mein Herz stechen und spüre den Hass, der mich zurückhalten will und der mich doch immer hinter ihm hertreibt. Und dann mein Vater, wie er zu anderen redete: „Der Jun- ³⁵ ge hat Talent", höre ich. „Aus dem wird mal was", höre ich. Wenn er zu mir redete, hörte ich nur: „Auf, auf!"

An meinem dreizehnten Geburtstag ⁴⁰ lief ich zum ersten Mal die fünftausend Meter. Es war ein Sportfest, und ich musste mit den Achtzehnjährigen starten, weil in meiner Altersklasse und den zweien darüber ⁴⁵ niemand sonst auf diese Distanz antrat. Meine Vereinskameraden standen am Rand der Bahn und feuerten mich an. Fast zehn Runden hielt ich mit den Großen mit, dann ⁵⁰ fiel ich ab. Vater wartete an Start und Ziel, bei jeder Runde schrie er mir sein „Auf, auf!" ins linke Ohr, die letzte Runde lief er auf dem Rasen neben mir her. „Auf, auf, auf!", ⁵⁵ schrie er, aber ich hörte nichts mehr, lief wie bewusstlos, Schritt, Schritt, ein – Schritt, Schritt, aus – bis mir irgendwer eine Decke überwarf und ich verstand, dass es vorbei war. […] „Gut gemacht, mein Läuferlein", flüsterte er in mein Keuchen. Und ich nahm diese Worte und schloss sie ein wie einen Edelstein, den man immer mal wieder ganz allein hervorholt, um ihn zu betrachten. „Gut gemacht, gut gemacht."

Später standen wir beieinander, alle die, denen Laufen Spaß machen musste. „Viel hat da nicht gefehlt", hörte ich meinen Vater. „Nächstes Jahr packen wir den ganzen Tross." Ich ging weg, nahm mein „Gut gemacht" heraus und sah es von allen Seiten an. Es hatte viele Facetten, das wusste ich nun. Ich wollte nicht an das nächste Jahr denken, aber natürlich tat ich es. Und natürlich hatte Vater recht.

Es war dasselbe Sportfest, ein Jahr später, als ich tatsächlich zum ersten Mal die fünftausend Meter gewann. Von nun an war ich, wie die Zeitungen schrieben, abonniert auf Sieg, das große deutsche Talent, unsere Olympiahoffnung und vieles andere mehr, was mich vergessen ließ, wie sehr ich meinen Vater hasste, vielleicht auch, dass ich ihn überhaupt hasste.

Ich studierte in einer anderen Stadt. Sport natürlich, was sonst. Ich trainierte zweimal täglich, professionell, wie man mir sagte, obwohl es auch nicht viel mehr war als das „Auf, auf!" meines Vaters, nur besser organisiert, wissenschaftlicher verpackt und anonymer. […] Dann verpasste ich die Qualifikation, wurde nicht zur deutschen olympischen Hoffnung. […] Ich fing an, auf Marathon zu trainieren. Irgendjemand hatte meinen Laufstil analysiert und mir von der Bahn, von fünftausend und zehntausend weg hin zu Marathon geraten. […] Ich war gut im Marathon, aber meine Zeiten zeigten mir, für die Welt, die ganz große Welt, war ich auch hier nicht gut genug.

In dieser Zeit – es war kurz nachdem ich auch diese Qualifikation verpasst hatte – fuhr ich einmal nach Hause. Wie fremd saß ich dort an dem vertrauten Esstisch, trank Kaffee mit meinen Eltern wie früher und fand doch keine Worte, um das Versagen auszulöschen oder an die kleinen Siege meiner Vergangenheit anzuknüpfen.

Komm, lass uns laufen, sagte mein Vater, noch immer, ohne zu begreifen, wie sehr ich auch diesen Satz hasste. Als wir die Schuhe aussuchten, fragte er: „Wie weit?" „Marathon", sagte ich, ohne ihn anzusehen. Er war noch nie Marathon gelaufen, das wusste ich, und er war älter geworden. Ich ließ ihn voranlaufen und merkte nach den ersten paar hundert Metern, dass er es zu schnell anging. Ich ließ mich zurückfallen, aber immer wieder kam sein Kopf über die linke Schulter zu mir: „Auf, auf!" Nach nicht einmal einem Viertel der Strecke begannen ihn die Kräfte zu verlassen. Wieder drehte er sich um: „Auf! Sei nicht so faul!", rief er. „Führ du mal!" ich zog an ihm vorbei, hörte sein Atmen, viel zu hastig, viel zu ausgepumpt, viel zu verkrampft. […]

Ich wollte ihn umbringen, wollte ihn winseln hören, wollte seine Ausflüchte hören, sein „Ich habe es doch nur gut gemeint." […]

Ich zog noch ein bisschen an und er ging das Tempo mit. Sein Kopf wurde allmählich rot und fing an zu pendeln, seine Füße rollten jetzt nicht mehr, sondern platschten auf den Boden wie bei einem Kind, das froh ist, überhaupt von der Stelle zu kommen. Ab und zu drehte ich

mich um: „Auf, auf!", rief ich ihm über die Schulter zu.
[...] Keuchend und nach Luft ringend, lief er hinter mir her. Wir waren jetzt viel zu schnell, selbst ich würde dieses Tempo nicht bis zum Ende halten können, aber es würde ohnehin keinen Einlauf durchs große Marathontor geben, nicht heute und nie mehr. Dies war das letzte Rennen meines Lebens, und nichts und niemand konnte mich daran hindern, es für immer zu gewinnen. Plötzlich taumelte er, wie zwei Kreisel liefen seine Arme neben ihm her. Ich blieb stehen, um ihn aufzufangen, aber er stolperte an mir vorbei, ließ sich ein paar Meter weiter in die Wiese fallen und übergab sich. Ich drehte ihn um, stützte ihm die Stirn, verschaffte ihm mehr Luft. Sag es, dachte ich. Sag dieses verdammte: „Ich wollte doch nur dein Bestes!" Aber er konnte nicht mehr sprechen, würgte alles heraus, was in ihm war, schnappte nach Luft wie ein Kind im Heulkrampf. Allmählich kam er zur Ruhe, sah mich an, sah mir von unten her lange in die Augen. „Hasst du mich so sehr?", fragte er. Da war etwas wie erstauntes Entsetzen in seinen Augen. Aber ich schwieg, sah ihn nur an in all seiner Hilflosigkeit. „Nein, nicht mehr", antwortete ich schließlich. „Nicht mehr, es ist vorbei, es ist gut."
Wir blieben lange sitzen, wortlos, aber zum ersten Mal in unserem Leben einig. Dann trabten wir zurück. Ganz ruhig, fast gelassen. Nebeneinander.

aus: Reinhold Ziegler: Der Straßengeher. Weinheim/Basel: Beltz & Gelberg 2001, S. 82–87.

Dritter Schritt: Schreibplan anlegen

TIPP zum dritten Schritt

1. Die Schreibaufgabe besteht darin, in einem zusammenhängenden Text alle Teilaufgaben zu bearbeiten. Nutze die Aufgabenstellung und deren Unterpunkte für deine Gliederung.
2. Lege in einem Schreibplan (Tabelle) die Gliederung deines Textes (linke Spalte) fest:
    a) In der Einleitung stellst du den Text vor, machst Angaben zu Titel, Autor, Textart, Erscheinungsjahr und Thema (Teilaufgabe ❶ a). Du formulierst also den TATTE-Satz.
    b) Im Hauptteil wendest du dich den Teilaufgaben ❶ b – e zu. Das sind Aufgaben zu inhaltlichen und formalen Aspekten (z. B. Textart, Form, Sprache, Erzählweise).

Beachte dazu genau die Operatoren (z. B. *darstellen, beschreiben, erklären* ...) und die Schlüsselwörter in den Teilaufgaben (z. B. *Entwicklung der Sportlerkarriere, gesteckte Ziele, Beziehung* ...). Zitate und Belege unterstützen deine Aussagen. Daher solltest du sie bereits in deinem Schreibplan notieren.
    c) Deinen Text rundest du am Schluss mit einer Stellungnahme ab. Achte auf die genaue Formulierung der letzten Aufgabe (Teilaufgabe ❶ f).

6. a) Übertrage den Schreibplan von Seite 46 auf eine DIN-A4-Seite. Lasse in den einzelnen Zeilen ausreichend Platz. Du kannst auch den vorbereiteten Schreibplan von Seite 41 kopieren (C 2.5).
   b) Vervollständige stichwortartig die linke Spalte. Orientiere dich dazu an den Teilaufgaben von Seite 43 (Operatoren und Schlüsselwörter). So behältst du die Aufgaben im Blick und vermeidest Wiederholungen.

C 2.6 Strategien | Aufgabentyp 4a | Schreibaufgabe bearbeiten

Teilaufgaben	Stichworte zur Bearbeitung
❶ a) Einleitung: TATTE-Satz	– <u>Titel</u>: … – <u>Autor</u>: Reinhold Ziegler – <u>Textart</u>: kurze Erzählung (epischer Text) – <u>Erscheinungsjahr</u>: – <u>Thema</u>: …
❶ b) Inhalt zusammenfassen	– bereits als der Sohn noch ganz klein ist, hat sein Vater große Erwartungen an ihn, denn dieser ist Sportler – wenn der Sohn zurückdenkt, …
❶ c) Entwicklung der Sportler-karriere (Sohn) darstellen; Erreichen und Nicht-Erreichen der Ziele erklären	– Sohn „muss" als Kind lernen, wie er richtig läuft (Z. 4); Vater trainiert ständig mit ihm und feuert ihn an (Z. 4–34) → Vater ist stolz auf ihn, hält viel von ihm, gibt mit ihm an (Z. 35–37) …
❶ d) Beziehung (Vater + Sohn) erläutern + Textbelege	…
❶ e) …	…
❶ f) …	…

Vierter Schritt: Text untersuchen und Stichworte im Schreibplan festhalten

INFO zum vierten Schritt

Ein erzählender Text stellt häufig ein bestimmtes zwischenmenschliches oder gesellschaftliches Problem dar. In der Analyse sollst du diese Textaussage herausarbeiten.
1. Zuerst musst du den **Text vorstellen** und den **Inhalt zusammenfassen**.
2. Danach bearbeitest du **Aufgaben zum Inhalt** und zur **Form/Sprache** des Textes:
   a) Untersuche den Text dazu **aufgabenbezogen**. Konzentriere dich auf die Schwerpunkte, die in den Aufgaben verlangt werden. Suche dazu passende Textstellen.

b) Mit Blick auf **Inhalt**, **Form** und **Sprache** musst du auf Folgendes achten:
– **Inhalt**: Überschrift, Thema/Motive, Atmosphäre, Handlung, Personen und ihre Beziehungen, Gefühle, Gedanken, Konflikte.
– **Form/Sprache**: Textart, Wortwahl (Schlüsselwörter), Satzbau, sprachliche Gestaltungsmittel, Erzählform und -verhalten.
Du ermittelst diese Gestaltungsmerkmale, um **Wirkung** und **Deutung** des Textes zu erklären. Manchmal musst du auch die **Entstehungszeit** des Textes berücksichtigen.

7. Ergänze deinen Schreibplan stichwortartig. Beginne mit der ersten Zeile zur Einleitung (Teilaufgabe ❶ a) und orientiere dich am TIPP.
   a) Notiere Titel, Autor, Erscheinungsjahr und Textart.
   b) Formuliere das Thema.

TIPP zu 7.: Formulieren einer Einleitung

1. Stelle die Erzählung vor: Autor, Titel, Erscheinungsjahr.
2. Ermittle die Textart. Handelt es sich um einen Auszug aus einem Roman, eine Kurzgeschichte, eine Novelle, eine Parabel, …?
3. Formuliere das Thema des Textes in wenigen Sätzen. Achte darauf, dass deine Formulierung sich auf den gesamten Text bezieht.

C 2.6 Strategien | Aufgabentyp 4a | Schreibaufgabe bearbeiten

8. Notiere in der zweiten Zeile Stichworte zur Zusammenfassung des Inhalts (Teilaufgabe ① b):
   – Nutze dazu deine Stichpunkte aus der Texterschließung (Aufgabe 4, S. 42).
   – Notiere die Stichworte zu den Sinnabschnitten im Schreibplan. Orientiere dich an den unterstrichenen Schlüsselwörtern. So kannst du beginnen:

1. Sinnabschnitt: (Z. 1–19)

– bereits als der Sohn noch ganz klein ist, hat sein Vater große Erwartungen an ihn, denn auch dieser ist Sportler

– der Vater hat schon in seiner Kindheit ungeduldig auf seinen Laufstil des Sohnes geachtet …

9. a) Markiere im Text die einzelnen Schritte in der Sportlerkarriere des Sohnes und notiere sie in der dritten Zeile deines Schreibplans (Aufgabe ① c). Ergänze passende Textstellen als Belege.
   b) Notiere hinter jedem Karriereschritt, ob dieses Ziel jeweils erreicht wurde oder nicht (Teilaufgabe ① c). Mache dies durch einen Folgepfeil deutlich.

– Sohn „muss" als Kind lernen, wie er richtig läuft (Z. 4); Vater trainiert ständig mit ihm und feuert ihn an (Z. 4–34) → Vater ist stolz auf ihn, hält viel von ihm, gibt mit ihm an (Z. 35–37)

– 13. Geburtstag: erstes Mal 5000-Meter-Lauf (Z. 40–47); läuft gegen 18-Jährige → …

10. Erläutere, wie du die Beziehung zwischen Sohn und Vater nach der Untersuchung des Textes einschätzt. Sammle dazu Stichwörter in der vierten Zeile der Tabelle (Teilaufgabe ① d).

TIPP zu 10.

1. In Teilaufgabe ① d zeigst du, ob du die Botschaft des Ich-Erzählers und damit die Intention des Textes richtig verstanden hast, denn der Ich-Erzähler verarbeitet in diesem Text das angespannte Verhältnis zu seinem Vater.
2. Betrachte die Beziehung der beiden auf den gesamten Text bezogen. Verdeutliche die dargestellte Entwicklung und erkläre, wie es zu diesem angespannten Verhältnis gekommen ist.
3. In Teilaufgabe ① d wird verlangt, Textbelege heranzuziehen. Diese solltest du wiederum im Schreibplan notieren. Dabei kannst du deinen Text anschaulicher gestalten, wenn du auch wörtlich zitierst.

– schwieriges Verhältnis, da Vater den Sohn von klein auf durch das Training und seine Erwartungshaltung unter Druck gesetzt hat (Z. 1–39)

– Ich-Erzähler meint sogar, seinen Vater später zu hassen, während er dies als Kind noch nicht tat („Ob ich meinen Vater schon hasste, als ich auf die Welt kam, bezweifle ich.", Z. 1–3)

– kein normales Vater-Sohn-Verhältnis, sondern der Vater erscheint durch den übermäßigen Ehrgeiz wie ein Antreiber (Z. 51–55) …

11. a) Ergänze in Zeile 5 der Tabelle, wie durch Form und Sprache deutlich wird, dass der Druck des Vaters den Sohn ständig begleitet (Teilaufgabe ① e).

– Sohn muss seine Kindheit und Jugend verarbeiten, denn er denkt immer wieder an die Anweisungen seines Vaters – auch als er schon studiert → Wiederholungen: „Auf, auf!" (Z. 25, Z. 53 …), „Schritt, Schritt, ein – Schritt, Schritt, aus" (Z. 28–29); diese Äußerungen verfolgen ihn, weil der Vater sie immer beim Trainieren wiederholt hat …

– Erzähler nutzt viele Vergleiche: „[...] der eben ging, wie ein Kind geht [...]" (Z. 14/15) → macht deutlich, dass er eigentlich ein ganz normales Kind war; „[...] lief wie bewusstlos [...]" (Z. 57) → zeigt, dass er alles gegegeben hat, um die Erwartungen des Vaters zu erfüllen ...

b) Die Erzählung endet mit den Sätzen „*Wir blieben lange sitzen, wortlos, aber zum ersten Mal in unserem Leben einig. Dann trabten wir zurück. Ganz ruhig, fast gelassen. Nebeneinander.*" (Z. 191–195). Erkläre, welche Entwicklung in der Beziehung von Vater und Sohn sich hier zeigt (zweiter Teil von Teilaufgabe ❶ e). Ergänze deine Ergebnisse ebenfalls in der fünften Zeile des Schreibplans.

– Sohn behandelt den Vater bei seinem Besuch zu Hause ebenso, wie dieser ihn in all den Jahren seiner Kindheit und Jugend behandelt hat ...
– Sohn treibt Vater an, obwohl er weiß, dass dieser seine Grenzen überschreiten muss, denn er ist mittlerweile alt und noch nie Marathon gelaufen (Z. 127–129) ...

12. a) Lies die Teilaufgabe ❶ f. Mache dir klar, wozu du Stellung nehmen sollst. Erläutere die Aussage im Schreibplan kurz in eigenen Worten.

Ein Mitschüler sagt über den Text, er finde, der Sohn ...

Damit meint er, dass ...

b) Welchen Standpunkt vertrittst du?
c) Sammle in Stichworten Gedanken und notiere sie geordnet in deinem Schreibplan. Schreibe auch die Textstellen auf, die du als Belege in deiner Argumentation berücksichtigen willst.

Fünfter Schritt: Text schreiben

> **TIPP zu 11 a) und b)**
>
> Achte bei der Untersuchung von Form und Sprache auf Satzbau, sprachliche Gestaltungsmittel, Erzählform und Erzählhaltung. Auf diese Merkmale wird oft schon in der Aufgabenstellung verwiesen. Notiere im Schreibplan auch immer gleich die Wirkung dieser Merkmale.

> **TIPP zu 12 a) und c)**
>
> Wenn eine Stellungnahme zu einer Aussage zum Text/zu einem Zitat von dir erwartet wird, gehe so vor:
> 1. Gib die Aussage/das Zitat direkt oder indirekt wieder und erkläre, was damit gemeint ist.
> 2. Stelle deinen Standpunkt eindeutig dar. Du kannst zustimmen, ablehnen oder einen Kompromiss finden. Wichtig ist, dass du die Gründe abwägst und am Ende ein zusammenfassendes Fazit ziehst.
> 3. Begründe deine Position nachvollziehbar und stichhaltig. Beziehe dich dabei auf den Text und führe auch Zitate an, die deine Meinung anschaulich belegen.

> **TIPP zum fünften Schritt**
>
> 1. Formuliere deinen Text. Lasse einen **breiten Rand** an der Seite und unten, damit du Platz für die Überarbeitung und Ergänzungen hast. Schreibe so, als würde dein Leser den erzählenden Text nicht kennen.
> 2. Schreibe im **Präsens**. Um Vorzeitigkeit auszudrücken, nutzt du das **Perfekt**.
> 3. Bringe die Ergebnisse aus deinem **Schreibplan** in einen **schlüssigen und zusammenhängenden Gedankengang**. Dazu fasst du **ähnliche Beobachtungen** zusammen und beschreibst ihre **Wirkung**, damit dein Leser versteht, warum der Autor bestimmte inhaltliche, sprachliche und formale Merkmale ausgewählt hat. Vermeide **Wiederholungen.**
> 4. Verwende **Zitate**, wenn du etwas Typisches

oder Bemerkenswertes herausstellen willst oder **um eigene Aussagen zu belegen**. Kennzeichne Zitate durch Anführungszeichen und Zeilenangaben in Klammern.

5. **Fachbegriffe** helfen, präzise zu formulieren.
6. Verwende passende **Satzverknüpfungswörter**. So wirkt dein Text zusammenhängend.
7. Setze nach jeder Teilaufgabe einen **Absatz**.

13. Fasse deine Analyseergebnisse in einem geschlossenen Text zusammen. Orientiere dich am TIPP von Seite 48. Nutze die Vorarbeit aus deinem Schreibplan sowie die folgenden Textanfänge.

Teilaufgabe ❶a: In der kurzen Erzählung „Marathon" von Reinhold Ziegler, die dieser im Jahre 2001 verfasst hat, geht es um das schwierige Verhältnis eines Sohnes zu seinem …

Teilaufgabe ❶b: Bereits als der Sohn noch ganz klein ist, hat sein Vater große Erwartungen an ihn, denn dieser ist ebenfalls Sportler. Wenn der Sohn zurückdenkt, erinnert er sich an …

Teilaufgabe ❶c: Der Sohn „muss" schon als Kind lernen, wie er richtig zu laufen hat (Z. 4). Der Vater trainiert ständig mit ihm und feuert ihn an (Z. 4–34). Er ist stolz auf ihn und …

Teilaufgabe ❶d: Vater und Sohn haben ein schwieriges Verhältnis, da der Vater seinen Sohn durch seine Erwartungshaltung unter Druck gesetzt hat (Z. 1–39). Der Ich-Erzähler meint …

Teilaufgabe ❶e: Durch die verwendete Form und Sprache wird deutlich, dass der Druck des Vaters den Sohn bis zu dem Ereignis bei seinem Besuch begleitet hat, denn der Sohn denkt immer wieder an die Anweisungen seines Vaters. Dies wird z. B. durch die Wiederholungen erkennbar: „Auf, auf!" (Z. 25, 38/39, 96) oder „Schritt, Schritt, ein – Schritt, Schritt …

Teilaufgabe ❶f: Ein Mitschüler sagt über den Text, er finde, der Sohn sei zu seinem Vater zu gemein gewesen. Er meint damit, dass er den Vater zum Marathonlauf gezwungen habe …

Sechster Schritt: Text überarbeiten

14. Überarbeite deinen Text. Verwende dazu die CHECKLISTE.

CHECKLISTE zur Überarbeitung von Texten (Aufgabentyp 4a)

1. Den Text inhaltlich überprüfen (Inhaltsleistung)
- Hast du in deinem Text alle Unterpunkte der Schreibaufgabe und die Ergebnisse aus deinem Schreibplan berücksichtigt?
- Sind deine Ergebnisse für den Leser nachvollziehbar formuliert, d. h. hast du erklärt, wie du etwas verstanden hast, und dieses durch Textbelege veranschaulicht?
- Ist klar, welche Bedeutung Form und Sprache des Textes für die Aussageabsicht haben?
- Hast du deine Ergebnisse miteinander verknüpft und Zusammenhänge hergestellt?
- Hast du in der Stellungnahme deine Position durch Begründungen sowie durch Zitate/Belege gestützt?

2. Den Text sprachlich überprüfen (Darstellungsleistung)
- Hast du den Text sinnvoll gegliedert? Ist er durch Absätze überschaubar gestaltet?
- Hast du unnötige Wiederholungen und unklare Formulierungen vermieden?
- Sind deine Sätze vollständig?
- Kannst du komplizierte Sätze vereinfachen?
- Hast du Zusammenhänge durch sinnvolle Satzverknüpfungen verdeutlicht?
- Überprüfe auch Rechtschreibung, Zeichensetzung und Grammatik, denn sie fließen in die Bewertung ein.
➡ Kontrolliere deinen Text mehrfach. Berücksichtige deine persönlichen Fehlerschwerpunkte.

C 2.7 Schreibaufgabe (Gedicht) in sechs Schritten bearbeiten: Sachliche Romanze

Auf den folgenden Seiten werden die wichtigsten Arbeitsschritte für das Lesen und Erschließen eines Gedichtes und die Schritte für die Bearbeitung der Aufgaben dargestellt. Auf der Seite 51 findest du das Gedicht, mit dem du diese Schritte üben kannst. Auch in der angeleiteten Prüfungsaufgabe zum Thema „Eine Frage der Beziehung" (Teil E) wird auf diese grundlegenden Seiten verwiesen.

Erster Schritt: Sich orientieren

> **TIPP zum ersten Schritt**
>
> Stürze dich nicht gleich in die Arbeit, sondern verschaffe dir einen ersten Überblick:
> 1. Mache dir klar, was die Aufgabe von dir verlangt. Lies dazu die einzelnen Teilaufgaben und unterstreiche alle wichtigen Hinweise auf das, was du tun sollst. So erhältst du oft schon Anhaltspunkte, worauf du beim Lesen und Erschließen des Gedichtes achten musst.
> 2. Worum geht es in dem Gedicht? Was verrät dir die Überschrift?

1. Lies die Aufgabenstellung in der Prüfungsvorlage (Seite 51) „mit dem Stift". Markiere die Operatoren und die Schlüsselwörter.

2. Gib mit eigenen Worten wieder, was du tun sollst. Beachte auch die Reihenfolge der einzelnen Schritte.

3. Notiere stichpunktartig, was dir zu dem Titel „Sachliche Romanze" einfällt. Um welches Thema könnte es gehen? Wovon könnte das Gedicht handeln?

   _____

   _____

Zweiter Schritt: Text lesen und Inhalt erfassen

4. a) Erschließe das Gedicht wie im TIPP zum zweiten Schritt dargestellt. Setze dazu die Bearbeitung fort.
   b) Kennzeichne Besonderheiten durch Unterstreichungen und Randbemerkungen (z. B. zu Strophen- und Versanzahl, Reimschema, Enjambements, sprachlichen Gestaltungsmitteln).

5. Worum geht es im Text? Formuliere Stichworte zum Thema.

   – _Beziehung zwischen zwei Partnern nach acht_

   Jahren

   – _Alltagstrott, Gewohnheit, verlorene Liebe, ggf._

   gescheiterte Ehe

> **TIPP zum zweiten Schritt**
>
> 1. Markiere alle Textstellen, die dir unklar sind. Kläre diese Ausdrücke aus dem Sinnzusammenhang oder schlage sie im Wörterbuch nach. Beachte auch die Worterklärungen unter dem Text.
> 2. Unterstreiche Schlüsselstellen. Das sind Textstellen, die für das Verständnis wichtig sind.
> 3. Formuliere eine Überschrift und Stichworte zu den einzelnen Strophen bzw. Sinnabschnitten. Notiere auch Hinweise zu Atmosphäre und Stimmung.
> 4. Da auch die formale und sprachliche Gestaltung für das Verständnis wichtig sind, mache dir Notizen zu Strophen- und Versanzahl, Reimschema, Enjambements, sprachlichen Gestaltungsmitteln etc. (vgl. Glossar, Stichwort Lyrik).

Teil II

1 **Analysiere** das Gedicht „Sachliche Romanze" von Erich Kästner. Gehe dabei so vor:
  a) **Schreibe** eine Einleitung, in der du Titel, Autor, Textart, Thema und Erscheinungsjahr **benennst**.
  b) **Fasse** den Inhalt des Gedichts in eigenen Worten **zusammen**.
  c) **Beschreibe** die im Gedicht dargestellte Beziehung. Ziehe dazu Textbelege heran.
  d) **Untersuche**, wie durch sprachliche und formale Mittel deutlich gemacht wird, dass die Liebe in der dargestellten Beziehung „abhanden" (V. 3) gekommen ist (*mögliche Aspekte: Strophen, Reimschema, Wortwahl, sprachliche Gestaltungsmittel*).
  e) **Erkläre** anhand von Textbelegen, warum Erich Kästner als Titel seines Gedichts „Sachliche Romanze" ausgewählt hat.
  f) **Verfasse** einen kurzen Text aus der Sicht des Mannes oder aus der Sicht der Frau:
     - Welche Gedanken hat der Mann/die Frau bezüglich ihrer Beziehung?
     - Was fühlt die Person für ihr Gegenüber?
     - Warum kann die Person die Situation „einfach nicht fassen" (V. 17)?
     Schreibe in der Ich-Form und **berücksichtige** die Informationen, die das Gedicht gibt.

Sachliche Romanze (1928)
Erich Kästner

Als sie einander acht Jahre kannten
(und man darf sagen: sie kannten sich gut),
kam ihre Liebe plötzlich abhanden.
Wie andern Leuten ein Stock oder Hut.

a → zwei Partner, kennen sich 8 Jahre, „sie"
b → eingeschobener Kommentar, „man"
a → Liebe geht verloren; „plötzlich" – Grund?
b → Vergleich; Liebe als Gegenstand
↳ Kreuzreim, Parataxe und Enjambement zwischen V. 1 und 2: wirkt amüsant, beinahe alltäglich, wie Erzählung

5 Sie waren traurig, betrugen¹ sich heiter,
versuchten Küsse, als ob nichts sei,
und sahen sich an und wussten nicht weiter.
Da weinte sie schließlich. Und er stand dabei.

c → verhalten sich anders als sie fühlen
d → Vergleich; wollen Situation nicht wahrhaben
c → Ratlosigkeit
d → Frau reagiert emotional; Mann weiß nicht, was er machen soll; hilflos
↳ Kreuzreim; Beschreibung wirkt sachlich, Feststellung von Tatsachen

Vom Fenster aus konnte man Schiffen winken.
10 Er sagte, es wäre schon Viertel nach vier
und Zeit, irgendwo Kaffee zu trinken.
Nebenan übte ein Mensch Klavier.

Sie gingen ins kleinste Café am Ort
und rührten in ihren Tassen.
15 Am Abend saßen sie immer noch dort.
Sie saßen allein, und sie sprachen kein Wort
und konnten es einfach nicht fassen.

¹ sie betrugen: Präteritumform von sich betragen: verhalten

Aus: Erich Kästner: Lärm im Spiegel. In: Gesammelte Schriften, Band 1, Gedichte,
Verlag Kiepenheuer & Witsch, Köln, 1959, S. 101. © Atrium Verlag, Zürich.

C 2.7 Strategien | Aufgabentyp 4a | Schreibaufgabe bearbeiten

Dritter Schritt: Schreibplan anlegen

> **INFO zum dritten Schritt**
>
> 1. Die Schreibaufgabe besteht darin, in einem zusammenhängenden Text alle Teilaufgaben zu bearbeiten. Nutze die Aufgabenstellung und deren Unterpunkte für deine Gliederung.
> 2. Lege in einem Schreibplan (Tabelle) die Gliederung deines Textes (linke Spalte) fest:
>   a) In der **Einleitung** stellst du den Text vor, machst Angaben zu Titel, Autor, Textart, Erscheinungsjahr und Thema (Teilaufgabe ❶ a). Du formulierst also den TATTE-Satz.
>   b) Im **Hauptteil** wendest du dich den Teilaufgaben ❶ b – e zu. Das sind Aufgaben zu inhaltlichen und formalen Aspekten (z. B. *Art der Beziehung, Titel, Form, Sprache*). Beachte dazu genau die Operatoren (z. B. *darstellen, beschreiben, erklären ...*) und die Schlüsselwörter in den Teilaufgaben (z. B. *dargestellte Beziehung, abhanden gekommene Liebe, Titel ...*).
>   Zitate und Belege unterstützen deine Aussagen. Daher solltest du sie bereits in deinem Schreibplan notieren.
>   c) Zum Schluss verfasst du einen Text aus der Sicht des Mannes/der Frau. Achte genau auf die Fragen, auf die du eingehen sollst. Schreibe in der Ich-Form (Teilaufgabe ❶ f).

6. a) Übertrage den Schreibplan unten auf eine DIN-A4-Seite. Lasse in den einzelnen Zeilen ausreichend Platz. Du kannst auch den vorbereiteten Schreibplan von Seite 41 kopieren (C 2.5).
   b) Vervollständige stichwortartig die linke Spalte. Orientiere dich dazu an den Teilaufgaben von Seite 51 (Operatoren und Schlüsselwörter). So behältst du die Aufgaben im Blick und vermeidest Wiederholungen.

Teilaufgaben	Stichworte zur Bearbeitung
❶ a) Einleitung: TATTE-Satz	– <u>Titel</u>: Sachliche Romanze – <u>Autor</u>: ... – <u>Textart</u>: Gedicht (lyrischer Text) – <u>Erscheinungsjahr</u>: – <u>Thema</u>: ...
❶ b) Inhalt zusammenfassen	– ein Paar stellt nach acht Jahren Beziehung fest, dass die Liebe plötzlich nicht mehr da ist ...
❶ c) Beziehung beschreiben + Textbelege	– die Beziehung der beiden ist dem Alltagstrott und der Gewohnheit verfallen (V. 2); sie stellen fest, dass die Liebe „abhanden" gekommen ist (V. 3) → das belastet die beiden Partner, doch sie wollen es nicht wahrhaben (V. 5) ...
❶ d) Liebe ist „abhanden gekommen" (V. 3) – Eindruck mithilfe von Form und Sprache erklären	– Partner stellen fest, dass die Liebe ein Gefühl ist, das vergehen kann (V. 3); dieser Vorgang wird durch einen Vergleich (V. 4) als fast gewöhnlich dargestellt → alltäglich; Wirkung entsteht durch Kreuzreim und Rhythmus ...
❶ e) ...	...
❶ f) ...	...

Vierter Schritt: Text untersuchen und Stichworte im Schreibplan festhalten

INFO zum vierten Schritt

Ein Gedicht stellt häufig ein zwischenmenschliches oder gesellschaftliches Problem sowie Emotionen oder Stimmungen dar. In der Analyse sollst du diese Textaussage herausarbeiten:
1. Zuerst musst du das **Gedicht vorstellen** und den **Inhalt zusammenfassen**. Dazu kannst du zumeist strophenweise vorgehen.
2. Danach bearbeitest du **Aufgaben zum Inhalt** und zur **Form/Sprache** des Textes:
   a) Lies noch einmal die **Teilaufgaben** ganz genau und untersuche das Gedicht beim zweiten Lesen **aufgabenbezogen**, d. h. du konzentrierst dich auf die Schwerpunkte, die in den Aufgaben verlangt werden, z. B. *die dargestellte Beziehung* (Teilaufgabe ❶ c), und suchst nach Versen, die zur Bearbeitung dieser Aufgabe hilfreich sind.
   b) Mit Blick auf **Inhalt**, **Form** und **Sprache** musst du auf Folgendes achten:
      – **Inhalt:** Überschrift, Thema/Motive, Atmosphäre/Stimmung, Handlung, Personen und ihre Beziehungen, Gefühle, Gedanken, Konflikte.
      – **Form/Sprache:** Gedichtform, Strophen- und Versaufbau sowie -anzahl, Reimschema, Metrum, Wortwahl (Schlüsselwörter), Interpunktion, Satzbau, Enjambements, Zeilenstil, sprachliche Gestaltungsmittel (Metapher, Personifikation, Wiederholung, Vergleich, Anapher …).
      Wenn dir Fachbegriffe unklar sind, schlage im Glossar unter dem Stichwort Lyrik nach (S. 140). Auch die Rechtschreibung kann für die Interpretation wichtig sein.

Du ermittelst diese Gestaltungsmerkmale, um die **Wirkung** und **Deutung** des Textes zu erklären. Manchmal musst du auch die **Entstehungszeit** des Textes bedenken, denn diese Information kann für das Verständnis ebenfalls von Bedeutung sein.

---

7. Ergänze deinen Schreibplan stichwortartig. Beginne mit der ersten Zeile zur Einleitung (Teilaufgabe ❶ a). Orientiere dich am TIPP:
   a) Notiere Titel, Autor, Erscheinungsjahr und Textart.
   b) Formuliere das Thema.

8. Notiere in der zweiten Zeile Stichworte zur Zusammenfassung (Teilaufgabe ❶ b):
   – Nutze deine Stichpunkte aus der Texterschließung (Aufgabe 4, S. 50).
   – Notiere die Stichworte zu den Strophen im Präsens in deinem Schreibplan. Für die Vorzeitigkeit verwendest du das Perfekt. Orientiere dich an den unterstrichenen Schlüsselwörtern. Beginne so:

1. Strophe: (Z. 1–4)
– ein Paar stellt nach acht Jahren Beziehung fest, dass die Liebe plötzlich fort ist
– die Partner wollen es nicht wahrhaben und …

TIPP zu 7.

Formulieren einer Einleitung:
1. Stelle das Gedicht vor: Autor, Titel, Erscheinungsjahr. Du kannst auch die Quelle angeben. Sie steht meist unter dem Text.
2. Ermittle die Textart, wenn möglich, genauer: Handelt es sich um einen Songtext, eine Ballade, ein Sonett …? Die Merkmale dieser Textarten kannst du im Glossar ab Seite 139 nachlesen.
3. Formuliere das Thema des Gedichts in wenigen Sätzen. Achte darauf, dass deine Formulierung sich auf den gesamten Text bezieht, z. B. *In dem Gedicht wird eine gescheiterte Beziehung dargestellt, da die Partner nach einigen Jahren feststellen, dass die Liebe zueinander nicht mehr vorhanden ist.*

9. Mache dir Notizen zur Stimmung der beiden Partner und markiere passende Textbelege. Ziehe Schlussfolgerungen über die dargestellte Beziehung und notiere diese in der dritten Zeile deines Schreibplans (Teilaufgabe ❶ c). Ergänze passende Textstellen als Belege.

– die Beziehung der beiden ist dem Alltagstrott und der Gewohnheit verfallen (V. 2)

– sie stellen fest, dass die Liebe „abhanden gekommen" ist (V. 3) → das belastet die beiden Partner, doch sie wollen es nicht wahrhaben, denn sie verhalten sich anders als sie fühlen (V. 5)

– Frau und Mann gehen mit dieser Feststellung unterschiedlich um, denn …

> **TIPP zu 9.**
>
> 1. Orientiere dich beim Festhalten der Notizen an den Operatoren (*beschreibe, erkläre*) und am Wortlaut (*Schlüsselwörter*) der Teilaufgabe. So kannst du beim Ausformulieren der Ergebnisse Wiederholungen vermeiden.
> 2. Wenn du die Teilaufgaben zu Inhalt, Form und Sprache bearbeitest, ergänze im Schreibplan Textbelege, die du beim Ausformulieren heranziehen willst. So ersparst du dir das Suchen im Text. Beim Zitieren gibst du Verse an: z. B. *V. 3*.
> 3. Formuliere deine Stichwörter in eigenen Worten.

10. Finde heraus, woran deutlich wird, dass die Liebe der beiden „abhanden gekommen" (V. 3) ist (Teilaufgabe ❶ d). Sammle deine Stichwörter in der vierten Zeile der Tabelle:
    a) Markiere Textstellen, die besonders sachlich erscheinen und die zeigen, dass die Beziehung eher lieblos wirkt.
    b) Ermittle, welche formalen und sprachlichen Gestaltungsmittel diesen Eindruck zudem verstärken.

– Partner stellen fest, dass die Liebe ein Gefühl ist, das vergehen kann (V. 3); dieser Vorgang wird durch einen Vergleich (V. 4) als fast gewöhnlich dargestellt → alltäglich; diese Wirkung entsteht durch den verwendeten Kreuzreim und den gleichmäßigen Rhythmus (Metrum)

> **TIPP zu 10 a) und b)**
>
> Achte bei der Untersuchung der Form und Sprache auf folgende Merkmale: Strophen, Reimschema, Wortwahl, sprachliche Gestaltungsmittel. Auf diese wird häufig bereits in der Aufgabenstellung hingewiesen. Du kannst zusätzlich aber auch weitere Auffälligkeiten einbeziehen, z. B. Verse, Satzbau, Enjambements, Zeilenstil etc. Manchmal weist eine Unregelmäßigkeit beim Strophenaufbau oder bei der Versanzahl auch auf inhaltlich Wichtiges hin. Notiere in deinem Schreibplan dazu auch immer die Wirkung dieser Merkmale.

– beide Partner versuchen dennoch weiterzumachen (Vergleich V. 6), doch auch ihre Ratlosigkeit wird durch Parataxen, die mit der Konjunktion „und" (V. 7) verknüpft sind, deutlich …

11. Ergänze in Zeile fünf der Tabelle, warum der Autor Erich Kästner seinem Gedicht den Titel „Sachliche Romanze" gegeben hat (Teilaufgabe ❶ e).

– der Titel „Sachliche Romanze" ist ein Oxymoron, d. h. eine Verknüpfung von eigentlich gegensätzlichen Begriffen; damit verdeutlicht Kästner …

> **TIPP zu 11.**
>
> Vergleiche deine Eindrücke aus den Analyseaufgaben mit dem Titel des Gedichts. Achte auch darauf, ob dieser ein sprachliches Gestaltungsmittel enthält.

12. a) Lies die Teilaufgabe ❶ f. Mache dir klar, aus wessen Sicht du schreiben sollst (in diesem Fall darfst du eine Person auswählen).
    b) Notiere im Schreibplan stichwortartig, auf welche Inhalte du in dem inneren Monolog eingehen sollst.

1. Darstellung der Gedanken der Frau (Ich-Form) bezogen auf die Beziehung …

    c) Beantworte die Fragen (Teilaufgabe ❶ f) stichwortartig aus der Sicht des Mannes/der Frau, d. h. du schreibst in der Ich-Form und berücksichtigst die Informationen, die der Textauszug gibt. Denke auch daran, die Gedanken und Gefühle der Person darzustellen.

> **TIPP zu 12 a) – c)**
>
> 1. Wenn du als letzte Aufgabe einen Text aus der Sicht einer der Figuren schreiben sollst, achte darauf, dass du dich in die Figur hineinfühlst.
> 2. Schreibe in der Ich-Form und orientiere dich an den Informationen des Textes sowie an den Gedanken und Gefühlen, die dort deutlich werden. Du kannst auch Gefühle und Gedanken ergänzen, die nicht im Text genannt werden. Sie sollten aber zum Text passen.
> 3. Nutze die Fragen aus der Aufgabenstellung zur Gliederung deines Textes. Beantworte sie nacheinander.
> 4. Gestalte deine Schreibweise so, dass sie zu der Figur passt (*z. B. Mann/Frau: Beziehung leidet unter dem Alltagstrott; beide können nichts dagegen tun*).

Fünfter Schritt: Text schreiben

> **TIPP zum fünften Schritt**
>
> 1. Formuliere deinen Text. Lasse einen **breiten Rand** an der Seite und unten, damit du Platz für die Überarbeitung und Ergänzungen hast. Schreibe beim Ausformulieren so, als würde dein Leser das Gedicht nicht kennen. So erreichst du, dass du genau und detailliert arbeitest.
> 2. Schreibe im **Präsens**. Um die Vorzeitigkeit auszudrücken, nutzt du das **Perfekt**.
> 3. Bringe die Ergebnisse aus deinem **Schreibplan** in einen **schlüssigen und zusammenhängenden Gedankengang**. Dazu fasst du **ähnliche Beobachtungen** zusammen und beschreibst ihre **Wirkung**, damit dein Leser versteht, warum der Autor bestimmte inhaltliche, sprachliche und formale Merkmale ausgewählt hat. **Vermeide Wiederholungen**.
> 4. Verwende **Zitate** – wie in den Teilaufgaben gefordert –, wenn du etwas Typisches oder Bemerkenswertes herausstellen willst oder **um eigene Aussagen zu belegen**. Kennzeichne Zitate durch Anführungszeichen und Zeilenangaben in Klammern: *„Wie andern Leuten ein Stock oder Hut." (V. 4)*.
> 5. Verwende die richtigen **Fachbegriffe**, denn mit ihnen kannst du präzise formulieren.
> 6. Verwende passende **Satzverknüpfungswörter**. So wirkt dein Text zusammenhängend.

13. Fasse deine Analyseergebnisse zum Gedicht „Sachliche Romanze" von Erich Kästner in einem geschlossenen Text auf einem Extrablatt zusammen. Orientiere dich am TIPP und nutze deine Vorarbeit aus dem Schreibplan sowie die folgenden Textanfänge zu den Teilaufgaben.

Teilaufgabe ❶ a: In dem Gedicht „Sachliche Romanze" von Erich Kästner, das dieser im Jahre 1928 verfasst hat, geht es um eine Beziehung zwischen zwei Partnern, die einigen Jahren der Gewohnheit zum Opfer fällt und daher lieblos erscheint …

Teilaufgabe ❶ b: Ein Paar stellt nach acht Jahren Beziehung fest, dass die Liebe plötzlich nicht mehr da ist. Obwohl sie versuchen, die Beziehung aufrecht zu erhalten, sind sie traurig, denn ihre Bemühungen haben keinen Erfolg …

Teilaufgabe ❶c: Die Beziehung der beiden ist dem Alltagstrott und der Gewohnheit verfallen (V. 2), denn Frau und Mann stellen fest, dass ihre Liebe „abhanden" (V. 3) gekommen ist. Das belastet die beiden Partner, doch sie wollen diese Tatsache nicht wahrhaben (V. 5), denn …

Teilaufgabe ❶d: Die Partner müssen feststellen, dass die Liebe ein Gefühl ist, das vergehen kann (V. 3). Dieser Vorgang wird durch einen Vergleich (V. 4) als gewöhnlich dargestellt. Er wirkt ein wenig alltäglich, da die Liebe hier mit einem „Hut" oder „Stock" verglichen wird. Unterstützt wird dieser Eindruck durch die verwendeten Kreuzreime sowie durch den gleichmäßig klingenden Rhythmus, der zum Teil fast ironisch klingt. Die Beschreibung „[sie] versuchten Küsse" (V. 6) zeigt, dass Frau und Mann sich durchaus bemühen, die Beziehung aufrecht zu erhalten, doch der folgende Vergleich („[…] als ob nichts sei", V. 6) zeigt, dass sie sich nicht mit den wahren Gründen auseinandersetzen …

Teilaufgabe ❶e: Der Titel „Sachliche Romanze" ist ein Oxymoron, d. h. eine Verbindung von sich eigentlich ausschließenden Begriffen. Damit verdeutlicht Kästner die verlorene Liebe, denn die Beziehung ist keinesfalls als romantisch oder gar liebevoll zu bezeichnen, sondern …

Teilaufgabe ❶f: (Text aus Sicht der Frau) Was ist nur mit uns passiert? Wir kennen uns jetzt acht Jahre und alles ist so gleichgültig geworden. Doch keiner will sich dies eingestehen. Manchmal bin ich so traurig, dass ich nicht weiterweiß. Aber er tröstet mich nicht …

Sechster Schritt: Text überarbeiten

14. Überarbeite deinen Text. Verwende dazu die CHECKLISTE.

CHECKLISTE zur Überarbeitung von Texten (Aufgabentyp 4a)

1. Den Text inhaltlich überprüfen (Inhaltsleistung)
- ✓ Hast du in deinem Text alle Unterpunkte der Schreibaufgabe und die Ergebnisse aus deinem Schreibplan berücksichtigt?
- ✓ Sind deine Ergebnisse für den Leser nachvollziehbar formuliert, d. h. hast du erklärt, wie du etwas verstanden hast, und dieses durch Textbelege veranschaulicht?
- ✓ Ist klar, welche Bedeutung Form und Sprache des Textes für die Aussageabsicht haben?
- ✓ Hast du deine Ergebnisse miteinander verknüpft und Zusammenhänge hergestellt?
- ✓ Ist der Text aus der Sicht einer Figur in der Ich-Form verfasst und passt er zu den Informationen aus dem Text?

2. Den Text sprachlich überprüfen (Darstellungsleistung)
- ✓ Hast du den Text sinnvoll gegliedert? Ist er durch Absätze überschaubar gestaltet?
- ✓ Hast du unnötige Wiederholungen und unklare Formulierungen vermieden?
- ✓ Sind deine Sätze vollständig?
- ✓ Kannst du komplizierte Sätze vereinfachen?
- ✓ Hast du Zusammenhänge durch sinnvolle Satzverknüpfungen verdeutlicht?
- ✓ Überprüfe auch Rechtschreibung, Zeichensetzung und Grammatik, denn sie fließen in die Bewertung ein.
- ➡ Kontrolliere deinen Text mehrfach. Berücksichtige deine persönlichen Fehlerschwerpunkte.

C 3 Aufgabentyp 4b

C 3.1 Was bedeutet die Aufgabenstellung „Untersuche und vergleiche …"?

1. Die Aufgabenstellung unten stammt aus einer Prüfungsvorlage, bei der du verschiedene Sachtexte und Schaubilder untersuchen und miteinander vergleichen musst. Lies die Aufgabenstellung (ACHTUNG: Die zugehörigen Texte und Materialien findest du auf den Seiten 127 – 129).

> <u>Untersuche</u> die Materialien M1, M2 und M3. Gehe dabei so vor:
> - <u>Benenne</u> das gemeinsame Thema von M1, M2 und M3.
> - Fasse die Informationen aus M1a und M1b zusammen.
> - Stelle die Aussagen aus M2 und M3 mit eigenen Worten dar. Vergleiche die Positionen im Hinblick auf die Auswirkungen, die „Self-Tracking" auf das Leben der Menschen haben kann. Belege deine Ausführungen am Text.
> - Setze dich kritisch mit der folgenden Aussage eines Mitschülers auseinander:
>   *„Jeder sollte danach streben, das Beste aus sich herauszuholen, und dafür auch digitale Hilfsmittel nutzen."*
>   – Nimm Stellung zu der Aussage.
>   – Begründe deine Meinung.
>   – Beziehe dich dabei auch auf die Materialien M1 – M3.

2. In der Aufgabenstellung oben ist zum Teil schon unterstrichen worden, was von dir erwartet wird. Unterstreiche auch in den weiteren Aufgaben, was du tun sollst. Die Operatoren geben dir Hinweise. Lies dazu die Info rechts. Dort wird erklärt, was unter den Arbeitsanweisungen genau zu verstehen ist.

3. Die Teilaufgabe c gibt dir Hinweise, <u>was</u> du untersuchen und vergleichen sollst.
   Markiere oben, auf was du besonders achten musst.
   Notiere diese Punkte stichwortartig:

   _____
   _____
   _____

> **INFO zu 2.**
>
> *benennen:* Informationen zusammentragen
> *zusammenfassen:* Inhalte, Aussagen oder Zusammenhänge komprimiert und strukturiert wiedergeben
> *darstellen:* einen Sachverhalt, Zusammenhang oder eine methodische Entscheidung strukturiert formulieren
> *vergleichen:* vorgegebene Materialien unter besonderen Bedingungen vergleichen (ermitteln von Gemeinsamkeiten, Unterschieden und Abweichungen)
> *Stellung nehmen:* nach eingehender Auseinandersetzung mit einem Sachverhalt oder einer Fragestellung eine eigene Einschätzung des Problems verfassen
> *begründen:* eine Meinung/Einschätzung fachlich, sachlich oder durch Erfahrungswerte bzw. Weltwissen absichern

> **INFO zu 3.**
>
> Um einen Sachtext zu verstehen, musst du ihn untersuchen:
> – Welche Informationen enthält er?
> – Welcher Aufbau ist erkennbar?
> – Um welche Textsorte handelt es sich?
> – Welche Wirkung hat der Text?
> – Welche Absicht liegt dem Text zugrunde?
> – Welche sprachlichen Besonderheiten gibt es, welche Funktion haben sie?
>
> **Vergleichen** bedeutet, Texte nach bestimmten Gesichtspunkten in Beziehung zu setzen:
> – Was haben sie gemeinsam?
> – Welche Unterschiede sind erkennbar?
> – Inwieweit ergänzen sich die Texte?
> Diese Vergleiche können sich auf Inhalt, Form, Absicht, Wirkung und Sprache beziehen.
> In den Teilaufgaben findest du Hinweise, auf welche Aspekte du achten musst.

C 3.2 Materialien vergleichen, deuten und bewerten – Fachwissen

Wenn du verschiedene Materialien (vgl. dazu die Übersicht über die Textarten im Glossar, Seite 144) miteinander vergleichen sollst, stellst du diese kurz vor (= TATTE-Satz) und fasst dann die wesentlichen Informationen aus den Texten getrennt voneinander zusammen. In der eigentlichen **Vergleichsaufgabe** wird dir ein Schwerpunkt vorgegeben, der deutlich macht, **was** du vergleichen sollst. Anschließend nimmst du zu einer Aussage oder einem im Text genannten Sachverhalt Stellung.

Die **Gliederung** deines Vergleichstextes wird dir durch die Teilaufgaben vorgegeben:

– Stelle … vor und benenne das gemeinsame Thema …
→ Wenn du mehrere Materialien vorliegen hast, fasse dich bei der Vorstellung kurz. Hinweise zum Thema erhältst du oft schon in der Überschrift.

– Fasse die Informationen … zusammen
– Stelle dar, …
→ Beachte bei der Zusammenfassung den genannten Schwerpunkt: Was soll ich zusammenfassen/darstellen/wiedergeben?

– Setze M1 und M2 in Beziehung, indem du … erläuterst.
→ Stelle Unterschiede und Gemeinsamkeiten bezogen auf den Schwerpunkt dar: Was soll ich in Beziehung setzen/vergleichen?

– Nimm Stellung zu der Aussage und begründe …
→ Argumentiere über die Texte hinaus, beziehe dich aber auch auf diese.
(vgl. dazu Teilaufgaben ❶ a – e, Seite 62)

Ziele des Textes (= Funktion)

Du zeigst, dass du die Inhalte aller Materialien und ihre Aussage verstanden hast und dass du erkannt hast, wie sie zueinander in Beziehung stehen. Dazu schreibst du **über** die Texte.

Schreibstil und Art der Informationen

- informativ
- beschreibend
- sachlich
- argumentativ

Beachte dabei:
✔ Schreibe nicht aus dem Text ab. **Zahlen**, **Daten**, **Namen** und **Fakten** solltest du aber **richtig übernehmen**.
✔ Gib im Vergleich und auch in der Stellungnahme **Textbelege** an. Dazu kannst du **wörtlich**, aber auch **indirekt Aussagen wiedergeben**. Ergänze immer das **Material** als Quelle, z. B. *M1, Z. 2.*
✔ Weise den **Vergleich sprachlich eindeutig** als solchen aus: *Während in M1 …, wird in M2 deutlich, dass …*
✔ Formuliere im **Präsens**.

TIPP

– Weise bereits beim Lesen der Schreibaufgabe den einzelnen Teilaufgaben unterschiedliche Farben zu. Beim Erschließen des Textes markierst du in diesen Farben die Informationen, die du für die Bearbeitung der jeweiligen Teilaufgabe verwenden willst.
– Für den Vergleich kennzeichnest du die betreffenden Stellen am Rand. Wenn in Texten je eine Pro- bzw. Kontra-Meinung dargestellt wird, kannst du zur Kennzeichnung Symbole verwenden, z. B. +, –, =.
– **Achtung!** Nicht immer sind die Aufgaben gleich gegliedert. Zum Beispiel wird nicht immer verlangt, dass du die Materialien vorstellen sollst. Manchmal finden sich auch die Zusammenfassung der Inhalte und der Vergleich der Materialien in derselben Teilaufgabe (vgl. F 3, Seite 62). Beachte deshalb die Operatoren in den Teilaufgaben genau!

C 3.3 Einen Textvergleich verfassen

Hier erhältst du eine Übersicht zur **Vorgehensweise bei der Bearbeitung der Schreibaufgabe zum Aufgabentyp 4b**. Die blau markierten Wörter (Arbeitstechniken, Operatoren, Fachbegriffe) kannst du im Glossar (ab S. 139) oder im Kapitel C 3.1 (S. 57) und C 3.5 (ab S. 61) nachschlagen. Bei der Bearbeitung der Aufgabenstellungen in den Kapiteln F 3 – F 5 kannst du dich an dieser Übersicht orientieren.

Sechs Schritte zur Bearbeitung der Aufgabenstellung

1. Schritt: Sich orientieren
- Teilaufgaben und Operatoren erfassen
- Schreibziel erkennen (→ vergleichend untersuchen)

2. Schritt: Materialien erschließen und Inhalte erfassen
- Texte, Diagramme, Schaubilder lesen (Lesemethode anwenden)
- unbekannte Begriffe und Ausdrücke klären (Wörterbuch, Sinnzusammenhang)
- Schlüsselstellen markieren und bewerten (mit Symbolen, Pfeilen)
- Inhalt abschnittsweise in Stichpunkten zusammenfassen

3. Schritt: Schreibplan anlegen
- Tabelle anlegen (nach Teilaufgaben und Materialien gliedern)
- ggf. Alternative zum Schreibplan anlegen: farbige Markierungen pro Teilaufgabe vornehmen

4. Schritt: Materialien auswerten und Stichworte im Schreibplan festhalten
- Informationen für die Einleitung notieren: **T**itel, **A**utor, **T**extart, **E**rscheinungsjahr und **T**hema (= TATTE-Satz)/gemeinsames Thema
- Inhalt abschnittsweise in Stichpunkten zusammenfassen, Aussagen der Schaubilder zum Thema kurz benennen
- Aufgaben zu Inhalten der Materialien stichpunktartig bearbeiten
- zu einer Aussage oder einem Zitat Stellung nehmen
- Operatoren und Wortlaut der Teilaufgaben berücksichtigen

5. Schritt: Eigenen Text schreiben

Inhalt:
- zusammenhängenden Text verfassen
- Einleitung formulieren/gemeinsames Thema der Materialien benennen
- Inhalte mit eigenen Worten zusammenfassen
- Aussagen der Schaubilder zum Thema darstellen
- vergleichende Ergebnisse am Text belegen
- zu einem Zitat/einer Aussage Stellung nehmen

Darstellung:
- im Präsens schreiben
- Zitiertechniken beachten
- in eigenen Worten formulieren
- Überleitungen formulieren
- Ergebnisse der Teilaufgaben miteinander verknüpfen
- nach Teilaufgaben Absätze einfügen

6. Schritt: Text überarbeiten
- Einleitung vollständig? (TATTE-Satz, Thema)
- Inhalt richtig/eigenständig zusammengefasst?
- Alle Teilaufgaben berücksichtigt? (→ Operatoren)
- Fazit formuliert?
- Stellungnahme auf das Zitat/die Aussage abgestimmt?
- Im Präsens geschrieben?
- Rechtschreibung, Zeichensetzung, Grammatik korrekt?

C 3.4 Schreibplan zu Aufgabentyp 4b

Nutze diese Tabelle zur Planung deines Vergleichs. Ergänze die Kategorien der Teilaufgaben und die Informationen aus den Materialien stichwortartig. Wenn in deiner Prüfungsvorlage nur zwei Materialien oder weniger Teilaufgaben vorkommen, kannst du einfach eine Spalte bzw. Zeile streichen. Ebenso streichst du die Kästchen, die du für die Bearbeitung der Teilaufgaben nicht benötigst.

Teilaufgaben	M1	M2	M3	M4
❶ a) Einleitung: TATTE-Satz				
gemeinsames Thema der Materialien benennen				
❶ b)				
❶ c)				
❶ d)				
❶ e)				

C 3.5 Schreibaufgabe in sechs Schritten bearbeiten: Computerspielen als Chance?

Auf den folgenden Seiten werden die wichtigsten Arbeitsschritte für das Lesen und Erschließen eines Sachtextes und eines Schaubildes und die Schritte für die Bearbeitung der Prüfungsaufgaben dargestellt. Auf den Seiten 62/63 findest du den Sachtext und das Schaubild, mit dem du diese Schritte üben kannst. Auch in der angeleiteten Prüfungsaufgabe zum Thema „Medien und mehr" (Teil F) wird auf diese grundlegenden Seiten verwiesen.

Erster Schritt: Sich orientieren

1. Lies die Aufgabenstellung in der Prüfungsvorlage (Seite 62) „mit dem Stift". Markiere die Operatoren und die Schlüsselwörter.

2. Gib mit eigenen Worten wieder, was du tun sollst. Beachte die Reihenfolge der einzelnen Schritte.

   _____
   _____
   _____
   _____

> **TIPP zum ersten Schritt**
>
> Verschaffe dir einen ersten Überblick:
> 1. Was verlangen die Aufgaben von dir?
>   Lies die einzelnen Teilaufgaben und unterstreiche alle wichtigen Hinweise auf das, was du tun sollst. So erhältst du oft schon Anhaltspunkte, worauf du beim Lesen und Erschließen der Materialien achten musst.
> 2. Worum geht es in den Materialien? Was verraten dir die Überschriften?

3. Notiere stichwortartig, um was es in den einzelnen Materialien gehen könnte.

   <u>Material 1: Computerspielen als Chance? ...</u>_____

   <u>Material 2: Wie häufig spielen Jugendliche digitale Spiele? ...</u>_____

Zweiter Schritt: Materialien erschließen und Inhalte erfassen

4. a) Erschließe die Materialien wie im TIPP zum zweiten Schritt dargestellt. Setze dazu die Bearbeitung fort.
   b) Kennzeichne Besonderheiten, die dir auffallen, durch Unterstreichungen und Randbemerkungen.

5. Notiere die wichtigsten Aussagen aus dem Text M1.

   <u>Spiele sind gut für das Lernen ...</u>_____
   _____
   _____

6. Notiere die wichtigsten Aussagen aus dem Schaubild.

   <u>Rund 70 Prozent aller Jugendlichen ...</u>_____
   _____
   _____

> **TIPP zum zweiten Schritt**
>
> 1. Markiere alle Textstellen, die dir unklar sind, und kläre sie mithilfe des Wörterbuchs oder aus dem Textzusammenhang. Beachte auch die Worterklärungen unter dem Text, falls vorhanden.
> 2. Unterstreiche Schlüsselstellen. Das sind Antworten auf die W-Fragen und Textstellen, die du zur Bearbeitung der Teilaufgaben heranziehen willst.
> 3. Notiere zu jedem Textabschnitt Stichpunkte zum Inhalt.
> 4. Werte das Schaubild aus, wie es in B 4 auf den Seiten 21 bis 23 erklärt wird.

Teil II

1 **Untersuche** die Materialien M1 und M2 in einem zusammenhängenden Text.
Gehe dabei so vor:
a) **Stelle** die beiden Materialien kurz **vor** und **benenne** das gemeinsame Thema von M1 und M2.
b) **Fasse** die Informationen aus M1 in eigenen Worten **zusammen**.
c) **Stelle dar**, wie häufig weibliche und männliche Jugendliche verschiedenen Alters in Deutschland digitale Spiele spielen (M2).
d) **Setze** M1 und M2 **in Beziehung**, indem du anhand von jeweils zwei Beispielen **erläuterst**, welche positiven Auswirkungen Computerspiele auf Jugendliche haben können, aber auch, welche Probleme sich dadurch ergeben können. Berücksichtige dazu die Nutzungsfrequenz von digitalen Spielen.
e) Ein Medienforscher sagt: „*Ich bin für ein Verbot des Verkaufs von Computerspielen mit aggressivem Inhalt an Jugendliche unter 18 Jahren, damit diese nicht süchtig bzw. sozial auffälligW werden.*"
Nimm Stellung zu der Aussage und **begründe** deine Meinung.
Beziehe dich auch auf die Materialien.

M1 Computerspielen als Chance?

Niemand zweifelt daran, dass das Spielen im Allgemeinen für Kinder und Jugendliche wertvoll ist, schließlich fördert es viele Fähigkeiten und Fertigkeiten und ermöglicht das Lernen. Nur bei Computerspielen gab es jahrelang unterschiedliche Meinungen bezüglich ihres Wertes. Es wurde gesagt, sie seien gefährlich, machten abhängig und hätten keinen Lernwert. Heute weiß man es besser: Auch Computerspiele sind Spiele, die von den Spielenden verschiedenste Fähigkeiten und Kompetenzen fordern. Natürlich machen sie auch einfach Spaß.
Wissenschaftler haben herausgefunden, dass eine der wichtigsten Fähigkeiten beim Spielen am Computer das Lernen selbst ist: Ein Computerspiel fordert die Spielenden heraus, die Regeln, den Inhalt, die Strategien und Handlungsmöglichkeiten des Spiels zu meistern. Dabei müssen die Spielenden ihr Können ständig an die Anforderungen des Spiels anpassen. Sie entwickeln immer wieder neue Strategien, erproben diese, setzen sie um oder verwerfen sie. Computerspiele sind also Lernspiele und somit auch Lernhilfen. Man kann sie nur erfolgreich spielen, wenn man mit Informationen umgehen kann: Die Spielenden müssen die vorliegenden Informationen überblicken, alle wichtigen Aspekte erkennen und diese im Verlauf des Spiels immer wieder neu bewerten.
Wissenschaftler haben weiterhin herausgefunden, dass es fünf Kompetenzbereiche gibt, die durch das Spielen am Computer besonders gefördert werden. So wird durch den Umgang mit dem Computer und der entsprechenden Software die Medienkompetenz der Spielenden erweitert. Da beim Spielen am Computer meistens schnelle Reaktionen gefragt sind, fördert es auch die sensomotorische Kompetenz, z. B. im Bereich der Auge-Hand-Koordination. Aber auch die kognitive Kompetenz der Spielenden wird gefördert, schließlich kommt es bei Computerspielen fast immer auf logisches Denken, auf Konzentration und vorausschauende

Planung an. Computerspiele spielt man oft zu zweit oder mit mehreren. Somit sind Teamfähigkeit bzw. Kommunikationsfähigkeit gefragt, also soziale Kompetenzen. Und wie bei jedem Spiel kann man gewinnen oder verlieren. Der Umgang mit Gewinn oder Niederlage stärkt dabei die persönlichkeitsbezogenen Kompetenzen. All diese Kompetenzen sowie die Fähigkeiten und Fertigkeiten, die sich dahinter verbergen, sind, so die Wissenschaftler, im Berufsleben des 21. Jahrhunderts ganz besonders wichtig.

Aber es gibt auch Risiken. Wenn ein 16-Jähriger mehrere Stunden am Tag vorm Rechner sitzt und spielt, dann hat das lästige Nebenwirkungen, wie Rückenbeschwerden vom stundenlangen Sitzen, Augenschmerzen vom unentwegten Anstarren des Bildschirms oder Verspannungen und Krämpfe durch fehlende Bewegung. Als computerspielsüchtig oder gefährdet gelten in Deutschland derzeit ungefähr drei Prozent der Jungen und 0,4 Prozent der Mädchen. Sie spielen täglich mehr als fünf Stunden, d.h. pro Woche mehr als 35 Stunden.

Ob sich Computerspiele mit gewalttätigen Inhalten negativ auf die Spielenden auswirken, ist nach wie vor Streitpunkt. Zwar sind sich die meisten Forscher darüber einig, dass solche Spiele allein keine Gewalttaten hervorrufen. Aber häufig führen sie zu einem Abstumpfen gegenüber Gewalt sowie einem verringerten Mitleidsgefühl und können somit auch eine deutlich aggressionsfördernde Wirkung haben. Auch Amokläufe von Jugendlichen haben gezeigt, dass solche Spiele durchaus Einfluss auf die Spieler haben, denn viele dieser Täter haben nachweislich harte Ballerspiele gespielt.

Harald Stöveken (2016), zusammengestellt unter Verwendung von Informationen von https://www.eltern-bildung.at/ und aus Beiträgen aus dem Heft Erziehung und Wissenschaft 12/2013

M2 Digitale Spiele: Nutzungsfrequenz 2020

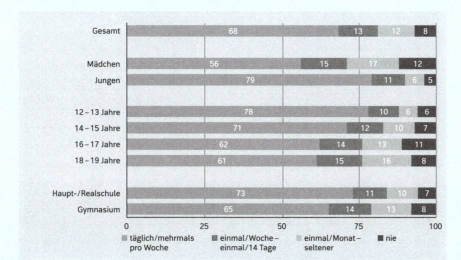

Dritter Schritt: Schreibplan anlegen

TIPP zum dritten Schritt

1. Die Schreibaufgabe besteht darin, in einem zusammenhängenden Text alle Teilaufgaben zu bearbeiten. Orientiere dich zur Gliederung an den Teilaufgaben.
2. Lege in einem Schreibplan wie unten (Tabelle) die Gliederung deines Textes (linke Spalte) fest, indem du für jede Teilaufgabe eine Zeile anlegst und diese stichwortartig wiedergibst.
   a) Zu Beginn stellst du die Materialien (M1, M2) kurz vor, indem du jeweils Angaben zu Titel, Autor, Textart und Erscheinungsjahr machst und das gemeinsame Thema formulierst (TATTE-Satz) (Teilaufgabe ❶a).
   b) In den weiteren Teilaufgaben fasst du die wichtigsten Aussagen der Materialien zusammen und vergleichst diese mit Blick auf den Schwerpunkt (hier: Teilaufgaben ❶b – ❶d). Beachte dabei genau die verwendeten Operatoren sowie den Wortlaut der Aufgabenstellung. Sie gibt dir den Schwerpunkt des Vergleichs vor.
   c) Am Schluss musst du meist zu einer vorgegebenen Thematik Stellung nehmen. (❶e)
3. Wenn du schon häufig mit einem Schreibplan gearbeitet hast und gut formulieren kannst, kannst du diesen Schritt auch überspringen. Weise den einzelnen Teilaufgaben (S. 62) stattdessen verschiedene Farben zu. Mit diesen markierst du zugehörige Passagen in den Materialien. Anschließend machst du direkt mit dem 5. Schritt weiter und schreibst deinen Text auf der Grundlage deiner Markierungen. Achte dabei darauf, dass du den Wortlaut der Materialtexte nicht einfach übernimmst, sondern in eigenen Worten formulierst.

7. a) Übertrage den Schreibplan unten auf eine DIN-A4-Seite. Lasse in den einzelnen Zeilen ausreichend Platz. Du kannst auch den vorbereiteten Schreibplan von Seite 60 kopieren (C 3.4).
   b) Vervollständige stichwortartig die linke Spalte. Orientiere dich dazu an den Teilaufgaben von Seite 62 (Operatoren und Schlüsselwörter). So behältst du die Aufgaben im Blick und vermeidest Wiederholungen.

Teilaufgaben	M1	M2
❶a) Einleitung: TATTE-Satz	Titel: Computerspielen als Chance? Autor: …	Titel: Digitale Spiele … Autor: …
gemeinsames Thema	…	
❶b) Informationen aus M1 zusammenfassen	– Spiele fördern verschiedene Fähigkeiten – auch …	
❶c) Darstellen …		
❶d) …		
❶e) …		

C 3.5 Strategien | Aufgabentyp 4b | Schreibaufgabe bearbeiten | 65

Vierter Schritt: Materialien untersuchen und vergleichen, Stichworte im Schreibplan festhalten

INFO zum vierten Schritt

1. **Vergleichen** heißt, Textaussagen, Problemstellungen und Sachverhalte aus verschiedenen Texten (Materialien) unter bestimmten Aspekten gegenüberzustellen mit dem Ziel, Gemeinsamkeiten, aber auch Unterschiede zu ermitteln.
2. Wenn du dich dafür entschieden hast, den Schreibplan nicht als Tabelle anzulegen, sondern deinen Text durch farbiges Markieren vorzubereiten, musst du die Stichwörter zu den Aufgaben 8.–14. (S. 65/66) nicht notieren. Dann erarbeitest du die Aufgaben an den Materialien, markierst passend zu den Aufgaben die Textstellen farbig und schreibst wichtige Notizen, wie z. B. das gemeinsame Thema, an den Rand. Nutze die Notizen zu den Aufgaben als Formulierungshilfen.

8. Ergänze nun deinen Schreibplan stichwortartig. Beginne mit der ersten Zeile zur Einleitung (Teilaufgabe ❶ a).
    a) Stelle M1 und M2 kurz vor. Notiere Titel, Autor, Erscheinungsjahr und Textart.

– Material 1 trägt den Titel „Computerspielen als Chance?" und ist ein Text von Harald Stöveken. Der Text basiert auf Informationen aus unterschiedlichen Internetartikeln und Zeitschriften ...

– Material 2 ist ein Balkendiagramm und zeigt ...

   b) Formuliere das gemeinsame Thema.

In beiden Materialien geht es aus unterschiedlichen Perspektiven um das Thema Computerspiele ...

TIPP zu 8.

Stelle die Materialien vor. Nenne Autor, Titel und Erscheinungsjahr. Ermittle die Textart genauer, wenn möglich. Notiere das Thema der Materialien in wenigen Sätzen.

9. Notiere in der zweiten Zeile des Schreibplans Stichworte zur Zusammenfassung des Inhalts von M1 (Teilaufgabe ❶ b). Nutze deine Aufzeichnungen aus dem zweiten Schritt (Aufgabe 4, S. 61).

– Spiele sind gut für das Lernen, sie fördern verschiedenen Fähigkeiten und Kompetenzen
– auch Computerspiele sind Spiele und damit auch gleichzeitig Lernspiel und Lernhilfe
– ...

10. Bearbeite nun das Diagramm M2: Stelle dar, wie häufig Jugendliche verschiedenen Alters in Deutschland digitale Spiele spielen. Notiere deine Ergebnisse in der dritten Zeile deines Schreibplans (Teilaufgabe ❶ c).

– Thema: Nutzungsfrequenz digitaler Spiele in Deutschland in 2020
– digitale Spiele = Computer-, Konsolen-, Online-, Handy- oder Tabletspiele
– M2 zeigt, dass Jugendliche in Deutschland regelmäßig ...

TIPP zu 10.

1. Lies zuerst die Überschrift und den Begleittext (Erläuterungen/Angaben) zum Diagramm.
2. Stelle fest, ob es sich um Mengen- oder Prozentangaben handelt.
3. Untersuche nun Auffälligkeiten, z. B. auffällig hohe oder auffällig niedrige Werte.

11. Setze die Materialien M1 und M2 zueinander in Beziehung, indem du überlegst, was sie gemeinsam haben bzw. worin sie sich unterscheiden oder ergänzen (❶ d). Markiere dazu in M1 Textstellen, die sich mit den positiven und negativen Auswirkungen von Computerspielen befassen. Notiere dann, in welchem Verhältnis die Aussagen des Diagramms M2 zu diesen Informationen stehen. Ergänze deine Ergebnisse zu ❶ d in der vierten Zeile des Schreibplans.

M1: *Positive Auswirkungen: Computerspiele fördern verschiedenste Fähigkeiten und Kompetenzen …*

Negative Auswirkungen: Suchtgefahr …

M2: *nennt keine Vor- und Nachteile, sondern informiert allgemein, Aussagen unterstreichen die Aussagen aus M1 (Suchtgefahr!)*

12. Lies die nun die Aufgabe ❶ e. Mache dir klar, wozu du genau Stellung nehmen sollst. Erläutere die Aussage im Schreibplan kurz in eigenen Worten.

Ein Medienforscher hat gesagt, dass er dafür ist, dass Jugendliche unter 18 Jahren Computerspiele mit aggressivem Inhalt nicht kaufen dürfen, damit sie …

13. Welchen Standpunkt vertrittst du?
    - ○ Ja, ich bin auch dieser Meinung.
    - ☒ Nein, ich bin nicht dieser Meinung.

14. Sammle in Stichworten Gedanken und notiere sie geordnet in deinem Schreibplan. Schreibe auch die Textstellen auf, die du als Belege in deiner Argumentation berücksichtigen willst.

Meiner Meinung nach kann man zwar fordern, dass Spiele mit gewalttätigen Inhalten nicht an Jugendliche unter 18 Jahren verkauft werden dürfen, aber in der Wirklichkeit lässt sich das nicht so leicht durchsetzen …

> **TIPP zu 12.–14.**
> 1. In der Stellungnahme wird von dir erwartet, dass du dich mit einer Aussage bzw. einem Zitat aus dem Text befasst.
> 2. Stelle deinen Standpunkt klar und eindeutig dar. Du kannst der Aussage zustimmen, sie ablehnen oder auch einen Kompromiss finden.
> 3. Begründe deine Position durch nachvollziehbare Argumente und veranschauliche sie durch Beispiele. Beziehe dich dabei auf den Text und auf Erfahrungen aus deinem Umfeld.

Fünfter Schritt: Text schreiben

> **TIPP zum fünften Schritt**
> 1. Schreibe deinen Text auf DIN-A4-Papier. Lasse einen **breiten Rand** an der Seite, damit du für die Überarbeitung Platz hast.
> 2. Bringe die Ergebnisse aus deinem **Schreibplan** in einen **schlüssigen und zusammenhängenden Gedankengang**. Achte darauf, dass du Wiederholungen vermeidest. Wenn du nur markiert und dir Notizen am Rand gemacht hast, nutzt du diese Vorarbeiten als Grundlage für deinen zusammenhängenden Text. Achte beim Schreiben auch hier darauf, dass du Wiederholungen vermeidest.
> 3. Verwende **Zitate**, wenn du etwas Typisches oder Bemerkenswertes herausstellen willst oder **um eigene Aussagen zu belegen**. Kennzeichne Zitate durch Anführungszeichen und Zeilenangaben in Klammern: *„Als computerspielsüchtig oder gefährdet gelten in Deutschland derzeit ungefähr drei Prozent der Jungen und 0,4 Prozent der Mädchen."* (M1, Zeile 81 – 84).
> 4. Verwende die richtigen **Fachbegriffe**, denn mit ihnen kannst du präzise formulieren. Damit dein Text zusammenhängend wirkt, verwende passende **Satzverknüpfungswörter**. Setze nach jeder Teilaufgabe einen **Absatz**.

15. Verfasse deine vergleichende Analyse auf einem Extrablatt. Orientiere dich dazu am TIPP zum fünften Schritt auf Seite 66. Nutze deine Vorarbeit aus dem Schreibplan sowie die folgenden Textanfänge zu den Teilaufgaben.

Teilaufgabe ①a: In beiden Materialien geht es …/Material 1 …/Das Material 2 trägt …

Teilaufgabe ①b: Material 1 befasst sich mit dem Thema, ob Computerspielen als Chance …

Teilaufgabe ①c: Material 2 zeigt, dass Jugendliche in Deutschland heutzutage regelmäßig …

Teilaufgabe ①d: Computerspiele können, wie alle Spiele, positive Auswirkungen auf die … Material 1 beschreibt einige dieser positiven … Material 2 ergänzt die Aussagen aus …

Teilaufgabe ①e: Die von einem Medienforscher gemachte Aussage kann ich …/Fest steht, …

Sechster Schritt: Text überarbeiten

16. Überarbeite deinen Text. Verwende dazu die CHECKLISTE.

CHECKLISTE zur Überarbeitung von Texten (Aufgabentyp 4b)

1. **Den Text inhaltlich überprüfen (Inhaltsleistung)**
   - Hast du in deinem Text alle Unterpunkte der Aufgabenstellung und die Ergebnisse aus deinem Schreibplan berücksichtigt (Operatoren)?
   - Sind deine Ergebnisse für den Leser nachvollziehbar formuliert?
   - Wurden nachvollziehbare Schlussfolgerungen gezogen, die sich sinnvoll aus den Materialien ergeben?
   - Hast du deine Aussagen am Text belegt?
   - Hast du deine Ergebnisse verknüpft und Zusammenhänge hergestellt?
   - Hast du in der Stellungnahme deine Position durch Begründungen gestützt und Bezug auf die Materialien genommen?

2. **Den Text sprachlich überprüfen (Darstellungsleistung)**
   - Hast du den Text sinnvoll gegliedert? Ist er durch Absätze überschaubar gestaltet?
   - Hast du unnötige Wiederholungen und unklare Formulierungen vermieden?
   - Kannst du komplizierte Sätze vereinfachen?
   - Hast du Zusammenhänge durch sinnvolle Satzverknüpfungen verdeutlicht?
   - Überprüfe auch Rechtschreibung, Zeichensetzung und Grammatik, denn sie fließen in die Bewertung ein.
   ➜ Kontrolliere deinen Text mehrfach. Berücksichtige deine persönlichen Fehlerschwerpunkte.

D Prüfungsaufgaben zum Themenbereich „Sprachkultur und Leselust"

In diesem Kapitel bearbeitest du zu dem Thema „Sprachkultur und Leselust" mehrere Prüfungsbeispiele. Notiere die benötigte Arbeitszeit (siehe Seite 5).

D 1 Leseverstehen: Lernt langsam lesen! (Original-Prüfung, angeleitetes Üben)

Teil I

Lies den Text sorgfältig durch und bearbeite die Aufgaben ❶ – ⓮.

Lernt langsam lesen! *Johan Schloemann*

(1) Das ist natürlich ganz prima, dass jetzt all die Buchmenschen zur Buchmesse fahren, weil es wieder Zehntausende dicke neue Bücher anzuschauen gibt. Aber es stellt sich verschärft die Frage: Wer soll das alles lesen? Die Frage ist zwar schon uralt. Und seit Erfindung des Buchdrucks wurde sie
5 immer neu mit wachsendem Unmut gestellt. Doch heute spüren Menschen, die gerne lesen oder lesen würden, neben der Konkurrenz zwischen den unzähligen Titeln zusätzlich noch die unglaubliche Macht der digitalen Ablenkung, von Jahr zu Jahr stärker. Alles fühlt sich irgendwie so weggewischt, ausgeflimmert und herumgezwitschert an.
10 (2) Was also tun? Man könnte sich in Frankfurt auf der Messe verabreden, zu Hause einen „Slow Reading Club" zu gründen. Das ist gerade ziemlich angesagt. [...] Man trifft sich in einem Café oder einer Bar, macht es sich gemütlich, schaltet sein Telefon aus, keiner darf reden – und dann gilt, wie es in der Ankündigung eines dieser Klubs heißt: „Genießt eine Stunde leisen,
15 ununterbrochenen Lesens!" Nach der stillen Lesezeit darf, wer will, bleiben und sich unterhalten. Zur Vorbereitung gibt es nur eine Anforderung: BYOB. Also „Bring your own book", bring dein eigenes Buch mit. Die Slow-Reading-Bewegung folgt dabei von ferne dem Vorbild der aus Italien stammenden Slow-Food-Bewegung – nur dass man in den Leseklubs, anders als
20 beim Slow Food, auch nichtregionale Produkte verzehren darf.
(3) Das moderne Gefühl der Hast und Beschleunigung war stets mit medialen Umbrüchen[1] verbunden. [...] Es liegen naturgemäß noch keine Langzeitstudien[2] darüber vor, was die Echtzeit-Kommunikation im Netz mit unserem Leseverhalten und unserer Konzentrationsfähigkeit genau anstellt.
25 Facebook, das nunmehr Milliarden Menschen verbindet, gibt es erst seit zehn Jahren; und außerdem hängt vieles von individuellen Eigenschaften und Prägungen ab. Aber es mehren sich doch die Klagen und Erfahrungsberichte, dass es insgesamt viel schwieriger geworden sei, sich auf längere Lektüren voll und ganz einzulassen [...].
30 (4) Vor einigen Jahren schon berichtete die Leseforscherin Maryanne Wolf über ihren Versuch, ihr einstiges Lieblingsbuch wiederzulesen, nämlich einen Roman des Schriftstellers Hermann Hesse: „Ich las dreißig Seiten, aber wie eine Maschine. Es war, als würde ich nur Informationen aufnehmen, ohne sie zu verarbeiten und darüber nachzudenken. Ich las wie ein Prozes-
35 sor[3], ohne Gefühl, ohne Fantasie. Es war ein Schock." [...]

(5) Eine Studie mit Jugendlichen, die 2013 im *International Journal of Educational Research* veröffentlicht wurde, stellt fest, dass das Hin- und Herhüpfen zwischen verschiedenen Fenstern und Angeboten auf Computerbildschirmen die geistige Erfassung der einzelnen Inhalte deutlich beeinträchtigt.

(6) Der Wiener Germanist[4] und Medienforscher Günther Stocker schreibt über die Fähigkeit zum ungestörten Lesen: „Inwiefern Romane, die für die Lektüre gedruckter Bücher verfasst wurden, in der von digitalen Medien geprägten Welt tatsächlich unlesbar – im Sinne eines vertiefenden Lesens – werden, hängt auch von individuellen Nutzungsentscheidungen ab." [...] So eine Nutzungsentscheidung haben die „Slow Reading"-Liebhaber getroffen. Ihre Lösung lautet: Wenn die Leute zwischen Berufsleben und Familie, zwischen vielen abendlichen Internetstunden und vierhundert amerikanischen Qualitäts-Fernsehserien selbst keine Lücke mehr finden für etwas, das sie eigentlich wahnsinnig gerne tun oder getan haben, nämlich gute Bücher zu lesen – dann muss man sich eben, für den Anfang zumindest, gemeinsam zu einem festen Termin treffen, wie zu einem wöchentlichen Yoga-Kurs. [...]

(7) Natürlich ist das „langsame", also ungehetzte und sehr aufmerksame Lesen für sich genommen nichts Neues. [...] Umgekehrt sind Ablenkungen, Abbrüche und Abschweifungen beim Lesen auch nicht erst mit Fernsehen und Internet in die Welt gekommen – darauf hat der Germanist Heinz Schlaffer in mehreren Beiträgen hingewiesen. Das diagonale Lesen, so Schlaffer, habe nicht das moderne Management erfunden, sondern „der Romanleser, der langweilige Textabschnitte überfliegt, um möglichst schnell zu den spannenden zu kommen". [...]

(8) Die „Slow Reading"-Bewegung dürfte jedem sympathisch sein, der sich medial und sonstwie gehetzt fühlt. Aber noch bleibt unklar, wohin sie will. Der amerikanische Literaturprofessor David Mikics gibt in seinem Buch „Slow Reading in a Hurried age"[5] viele Ratschläge, darunter: Stellen rausschreiben, Wörterbuch benutzen, die Gliederung des Textes erkennen. Na, das ist aber eher klassischer Literaturunterricht durch die Hintertür! Die „Slow Reading Clubs" hingegen wollen nur einen Schutzraum für entspanntes Lesen schaffen. Gegen eine allgemeine Atmosphäre, in der man sich fürs versunkene Lesen fast schon schämen muss.

Süddeutsche Zeitung online, 13.10.2015 (http://www.sueddeutsche.de/kultur/slow-reading-bewegung-lernt-langsam-lesen-1.2689979?reduced=true,Zugriff: 07.02.2018), verändert

[1] mediale Umbrüche: deutliche Veränderungen im Medienbereich
[2] Langzeitstudie: Untersuchung über einen längeren Zeitraum
[3] Prozessor: zentraler Teil des Computers, der die Eingaben steuert und verarbeitet
[4] Germanist: Wissenschaftler, der sich mit der deutschen Sprache und Literatur beschäftigt
[5] „Slow Reading in a Hurried Age": sinngemäß übersetzt: langsames Lesen in einem beschleunigten Zeitalter

Lösungshilfen zu ❶ – ⓴

1. Nicht gleich in die Aufgaben stürzen! Erschließe zuerst den Text wie in B 3 (S. 19) dargestellt.
    • Markiere wichtige Schlüsselstellen.
    • Formuliere am Rand Überschriften oder Stichwörter zu den Sinnabschnitten.
      Du findest zu den Aufgaben dann schnell die passenden Textstellen.

Aufgaben ❶ – ⓮

> **TIPP zu ❶ / ❷ / ❸ / ❹ / ❺ / ❼ / ❽ / ❾ / ❿ / ⓫ / ⓭: Richtige Aussagen ankreuzen**
>
> Suche zu jeder Aussage die passende Stelle im Text und unterstreiche sie. Oft findest du in der Aufgabenstellung bereits einen Hinweis darauf, in welchem Abschnitt du die Textstellen findest.
>
> Überprüfe genau, ob die Textstelle mit der Aussage unten übereinstimmt bzw. worin sich Text und Aussage unterscheiden. Achte auf Wortwahl, Fragestellung und Schlüsselwörter.

❶ Kreuze die richtige Antwort an.
Die Frage „*Wer soll das alles lesen?*" (Z. 3) bedeutet im Textzusammenhang, dass …

a)	es zu viele Buchmessen gibt.	
b)	die meisten Bücher zu dick sind.	
c)	eine Fülle an Lesestoff existiert.	
d)	der Kreis der Leser unbekannt ist.	

❷ Kreuze die richtige Antwort an.
Eine zusätzliche Herausforderung für Menschen, die gerne lesen, ist die (Abschnitt 1) …

a)	Menge an verfügbaren Daten.	
b)	Schwierigkeit von langen Texten.	
c)	Zerstreuung durch die neuen Medien.	
d)	Unverständlichkeit der Informationen.	

❸ Kreuze die richtige Antwort an.
Für die neue Bewegung ist es vor allem wichtig (Abschnitt 2), …

a)	gemütlich zu Hause zu lesen.	
b)	mit engen Freunden zu lesen.	
c)	fremdsprachige Bücher zu lesen.	
d)	still und ungestört zu lesen.	

❹ Kreuze die richtige Antwort an.
Die Slow-Reading-Bewegung unterscheidet sich von der Slow-Food-Bewegung durch (Abschnitt 2) …

a)	die Lust am gemeinschaftlichen Tun.	
b)	den besonders langsamen Genuss.	
c)	das Nutzen überregionaler Erzeugnisse.	
d)	die Vorliebe für italienische Produkte.	

Quelle (Aufgaben): Qualitäts- und UnterstützungsAgentur – Landesinstitut für Schule, Soest 2018

5 Kreuze die richtige Antwort an.
Es gibt noch keine Langzeitstudien über den Zusammenhang von Leseverhalten (Abschnitt 3) und …

a)	dem Missbrauch von Computerspielen.	
b)	der Nutzung sozialer Netzwerke.	
c)	den Folgen gemeinsamen Lesens.	
d)	der Entwicklung individueller Eigenschaften.	

> **TIPP zu 6 / 12: Textzusammenhang berücksichtigen**
>
> 1. Markiere die angegebene Textstelle.
> 2. Mache dir klar, was das Zitat/die Textaussage bedeutet (z. B. Was bedeutet *Prozessor*?).
> 3. Schlage unbekannte Begrifflichkeiten im Wörterbuch nach, erschließe sie aus dem Textzusammenhang oder orientiere dich an den vorhandenen Worterklärungen unter dem Text.
> 4. Lies die Textaussagen, die vor oder hinter der angegebenen Textstelle stehen, und unterstreiche die zu der Textaussage passenden Aussagen bzw. Schlüsselwörter (z. B. … *ohne Gefühl*, …).
> 5. Formuliere die Antwort mit eigenen Worten: Mit dem Zitat „*Ich las wie ein Prozessor …*" *(Zeile 34/35) ist gemeint, dass …*

6 Erläutere das Zitat „*Ich las wie ein Prozessor …*" (Z. 34/35) im Textzusammenhang.

_____
_____
_____
_____
_____
_____

7 Kreuze die richtige Antwort an.
Durch das Lesen und Kommunizieren am Bildschirm wird das Verständnis von Gelesenem (Abschnitt 5) …

a)	erschwert.	
b)	verbessert.	
c)	erleichtert.	
d)	vertieft.	

> **TIPP zu 7**
>
> Wortbedeutungen unterscheiden
> Bei vorgegebenen Antworten, die nur aus einem Wort (Aufgabe 7) bestehen, vergewissere dich, dass du die Bedeutung der Wörter und die Unterschiede zwischen den Bedeutungen im Zusammenhang ermittelst.

8 Kreuze die richtige Antwort an.
Der Germanist und Medienforscher Günther Stocker sagt, dass die Fähigkeit zum ungestörten Lesen auch bestimmt ist durch (Abschnitt 6) …

a)	die Menge an Literatur.	
b)	den Einfluss neuer Medien.	
c)	das Verhalten des Lesers.	
d)	die Qualität des Buches.	

9 Kreuze die richtige Antwort an.
„Slow Reading Clubs" dienen dazu, dass Menschen (Abschnitt 6) …

a)	nicht nur im Kreise der Familie lesen.	
b)	sich Zeit zum Lesen nehmen.	
c)	Beruf und Freizeit voneinander trennen.	
d)	Lesen mit Yoga verbinden.	

10 Kreuze die richtige Antwort an.
Diagonales Lesen bedeutet nach Schlaffer (Abschnitt 7), dass der Leser …

a)	Schwieriges nicht erkennt.	
b)	Uninteressantes überspringt.	
c)	Kompliziertes nicht versteht.	
d)	Spannendes verarbeitet.	

11 Kreuze die richtige Antwort an.
Für das „Slow Reading" empfiehlt der amerikanische Professor David Mikics (Abschnitt 8) …

a)	klassische Bücher zu lesen.	
b)	Ratschläge aufzuschreiben.	
c)	den Text zu verkürzen.	
d)	Wörter nachzuschlagen.	

12 Erläutere die Aussage, dass man sich in der heutigen Zeit „fürs versunkene Lesen fast schon schämen muss." (Z. 67/68), im Zusammenhang des gesamten Textes.

_____

_____

_____

_____

TIPP zu ⑬

Falls der Abschnitt nicht angegeben ist, in dem du die passende Aussage findest, gehe so vor:
1. Markiere in der Aussage das Schlüsselwort (z. B. „Slow Reading-Bewegung").
2. Überfliege den Text, suche nach dem Schlüsselwort und unterstreiche es.
3. Lies die Textstellen rund um das unterstrichene Schlüsselwort genau und entscheide, welche Aussage am besten zu dem dargestellen Kontext passt.

⑬ Kreuze die richtige Antwort an.
Die im Text beschriebene „Slow Reading"-Bewegung spricht in erster Linie Menschen an, die …

a)	die Lektüre eines Textes genießen möchten.	
b)	einen gemütlichen Raum zum Lesen suchen.	
c)	komplizierte Bücher verstehen wollen.	
d)	sich einen langen Text erarbeiten wollen.	

⑭ Ein Schüler sagt nach dem Lesen des Textes:

„Slow-Reading-Clubs sind eine gute Alternative zum einsamen Lesen zu Hause."

Schreibe eine kurze Stellungnahme zu dieser Aussage.
Du kannst dieser Auffassung zustimmen oder nicht.
Wichtig ist, dass du deine Meinung begründest. Beziehe dich dabei auf den Text.

Ich stimme der Aussage des Schülers, dass …

zu / nicht zu, denn …

TIPP zu ⑭

Zu einer Aussage Stellung nehmen
1. Entscheide dich für eine der beiden Möglichkeiten: *Ich stimme zu/nicht zu.*
2. Überfliege den Text noch einmal und markiere Textaussagen, die deine Auffassung unterstützen.
3. Greife zu Beginn die Aussage, zu der du dich äußern willst, noch einmal auf.
4. Beziehe dich bei deiner Begründung auch auf die markierten Textaussagen *(Slow Reading Clubs stellen ein attraktives Angebot für Leser dar, denn so kommen Treffen von Buchinteressierten zustande, die …).*

D 2 Leseverstehen: Die neue Lust aufs Lesen (Original-Prüfung, selbstständiges Üben)

Die neue Lust aufs Lesen *Julia Fahl*

(1) Wenn Sara über Bücher spricht, redet sie ohne Punkt und Komma. Den Klassiker „1984"[1] von George Orwell „feiert sie sehr", ihr gefällt „dieses Buch wahnsinnig gut, es ist genau nach meinem Geschmack". Dabei hält sie es plakativ[2] in die Kamera. 2.200 Aufrufe hat dieses Video auf ihrem
5 Youtube-Kanal „Sara Bow Books" bereits. Bis zu 15.000 können es noch werden. Damit beweist die 23-Jährige wie viele andere auch, dass das gedruckte Buch im digitalen Zeitalter noch eine Chance hat zu überleben.

(2) Im Internet werden das Lesen, die Bücher und alles, was dazugehört, derzeit regelrecht gefeiert. Buchblogger schreiben emotionale Rezensionen[3]
10 auch über längst vergriffene[4] Bücher, Booktuber zeigen ihre Bücherregale bei Youtube und Bookstagramer setzen Buch und Co. bei Instagram stilvoll in Szene. Ein neues Zeitalter der Lesekultur hat begonnen: Perfekt für alle Leseratten, die nicht genug bekommen können und immer auf der Suche nach neuen Buchtipps sind.

15 (3) Lesen und über das Gelesene schreiben: Literaturblogger teilen Buchfavoriten mit ihren Followern. Die Blogger beschreiben subjektiv und euphorisch[5], welches Buch ihnen ans Herz geht, welches mitreißend geschrieben ist oder welches erst gar nicht in die Hand genommen werden sollte. Ein persönliches Urteil, eine klare Einordnung in einer Vielfalt, die die klassi-
20 sche Literaturkritik nicht bietet. Blogs werden von Menschen gelesen, „die sich vom klassischen Kulturteil einer Zeitung nicht abgeholt fühlen", sagt die Bloggerin Mara Giese. Denn Literaturblogs bieten noch mehr als Rezensionen: Interviews mit Autoren, themenbezogene Empfehlungen und Lesungsberichte.

25 (4) Anderes Medium, gleiches Prinzip: Auch bei Youtube geht es zunehmend um Bücher. Der „Booktuber"-Trend kommt aus den USA und aus Großbritannien. Doch mittlerweile halten auch 80 Deutsche mehrmals im Monat ihren Lesestoff in die Videokamera. Sie stellen Neuerscheinungen vor, zeigen ihre Regale und ihre neuesten Einkäufe. Dazu ein Begeisterungs-
30 schwall – fertig sind die Videos. Nicht nur der Inhalt zählt, sondern auch die Verpackung. Das Cover? Ist gerne „ganz toll" oder „super schön". Und die Glitzerschrift des Titels erst! Die Videos sind nicht immer kritisch, oft schwärmerisch. Ein Youtube-Urteil das meistens auf Geschmack basiert und nur selten auf Analyse. Echtes Fan-Verhalten eben. Die Begeisterung
35 kann anstrengend sein, aber sie ist direkt und authentisch[6]. Die User lieben es. Das zeigen die Zahlen: Sara Bow betreibt ihren Youtube-Kanal seit Oktober 2012, 23.400 Abonnenten erreicht sie, wenn sie gestylt über ihre neun gelesenen Bücher im Juni spricht.

(5) Die Leidenschaft für Bücher hat längst auch die sozialen Netzwerke er-
40 reicht. Facebook: Gepostet werden Links von Rezensionen oder Artikeln über Buchsammler. Twitter: kurze Alltagsschnipsel wie der erste Satz eines Buches. Instagram: Hier kommt's eben auf das Foto an. Ein Buch, daneben eine dekorative Blumenvase und ein Stück Kuchen mit Sahne. Oder:

ein aufgeschlagenes Buch auf dem Lesesessel, daneben der Hund und ein Cappuccino. So sehen typische Postings der Bookstagramer aus. Vor allem junge Frauen präsentieren mit sorgfältig arrangierten Fotos ihre Lieblingsbücher – und erreichen damit erstaunlich viele Menschen.

(6) Auch Mara Giese nutzt Instagram gerne. „Es ist relativ unkompliziert zu bedienen und lebt vom Augenblick." Spontan ein Foto von ihrem Lesemoment geknipst und hochgeladen, schon erreicht die 31-Jährige 4.000 Abonnenten. Aber Giese ist auch auf Facebook und Twitter präsent. Das Bespielen der unterschiedlichen Kanäle kostet Zeit. Aber der Aufwand lohnt sich: 70 Prozent ihrer Blogleser kommen über Facebook, Twitter und Instagram. „Einen Buchblog zu führen, ohne in den sozialen Netzwerken vertreten zu sein, ist möglich, aber deutlich schwieriger als früher", sagt Giese. „Es ist eine tolle Möglichkeit, um Werbung für den Blog zu machen."

(7) Bücher bei Instagram zu zeigen – okay. Aber darüber zu sprechen? Das geht mittlerweile auch im Internet: auf Leseplattformen wie „Goodreads", „Literaturschock" und „Lovelybooks". Wie auf einer Buchmesse tauschen sich Leser rund um die Uhr untereinander und mit Autoren aus, nehmen an virtuellen Literatursalons[7] oder Leserunden teil und bewerten Gelesenes. Sinnlich[8] ist das nicht, der Bücherplausch mit Freunden entfällt. Dafür ist der Lieblingsautor nur einen Klick entfernt.

(8) Je mehr ein Buch im Gespräch ist, desto besser. Das wissen auch die Verlage. „Für uns sind Buchblogger als Multiplikatoren[9] wichtig für die Verarbeitung unserer Bücher", sagt Julia Schmilgun, Vertreterin eines Verlages. Über die Buchblogger erreiche der Verlag ein neues Publikum, „sie sind für uns unverzichtbar geworden". Ein anderer Verlag arbeitet mit etwa 200 Bloggern zusammen, sie haben einen hohen Stellenwert: „Blogger sind echte Buchhelden, die Tag für Tag im Netz für ihre Lieblingsbücher kämpfen", heißt es auf der Internetseite, „und schlicht wahre Wunder bewirken, wenn es darum geht, Menschen für Bücher zu begeistern." Und ein weiterer Verlag pflegt die Beziehungen zu den Bloggern mit einem eigenen Bloggerportal. „Die Wahrnehmung der Blogs im Verlag hat sich schon sehr stark verändert", sagt Mara Giese. Sie erinnert sich an ihre Anfänge als Bloggerin: „Da war die Zusammenarbeit mit den Verlagen echt schwer." Das hat sich geändert.

Neue Westfälische, Gütersloh, 05.07.2017, verändert

[1] „1984" ist ein berühmter Roman des Autors George Orwell aus dem Jahr 1949.
[2] plakativ: *hier:* gut sichtbar
[3] Rezension: Buchbesprechung
[4] vergriffen: nicht mehr lieferbar
[5] euphorisch: begeistert
[6] authentisch: echt
[7] virtuelle Literatursalons: *hier:* Treffen im Internet, bei denen man über Literatur spricht
[8] sinnlich: mit den Sinnen zu erfahren, z. B. spürbar und fühlbar
[9] Multiplikator: jemand, der Informationen weitergibt und verbreitet

Aufgaben zu: Die neue Lust aufs Lesen*

1 Kreuze die richtige Antwort an.
In Internetblogs werden (Abschnitte 1 und 2) ...

a)	meist klassische Romane besprochen.	
b)	häufig moderne Romane besprochen.	
c)	Verfilmungen von Büchern gezeigt.	
d)	Bücher in gedruckter Form präsentiert.	

2 Kreuze die richtige Antwort an.
Das „*gedruckte Buch [hat] im digitalen Zeitalter noch eine Chance [...] zu überleben*" (Z. 6/7), weil ...

a)	Bücher von großer kultureller Bedeutung sind.	
b)	man im Internet vergriffene Bücher bekommt.	
c)	Bücher in digitalen Medien sehr gelobt werden.	
d)	Blogger gezielt unbekannte Literatur vorstellen.	

3 Die Autorin behauptet: „*Ein neues Zeitalter der Lesekultur hat begonnen*" (Z. 12).
Erläutere diese Aussage im Textzusammenhang.

_____
_____
_____
_____

4 Kreuze die richtige Antwort an.
Laut Bloggerin Mara Giese lesen viele Menschen Buchblogs (Abschnitt 3), ...

a)	wenn sie der Kulturteil einer Zeitung besonders anspricht.	
b)	weil sie der Kulturteil einer Zeitung weniger anspricht.	
c)	bevor sie den Kulturteil einer Zeitung genau lesen.	
d)	obwohl sie den Kulturteil einer Zeitung gerne lesen.	

5 Kreuze die richtige Antwort an.
„Booktuber" (Z. 26) ...

a)	besprechen wöchentlich neue Bücher.	
b)	zeigen nur die Verpackung der Bücher.	
c)	inszenieren ihre Buchvorstellung.	
d)	stammen überwiegend aus den USA.	

6 Kreuze die richtige Antwort an.
Durch die Formulierung „*Echtes Fan-Verhalten eben*" (Z. 34) wird im Textzusammenhang (Abschnitt 4) deutlich, dass die Autorin des Artikels die ...

a)	Präsentationen kritisch sieht, aber nicht ablehnt.	
b)	emotionalen Darstellungen in Blogs sehr mag.	
c)	emotionalen Buchvorstellungen gänzlich ablehnt.	
d)	Präsentationen mag, aber die Bücher nicht kauft.	

7 Kreuze die richtige Antwort an.
„Booktuber" (Abschnitt 4) ...

a)	haben zunehmend mehr Fans.	
b)	haben normalerweise kaum ältere Anhänger.	
c)	müssen sich in außergewöhnlicher Weise stylen.	
d)	stellen meist britische und amerikanische Werke vor.	

8 Kreuze die richtige Antwort an.
Besonders häufig werden Buchvorstellungen (Abschnitt 5) ...

a)	im eigenen Wohnzimmer präsentiert.	
b)	von weiblichen Bloggern gezeigt.	
c)	von Buchsammlern geliked.	
d)	bei Twitter gepostet.	

9 Kreuze die richtige Antwort an.
Mara Giese nutzt soziale Medien (Abschnitt 6), ...

a)	um Zeit zu sparen.	
b)	weil sie gerne Fotos von sich postet.	
c)	obwohl sie schwer zu bedienen sind.	
d)	um mehr Leser für ihren Blog zu gewinnen.	

10 Kreuze die richtige Antwort an.
Nach Meinung der Autorin ähnelt die Nutzung von Buchblogs (Abschnitt 7) ...

a)	einem Chat bei Instagram.	
b)	einem Treffen bei Freunden.	
c)	dem Besuch einer Buchmesse.	
d)	der Lesung auf einer Buchmesse.	

11 Erläutere im Textzusammenhang, welche Bedeutung die Buchblogger für die Verlage haben.

_____
_____
_____

12 Ordne die folgenden Überschriften den richtigen Abschnitten 5–8 zu.

	Überschrift	Textabschnitt (5, 6, 7, 8)
a)	Austausch über Bücher im Internet	
b)	Art der Bildgestaltung durch Nutzer von Instagram	
c)	Einfluss von Buchbloggern auf den Buchmarkt	
d)	Bedeutung der sozialen Medien für Buchblogger	

13 Kreuze die richtige Antwort an.
In ihrem Text legt die Autorin nah, dass Buchblogger …

a)	besonders gebildete Menschen sind.	
b)	kein Interesse an schwierigen Büchern haben.	
c)	Lesen mit der Freude am Präsentieren verbinden.	
d)	mit ihren Präsentationen nur Geld verdienen wollen.	

14 Ein Schüler sagt nach dem Lesen des Textes:
„Buchblogs sind überflüssig!"
Schreibe eine kurze Stellungnahme zu dieser Aussage.
Du kannst der Auffassung zustimmen oder nicht. Wichtig ist, dass du deine Meinung begründest.
Beziehe dich dabei auf den Text.

_____
_____
_____
_____
_____
_____

* Quelle (Aufgaben): Qualitäts- und UnterstützungsAgentur – Landesinstitut für Schule, Soest 2019

D 3 Aufgabentyp 2: Sprachenreichtum an unserer Schule (Original-Prüfung, angeleitetes Üben)

Teil II

Am 1. Juli findet an deiner Schule ein Projekttag „Sprachenreichtum an unserer Schule" statt. Dafür wird ein Ordner zur Vorbereitung erstellt, der allen Schülerinnen und Schülern sowie Lehrkräften zur Verfügung steht. Du bist gebeten worden, für den Vorbereitungsordner einen informierenden Text zum Thema „Mehrsprachigkeit" zu verfassen. Um deinen Text schreiben zu können, bekommst du eine Materialsammlung (M1 – M7).

Aufgabenstellung[1]

Verfasse auf der Grundlage der Materialien M1 – M7 einen **informierenden Text** zum Thema „Mehrsprachigkeit".

Schreibe nicht einfach aus den Materialien ab, sondern achte auf eine eigenständige Darstellung in einem zusammenhängenden Text.

Gehe dabei so vor:
- **Formuliere** für den Text eine passende Überschrift.
- **Schreibe** eine Einleitung, in der du kurz **erklärst**, was Mehrsprachigkeit ist.
- **Stelle** die Vorteile und die Herausforderungen **dar**, wenn man von Geburt an mehrsprachig aufwächst.
- **Erläutere**, wie sich die Meinungen zu „Mehrsprachigkeit ab Geburt" geändert haben.
- **Schlussfolgere** anhand der Materialien und eigener Überlegungen, warum Mehrsprachigkeit in der Zukunft noch wichtiger wird.
- **Notiere** unterhalb des Textes die von dir genutzten Materialien.

M1 Definitionen

a) Mehrsprachigkeit von Geburt an

Hinsichtlich von zweisprachig aufwachsenden Kindern ist damit gemeint, dass zwei Sprachen zur gleichen Zeit erworben werden: Zweisprachig aufwachsende Kinder lernen also die Laute, Wörter und die Grammatik von mindestens zwei unterschiedlichen Sprachen gleichzeitig.

Deutscher Bundesverband für Logopädie e.V.: Mehrsprachigkeit von Geburt an (http://www.dbl-ev.de/service/eu-tag-der-logopaedie/2014/mehrsprachigkeit-was-ist-das.html; Seitenaufruf 18.01.16), verändert

b) Mehrsprachigkeit durch Fremdsprachenunterricht

Mehrsprachigkeit, die durch das gesteuerte Unterrichten einer fremden Sprache im Klassenzimmer entsteht.

Dieter Wolff: Spracherwerb und Sprachbewusstheit: Sind mehrsprachige Menschen bessere Sprachenlerner? Bergische Universität Wuppertal, 2010

c) Unterscheidungsmerkmale bei Mehrsprachigkeit

Es handelt sich um unterschiedliche Arten von Mehrsprachigkeit, je nachdem, ob man mehrere Sprachen von Kind auf gleichzeitig erwirbt oder sie nacheinander lernt. Dann bestehen die Unterschiede darin, ob man die Sprache in einer natürlichen Umgebung erwirbt oder ob man sie in der Schule lernt. Und schließlich muss man noch unterscheiden, ob man die Sprachen als Kind oder als Erwachsener erwirbt.

Claudia Maria Riehl: Mehrsprachigkeit. Eine Einführung. Darmstadt: Wissenschaftliche Buchgesellschaft, 2015. S. 11.

[1] Quelle (Aufgaben): Ministerium für Schule und Weiterbildung des Landes Nordrhein-Westfalen, Düsseldorf 2016

M2 Wanderer zwischen den Wortwelten *Bas Kast*

Mit mehr als einer Sprache groß zu werden, ist für Kinder ein Problem – so eine verbreitete Ansicht. Das widerlegen aktuelle Studien: Wer von klein auf nicht nur eine Muttersprache hat, ist im Schnitt sogar schlauer!

Zweisprachigkeit macht blöd! So lautet etwas salopp die These, von der die Psychologen Elizabeth Peal und Wallace Lambert ausgingen, als sie Anfang der 1960er Jahre untersuchten, wie sich zweisprachige Erziehung auf die Kindesentwicklung auswirkt. Die Forscher von der McGill University im
5 kanadischen Montreal vertraten damit nichts anderes als die einstige Lehrmeinung unter Pädagogen. Seit dem 19. Jahrhundert hatten Erziehungsexperten eindringlich vor den vermeintlichen Gefahren des Bilingualismus[1] gewarnt. „Wenn es für ein Kind möglich wäre, in zwei Sprachen gleichzeitig zu leben – umso schlimmer! Sein intellektuelles Wachstum wird dadurch
10 nicht verdoppelt, sondern halbiert", urteilte etwa der Schotte Simon Somerville Laurie (1829–1909), erster Professor für Theorie, Geschichte und Kunst der Erziehung an der University of Edinburgh. Die Sache schien also schon ausgemacht, ehe das kanadische Forscherduo knapp ein halbes Dutzend Montrealer Schulen betrat, um die geistige Fitness der zehnjährigen Schüler
15 per IQ-Test auf die Probe zu stellen. Amtssprache in Montreal ist Französisch; nicht wenige Kinder jedoch hatten das „Pech", zusätzlich mit Englisch aufzuwachsen. Sie würden nicht nur bei der Intelligenzprüfung (vor allem in deren sprachlichen Teilen) schlechter abschneiden, sondern auch in den schulischen Leistungen ihren Klassenkameraden hinterherhinken, glaubten
20 Peal und Lambert. Die Überraschung folgte: Keine der Hypothesen ließ sich bestätigen! Die zweisprachigen Kinder hatten im Gegenteil sogar bessere Noten als die einsprachigen, und sie waren in fast jedem IQ-Test, ob verbal oder nichtverbal, ihren Mitschülern teils weit überlegen. Bei keinem Aufgabentyp hatten einsprachige Schüler die Nase vorn.
25 Heute wissen wir: Ja, eine zweisprachige Erziehung hat Nebenwirkungen – allerdings sind diese in den meisten Fällen nicht bedenklich, sondern überaus wünschenswert. Die möglichen negativen Folgen sind schnell erzählt. Sie betreffen das Vokabular. Zweisprachige Kinder kennen in den einzelnen Sprachen im Schnitt etwas weniger Wörter als einsprachige. Zeigt man
30 ihnen einen bestimmten Gegenstand, brauchen Zweisprachige außerdem einen Tick länger, um die entsprechende Bezeichnung aus den Tiefen des Wortgedächtnisses hervorzuholen. Das war's! Die Furcht vor einem verzögerten Spracherwerb oder anderen geistigen Schwächen hat sich in empirischen Studien als unbegründet erwiesen. Zweisprachig aufwachsende
35 Kleinkinder sprechen ihr erstes Wort im Alter von etwa einem Jahr, genau wie einsprachige. Auch im weiteren Entwicklungsverlauf zeigten sich keine nennenswerten Auffälligkeiten – zumindest keine negativen. Vielmehr haben zahlreiche Untersuchungen der vergangenen Jahre immer neue Pluspunkte zu Gunsten der Zweisprachigkeit offenbart. Die Vorteile reichen da-
40 bei von den ersten Lebensmonaten bis ins hohe Alter.

Bas Kast, „Wanderer zwischen den Wortwelten". Gehirn&Geist; 06/2013, Nutzung genehmigt durch Spektrum der Wissenschaft Verlagsgesellschaft mbH, Heidelberg 2021

[1] Bilingualismus: Mehrsprachigkeitsform, bei der eine Person zwei Sprachen auf muttersprachlichem Niveau beherrscht

M3 Wie hoch ist der Anteil mehrsprachiger Personen in Deutschland?

Mehrsprachigkeit nimmt weltweit zu. Es wird geschätzt, dass mehr als die Hälfte aller Kinder inzwischen mit zwei oder mehr Sprachen aufwachsen. [...] Auch in Deutschland nimmt der Anteil mehrsprachiger Personen und insbesondere mehrsprachig aufwachsender Kinder stetig zu. Eine genaue Schätzung ist problematisch, weil die Sprachlichkeit in den offiziellen Statistiken nicht direkt ausgewiesen wird. Die [...] übliche Gleichsetzung von Mehrsprachigkeit und Migrationshintergrund ist jedoch sehr ungenau, da nicht alle Kinder aus Familien mit Migrationshintergrund auch mehrsprachig aufwachsen. Und umgekehrt nicht alle mehrsprachig aufwachsenden Kinder aus Familien mit Migrationshintergrund stammen. So können die geschätzten Angaben von aktuell etwa einem Drittel mehrsprachig aufwachsender Vorschulkinder (Studie aus dem Jahr 2010) nur einen ungefähren Anhaltspunkt geben.

Ritterfeld, Ute & Lüke, Carina: Wie hoch ist der Anteil mehrsprachiger Personen in Deutschland? Aus: Ritterfeld, Ute & Lüke, Carina: Mehrsprachen-Kontexte. Erfassung der Inputbedingungen von mehrsprachig aufwachsenden Kindern. Aus: http://www.sk.tu-dortmund.de/media/other/Mehrsprachen-Kontexte.pdf (Seitenaufruf 11.08.15), verändert

M4 Veraltete Vorurteile

Es gibt noch immer viele Vorurteile gegen Mehrsprachigkeit und mehrsprachige Menschen. Aus der Forschung wissen wir, dass diese Vorurteile nicht stimmen.
– Für ein Kind ist es nicht verwirrend, zwei oder mehrere Sprachen zu hören und zu sprechen. Der Spracherwerb wird durch Mehrsprachigkeit nicht erschwert.
– Der gleichzeitige Erwerb von mehreren Sprachen führt nicht zu Problemen in der sprachlichen oder körperlichen Entwicklung.
– Mehrsprachigkeit führt nicht zu Sprachstörungen und verschlimmert nicht bereits vorhandene Störungen.

Berliner Interdisziplinärer Verbund für Mehrsprachigkeit (Herausgeber): Veraltete Vorurteile. Aus: Info-Flyer Nr. 2. So geht Mehrsprachigkeit. Vorurteile überwinden & Vorteile nutzen; Berlin 2014(http://www.zas.gwz-berlin.de/fileadmin/projekte/bivem/Flyer%20So%20gehts/BIVEM-Flyerreihe2_deutsch.pdf; Seitenaufruf am 22.02.2021)

M5 Mehrsprachigkeit als Normalfall

Deutschland	Deutsch
Ghana	Englisch, afrikanische Sprachen
Gibraltar	Englisch (Schule und amtliche Zwecke), Spanisch, Italienisch, Portugiesisch
Grönland	Grönländisch (East Inuit), Dänisch, Englisch

Welt auf einen Blick: Mehrsprachigkeit als Normalfall. SeBaWorld, Berlin. Hrsg.: Sebastian Barzel (http://www.welt-auf-einen-blick.de/bevoelkerung/sprachen.php, Seitenaufruf 18.01.2016)

M6 Die Bedeutung von Mehrsprachigkeit für die Gesellschaft

Mehrsprachigkeit ist gesellschaftlich wichtig:
- Sprachenvielfalt im eigenen Land erleichtert und fördert Wirtschaftsbeziehungen. Für internationale Unternehmen und Organisationen zählt zwei- und mehrsprachiges Personal als wichtiger wirtschaftlicher Vorteil.
5 - Politisch gesehen haben Mehrsprachige eine Brückenfunktion als Vermittler zwischen verschiedenen Kulturen. Mit der Sprache lernt man auch Sichtweisen, Gespräche führen und kulturell geprägtes Verhalten. Man lernt daher auch ein Stück weit, andere Kulturen zu verstehen, und damit auch eine gewisse Toleranz.
10 - Auch die durch Tests bewiesene höhere Kreativität mehrsprachiger Sprecher und Gruppen kann positiv für die Gesellschaft genutzt werden.

Claudia Maria Riehl: Mehrsprachigkeit. Eine Einführung. Darmstadt: Wissenschaftliche Buchgesellschaft, 2015. S. 18–19.

M7 Meinungen mehrsprachiger Jugendlicher

„Ich bin zweisprachig aufgewachsen, weil meine Mutter Deutsche ist und mein Vater Italiener. Obwohl sie auch Italienisch sprechen kann, hat meine Mutter immer Deutsch und mein Vater immer Italienisch mit mir gesprochen. Als ich noch klein war, habe ich meistens nicht auf Italienisch geant-
5 wortet, aber mein Vater hat es trotzdem mit mir gesprochen. Verstanden habe ich es auch und dann einfach auf Deutsch geantwortet – ich war einfach zu faul. [...] In Italien selbst habe ich trotzdem keine Probleme, mich zu verständigen, und ich verstehe auch alles. Nur manchmal fehlen mir Vokabeln für besondere Dinge – darin bin ich nicht ganz so gut wie jemand, der dort aufgewachsen ist."

„Ich habe eine deutsche Mutter und einen ägyptischen Vater. In Ägypten, wo ich geboren und aufgewachsen bin, hat meine Mutter mit mir Deutsch geredet, mein Vater mit mir Arabisch. Untereinander haben sie Englisch
5 gesprochen. Deshalb bin ich praktisch mit drei Sprachen aufgewachsen. [...] Hin und wieder habe ich schon Aussetzer. Dann fange ich einen Satz an und komme zu einem Wort, das ich gerade nur auf Englisch und nicht auf Deutsch weiß. Das ist eben ein Problem, wenn die einzelnen Sprachen nicht so ausgeprägt sind. Mit deutschen Fachbegriffen bin ich zum Beispiel nicht
10 so gut. Da merkt man dann schon einen Unterschied. Ich habe auch versucht, Französisch zu lernen. Aber dadurch, dass ich die anderen drei Sprachen so nebenbei gelernt habe, keine Karteikarten mit Vokabeln auswendig lernen musste, fiel mir das schon schwer."

Karoline Kuhla: Sprachenmix in der Familie. Mehrsprachig aufgewachsen. Meinungen eines mehrsprachig aufgewachsenen Jugendlichen. fluter – Magazin der Bundeszentrale für politische Bildung, 18.06.2011

Lösungshilfen zu den Teilaufgaben ❶ a) – f)

1. Führe den ersten und zweiten Arbeitsschritt durch (siehe C 1.5, S. 28).

2. Lege dir eine Tabelle als Schreibplan an (siehe C 1.5, S. 33) oder nutze die Kopiervorlage C 1.4 auf S. 27.

3. Notiere im Schreibplan Stichpunkte für eine passende Überschrift (Teilaufgabe ❶ a).
   Beispiele: Mehrsprachigkeit: Probleme/Chancen/Bedeutung …

4. Notiere im Schreibplan, was man unter Mehrsprachigkeit versteht (Teilaufgabe ❶ b).
   – von Geburt an: …
   – durch Fremdsprachenunterricht: …
   – Unterscheidungsmerkmale: …

5. Liste stichpunktartig Vorteile und Herausforderungen der Mehrsprachigkeit von Geburt auf (Teilaufgabe ❶ c).
   Vorteile:
   – gleichzeitiges Erlernen zweier Sprachen
   – Studie: mehrsprachig Erzogene sind besser in der Schule …
   Herausforderungen:
   – unterschiedliche Ausprägung des Wortschatzes
   – …

6. Notiere im Schreibplan die Veränderungen der Meinungen zur „Mehrsprachigkeit ab Geburt" (Teilaufgabe ❶ d).
   Bis 1960er Jahre: zweisprachig Aufgewachsene gelten als weniger intelligent:
   – Zweisprachigkeit macht dumm
   – Erziehungsmethode „Zweisprachigkeit" ist gefährlich
   – Zweisprachigkeit senkt intellektuelles Wachstum (S. Somerville Laurie)
   – …

7. Notiere im Schreibplan Stichpunkte dazu, warum Mehrsprachigkeit in der Zukunft noch wichtiger werden wird (Teilaufgabe ❶ e).
   – durch Förderung von Mehrsprachigkeit bessere Schulabschlüsse möglich
   – bessere Kommunikationsmöglichkeiten mit Menschen aus anderen Ländern
   – wichtig für Beruf und auf Reisen
   – …

TIPP zu 2.
Wenn du sehr sicher im Umgang mit farbigen Markierungen bist, arbeite direkt mit Aufgabe 8 weiter und nutze deine Markierungen als Schreibplanung.

TIPP zu 3.
Denke daran, deinem Info-Text eine Überschrift zu geben. Du kannst dich dazu an den Überschriften der Materialien 1 – 7 orientieren und diese abändern oder eine eigene formulieren.

TIPP zu 4./5. und 6.
1. Markiere in den Materialien alle Informationen, die sich auf eine Teilaufgabe beziehen, in der gleichen Farbe. So kannst du die Textstellen den Teilaufgaben übersichtlich zuordnen.
2. Unterstreiche die Vorurteile und unterschlängle die Herausforderungen, die in den Materialien (insbesondere in M2, M4 und M7) genannt werden. So kannst du die Informationen aus den Materialien gut voneinander unterscheiden.

TIPP zu 7.
Suche gezielt in den Materialien nach Informationen zu der genannten Aussage (Beispiel: *„Mehrsprachigkeit in der Zukunft" = M 6: Bedeutung von Mehrsprachigkeit in der Gesellschaft*). Ziehe dann anhand der Aussagen und Beispiele in den Materialien eigene Schlussfolgerungen. Orientiere dich an der Teilaufgabe (Teilaufgabe ❶ e).

8. Schreibe deinen informierenden Text. Du kannst die folgenden Formulierungsvorschläge verwenden:

① a) Überschrift:
Mehrsprachigkeit – Problem oder …?

① b) Einleitung:
Das Thema Mehrsprachigkeit geht uns alle an, denn …
Was ist eigentlich unter dem Begriff „Mehrsprachigkeit" zu verstehen? Es gibt verschiedene Arten: Zum einen spricht man von Mehrsprachigkeit, über die man von Geburt an verfügt, zum anderen …

① c) Hauptteil:
Für die Jugendlichen, die mehrsprachig aufwachsen, ist es sicher ein Vorteil, von Geburt an in zwei Sprachen erzogen zu werden, da sie diese gleichzeitig lernen und dieses als völlig natürlich wahrnehmen. Einen weiteren Vorteil nennt eine Studie, die besagt, dass …
Dennoch kann die Zweisprachigkeit auch dazu führen, dass …

① d) Hauptteil:
Die Einschätzung der Vorurteile und Herausforderungen in Bezug auf die „Mehrsprachigkeit von Geburt an" hat sich mit den Jahren immer wieder verändert. Bis in die 1960er-Jahre galt die Meinung, dass zweisprachig Aufgewachsene …
Zudem warnten Erziehungsexperten seit dem 19. Jahrhundert vor zweisprachiger Erziehung, da diese Erziehungsmethoden …
Der Schotte Simon Somerville Laurie war beispielsweise der Meinung, dass durch die Erziehung in mehreren Sprachen …

① e) Schluss:
Für die Zukunft ist es sicher eine gute Idee, Mehrsprachigkeit zu fördern, damit Schülerinnen und Schüler in der Schule …
Zudem nimmt auf der Welt der Anteil der mehrsprachig Aufwachsenden zu und damit vervielfältigen sich auch die Möglichkeiten im Umgang miteinander, denn die Kommunikationsmöglichkeiten …
Das Beherrschen mehrerer Sprachen ist heutzutage und sicher auch in Zukunft von großer Bedeutung, vor allem auf Reisen und …

① f) Ich habe für meinen Info-Text folgende Materialien verwendet: …

9. Überarbeite deine Texte mithilfe der Checkliste auf Seite 36.

D 4 Aufgabentyp 2: Sherlock Holmes (selbstständiges Üben)

Teil II

Unter der Rubrik „Europäische Romanhelden" sollen auf der Homepage deiner Schule bekannte Romanfiguren vorgestellt werden, die unsterblich sind. Du bist gebeten worden, einen Homepagebeitrag zu Sherlock Holmes als britischem Helden zu schreiben. Dieser Text soll Schülerinnen und Schüler sowie Lehrkräfte und Eltern über den Meisterdetektiv informieren. Verfasse deinen Text auf der Grundlage der Materialsammlung (M1–M6).

Lies bitte zunächst die Aufgabenstellung und dann die Materialien aufmerksam durch, bevor du mit dem Schreiben beginnst.

Verfasse auf der Grundlage der Materialien M1–M6 einen **informierenden Text** über Sherlock Holmes. Schreibe nicht einfach aus den Materialien ab, sondern achte auf eine eigenständige Darstellung in einem zusammenhängenden Text.
Gehe dabei so vor:
- **Formuliere** eine passende Überschrift.
- **Schreibe** eine Einleitung, in der du die Figur Sherlock Holmes vorstellst (*Wer ist Sherlock Holmes? Wer ist sein Begleiter? Welcher Autor hat die Figur erfunden?*).
- **Stelle** die sogenannte Holmes-Methode dar.
- **Erläutere** die Beziehung des Autors Arthur Conan Doyle zu seiner Figur. Beziehe dazu auch Holmes' Tod und seine „Auferstehung" mit ein.
- **Erkläre**, wodurch die Kunstfigur Holmes am Leben gehalten wird (z. B. Filme, Serien etc.).
- **Schlussfolgere** anhand der Materialien und eigener Überlegungen, warum von dem „typisch britischen Superhelden" diese besondere Faszination ausgeht, die immer noch aktuell ist.
- **Notiere** unterhalb deines Textes die von dir genutzten Materialien.

M1 Romanfigur mit Postanschrift *Alfried Schmitz*

Sherlock Holmes wohnte in der Londoner Baker Street 221b – natürlich nur in der Phantasie und in den Geschichten seines Erfinders Sir Arthur Conan Doyle. 1990 ist Doyles Phantasievorstellung allerdings Wirklichkeit geworden: In unmittelbarer Nähe der Romanadresse entstand in der Baker Street ein Sherlock-Holmes-Museum. Es präsentiert die Wohnung des Meisterdetektivs genau so, wie Doyle sie sich ausgedacht und in seinen Erzählungen beschrieben hat: ein Wohnzimmer, gemütlich möbliert im Stil der Viktorianischen Zeit[1] und vollgestopft mit vielen Erinnerungsstücken des Kriminalisten. Es gibt zwei Schlafräume in der Wohnung, einen für Holmes selbst, den anderen für seinen treuen Weggefährten Dr. Watson. [...] Sherlock Holmes ist wohl eine der wenigen Romanfiguren, die es in der wirklichen Welt zu einer realen Wohnungsadresse gebracht haben. Noch heute erreichen Hunderte von Briefen die Londoner Baker Street 221b. Dort befindet sich zwar das nüchterne Verwaltungsgebäude einer Bausparkasse, doch die stellte eigens einen Mitarbeiter ab, der stellvertretend für den Meisterdetektiv die Post seiner vielen Fans nach bestem Wissen und Gewissen beantwortet.

Planet Wissen, Westdeutscher Rundfunk, Köln (https://www.planet-wissen.de/kultur/literatur/sherlock_holmes_ein_literarisches_phaenomen/index.html#Postanschrift, Seitenaufruf, 03.01.2021)

[1] Viktorianische Zeit: Epoche in der britischen Geschichte, Zeitabschnitt der Regierung Königin Victorias von 1837 bis 1901

M2 Sherlock Holmes — Alfried Schmitz

Als Arthur Conan Doyle 1886 seine erste Sherlock-Holmes-Geschichte schrieb, ahnte er nicht, wie berühmt die Figur in der Literatur werden würde. Der eigenwillige Detektiv besitzt heute Kultstatus. […]

Arthur Conan Doyle entwickelte neben seinem Beruf als Mediziner eine
5 Leidenschaft für die Schriftstellerei. Die Figur, die ihn berühmt machen sollte, ersann er zunächst allerdings ohne die Absicht, sie zum Helden einer ganzen Serie werden zu lassen: 1886 tauchte der Detektiv Sherlock Holmes zum ersten Mal in der Erzählung „A Study in Scarlet" („Eine Studie in Scharlachrot") auf. […] Holmes ermittelte den Täter schon in seinem ersten
10 Fall mit viel Sachverstand und mit für die damalige Zeit sehr fortschrittlichen Methoden der Kriminalwissenschaft. […]
Doyle hatte sich längst anderen literarischen Stoffen und seinem Hauptberuf als Mediziner zugewandt, als er zwei Jahre später die Nachricht eines amerikanischen Verlegers erhielt. Dieser […] wollte nun mit Doyle wegen
15 weiterer Episoden von Sherlock Holmes ins Geschäft kommen […]. Es waren aber nicht die insgesamt vier langen Kriminalgeschichten um den Londoner Detektiv, […] die am populärsten wurden. In der Gunst der Leser standen die 56 kurzen Episoden um Sherlock Holmes ganz oben. Sie erschienen als Fortsetzungsgeschichten vor allem im „Strand Magazine" […]. Die enorme
20 Beliebtheit von Sherlock Holmes und seinen Fällen bescherte […] seinem Autor enormen Wohlstand. Die Geschichten wurden in mehr als 50 Sprachen übersetzt und dienten als Vorlage für Filme, Theaterstücke, Hörspiele und Comics. Geschrieben hat Doyle die vielen Kriminalepisoden allerdings nur widerwillig und auf Druck seines Verlegers und seiner vielen Leser. Schon
25 1893 war Doyle der Sherlock-Holmes-Figur überdrüssig geworden und arbeitete auf das Ende seines Helden hin. […] Als Doyle 1893 beschloss, Sherlock Holmes seinen letzten Fall lösen und darin sterben zu lassen, ging ein Aufschrei des Entsetzens durch die Welt. Es hagelte Protestbriefe, mit oft bitterbösen und enttäuschten Kommentaren. […] In vielen Städten sah man
30 Holmes-Fans, die zum Zeichen der Trauer schwarze Armbinden trugen […]. Auch die Tagespresse nahm Anteil am Phänomen Holmes. Die „Kölnische Tageszeitung" schrieb: „Es ist sicher, dass das gegenwärtige Europa an einer Krankheit leidet, die man den Sherlockismus nennen kann …" Nachdem die vielen „Sherlockianer" wütend und enttäuscht ihren Kummer […] zum Aus-
35 druck gebracht hatten und der Verlag Doyle mit einer größeren Geldsumme überredet hatte, ließ der Schriftsteller seinen Romanhelden wieder auferstehen. […] 1902 erschien dann mit „The Hound of the Baskervilles" („Der Hund von Baskerville") wieder ein Roman mit Sherlock Holmes. Es sollte die bekannteste Kriminalgeschichte um den Meisterdetektiv aus London werden.

Planet Wissen, Westdeutscher Rundfunk, Köln (https://www.planet-wissen.de/kultur/literatur/sherlock_holmes_ein_literarisches_phaenomen/index.html, Seitenaufruf: 03.01.2021)

M3 Holmes' Methode: Beobachtung und Logik — Christoph Teves

Für Dr. Watson ist ein alter Hut ein eben solcher. Für Sherlock Holmes erzählt ein Hut die Lebensgeschichte seines Besitzers. Er ist ein Meister der der Beobachtung und der Logik, der mit Deduktion[1] arbeitet.

Holmes sammelt durch Berichte seiner Klienten und eigene Beobachtungen zunächst möglichst viele objektive Tatsachen. Dann lässt er der Logik freien Lauf. Ein winziges Detail reicht ihm, um eine ganze Reihe von verblüffenden Schlussfolgerungen zu ziehen. Trotz gründlicher Untersuchung kann Watson in „Der blaue Karfunkel"[2] an dem verstaubten, fleckigen Hut keine Informationen über dessen Besitzer entdecken – Holmes schon: [...] Da der Hut eine sehr gute Qualität hat und rund drei Jahre alt ist, war der Besitzer vor drei Jahren wahrscheinlich wohlhabend. Nun macht er allerdings schlechte Zeiten durch, denn sonst hätte er sich schon längst einen neuen Hut zugelegt. [...] Hausstaub auf dem Hut verrät dem Meisterschnüffler, dass der Mann nur selten fortgeht, Schweißflecken im Hutinneren, dass er schnell schwitzt und darum in körperlich schlechter Form ist. Der Mann hat graue Haare, die vor kurzem noch geschnitten wurden und die er mit Zitronencreme pflegt – das erkennt Holmes an den winzigen Haarspitzen, die er im Hut findet. Und: Der Hutbesitzer hat wahrscheinlich keinen Gasanschluss im Haus – auf dem Hut befinden sich Talgspritzer[3]. Also, folgert Holmes, hat der Mann häufig Kontakt mit Talglichtern, „wenn er nachts die Treppe hinaufgeht, wahrscheinlich den Hut in der einen Hand, eine tropfende Kerze in der anderen." Fast überflüssig zu erwähnen, dass Holmes mit seinen Vermutungen recht behält. [...]

Planet Wissen, Westdeutscher Rundfunk, Köln (https://www.planet-wissen.de/kultur/literatur/sherlock_holmes_ein_literarisches_phaenomen/pwieholmesmethodebeobachtungundlogik100.html, Seitenaufruf: 03.01.2021)

[1] die Deduktion: Herleitung des Besonderen vom Allgemeinen
[2] „Der blaue Karfunkel": Sherlock-Holmes-Kurzgeschichte von Sir Arthur Conan Doyle
[3] die Talgspritzer: gelbliches Fett, das für Kerzen verwendet wird

M4 Holmes als Denkmal *Alfried Schmitz*

Nicht nur in London gibt es ein Sherlock-Holmes-Denkmal, sondern auch auf dem europäischen Festland. Wo steht es? Und warum gerade dort?

[...] Bei einem Urlaub in der Schweiz, im Berner Oberland, kam ihm [Arthur Conan Doyle] die Idee, wie er sich Sherlock Holmes entledigen könnte: In „The Final Problem" (deutsch: „Das letzte Problem") kommt es an den Reichenbachfällen in der Nähe des schweizerischen Ortes Meiringen zwischen Holmes und seinem Widersacher Professor Moriarty zu einem Kampf auf Leben und Tod. Beide stürzen dabei den 100 Meter tiefen Abgrund hinunter, in die tosende Gischt des Wasserfalls. Der Todestag ist im Roman auf den 4. Mai 1891 datiert [...]. Als Doyle seinen Meisterdetektiv einige Jahre später dann doch wieder [...] auferstehen ließ, begründete er das Überleben seines Helden so: Holmes habe sich an einem Grasbüschel mit letzter Kraft festhalten können. In der Nähe des Schauplatzes dieses spektakulären Kampfes [...] erinnert heute ein Museum an den Detektiv. Genau wie das Museum in der Londoner Baker Street wurde auch dieses Museum im schweizerischen Ort Meiringen zur Pilgerstätte für Holmes-Fans. Vor dem Museum steht auf dem sogenannten „Conan Doyle Square" eine lebensgroße Holmes-Statue, die der englische Bildhauer John Doubleday 1988 für ein Honorar von 60.000 Schweizer Franken anfertigte. Außerdem erinnert am Fuße der nahegelegenen Reichenbachfälle eine Gedenktafel an jenen 4. Mai 1891 [...].

Planet Wissen, Westdeutscher Rundfunk, Köln (https://www.planet-wissen.de/kultur/literatur/sherlock_holmes_ein_literarisches_phaenomen/pwiewissensfrage524.html, Zugriff: 03.01.2021)

Foto: Geoffrey Taunton, Alamy Stock Photo

M5 Sherlock Holmes als urbritischer Held

Mary Evans Picture Library, Picture Alliance GmbH

„Wenn du das Unmögliche ausgeschlossen hast, dann ist das, was übrig bleibt, die Wahrheit, wie unwahrscheinlich sie auch sein mag." Mit solch nüchternen Betrachtungen wurde Sherlock Holmes zum wohl bekanntesten Detektiv der Literaturgeschichte. Und nicht nur das: Sein Name wurde zum Synonym des analytisch-rational denkenden Stereotyps des Detektivs. Die Romane haben unser Bild davon geprägt, wie ein Detektiv auszusehen hat: Inverness-Mantel[1], Jagdkappe [...] und Pfeife im Mund. [...] „Sherlock Holmes ist das, was einem typisch britischen Superhelden am nächsten kommt", erklärt Toby Finlay, einer der Autoren der erfolgreichen BBC-Serie „Sherlock" [...]. Je länger es her ist, dass die ersten Bände im späten 19. Jahrhundert erschienen sind, desto realer scheint Holmes zu werden, desto mehr meint man, dass sich dahinter eine historische Figur verstecken müsste. Das liegt daran, dass Conan Doyle für seinen Sherlock Holmes eine fiktive Welt geschaffen hat, die aber so genau durchdacht ist, dass man sie ohne Weite-
15 res als Realität anerkennen kann. Bis ins 21. Jahrhundert hinein gab es deshalb eine große Schar von Anhängern, die fest davon überzeugt waren, dass Sherlock Holmes wirklich gelebt hat. Vor dem geistigen Auge des Lesers passt dann alles wunderbar zusammen: die Details des viktorianischen Lebens in England, historische Ereignisse, die ihre Schatten in die Geschichten
20 um den Detektiv werfen, detailgenaue Beschreibungen von Figuren und Orten [...] Conan Doyle hat die Welt des Sherlock Holmes mit genau solcher forensischer Genauigkeit kreiert, wie er seinen Detektiv in dessen Fällen ermitteln lässt. Ein weiterer Beweis für die anhaltende Faszination, die von Sherlock Holmes ausgeht, sind die zahllosen neuen Verarbeitungen und In-
25 terpretationen der Romane [...]. Viele der von Arthur Conan Doyle verfassten Geschichten wurden auch verfilmt [...]. Aus all diesen Verfilmungen sticht aber die BBC-Fernsehserie „Sherlock" (2011/2012) deutlich heraus. Dafür hat die BBC ein interessantes Experiment gewagt und die klassischen Kriminalgeschichten aus dem viktorianischen Umfeld herausgeholt und in
30 ein modernes, elektronisch gestaltetes Umfeld verpflanzt [...]

https://www.england.de/london/london-buchtipps/sherlock-holmes, Seitenaufruf: 03.01.2021

[1] Inverness-Mantel: wetterfester, ärmelloser Außenmantel; die Arme ragen aus den Armlöchern unter einem Umhang heraus
[2] Veteran: Person, die beim Militär altgedient ist, sich in langer Dienstzeit o. Ä. bewährt hat

M6 „Sherlock Holmes" – Bald singt er wieder in Hamburg

Seit Januar 2019 gibt es nun auch ein Musical rund um den berühmten Detektiv Sherlock Holmes – *Next Generation* heißt das Stück. Darin singt der popkulturberühmte, aber spleenige Detektiv am First Stage Theater in Hamburg-Altona an der Seite von Dr. Watson. Beide sind auf der Suche nach
5 Professor Moriarty, dem üblichen Verdächtigen, dem kriminellen Genie. Gespickt sind die Texte mit aktuellen politischen Anspielungen auf Merkel, Brexit und Co. Es dauerte ganze sieben Jahre, den Plot zu entwerfen, und das Musical musste sich zwangsläufig auch mit der BBC-Serie Sherlock um Schauspieler Benedict Cumberbatch messen lassen. Aber die Story von Re-
10 gisseur Rudi Reschke funktioniert auch gesungen zur exzellenten Livemusik der Band, die hinter einem Vorhang spielt. Very British!

D 5 Aufgabentyp 2: Comics (Original-Prüfung, selbstständiges Üben)

Teil II

Die nächste Ausgabe der Schulzeitung, die Schüler, Lehrer und Eltern lesen, widmet sich dem Thema „Lesen heute". Du bist gebeten worden, für diese Ausgabe einen informierenden Text zum Thema „Comics" zu schreiben. Um deinen Text schreiben zu können, bekommst du eine Materialsammlung (M1 – M5).

Lies bitte zunächst die Aufgabe und dann die Materialien aufmerksam durch,
bevor du mit dem Schreiben beginnst.

Aufgabe:[1]
Verfasse auf der Grundlage der Materialien M1 – M5 einen **informierenden Text** zum Thema „Comics". Schreibe nicht einfach aus den Materialien ab, sondern achte auf eine eigenständige Darstellung in einem zusammenhängenden Text.

Gehe dabei so vor:
- **Formuliere** eine passende Überschrift für den Text.
- **Schreibe** eine Einleitung, in der du kurz **erklärst**, was ein Comic ist und woher der Begriff stammt.
- **Stelle** die typischen Merkmale und die sprachlichen Besonderheiten des Comics **dar**.
- **Erläutere** die Entwicklung und die Erscheinungsformen des modernen Comics. **Erkläre** dabei auch den Begriff „Literaturcomic".
- **Schlussfolgere** anhand der Materialien und eigener Überlegungen, warum Comics positiv gesehen werden.
- **Notiere** unterhalb deines Textes die Nummern der von dir genutzten Materialien.

M1 Definitionen

a) Comics sind in der Regel gezeichnete Bildergeschichten. Was Figuren sagen oder denken, wird im Comic in Sprechblasen ausgedrückt. Dazu verdeutlichen Ausdrucks- oder Ausrufwörter wie „uff", „argh" oder „zack" sowie Bewegungsstriche das Geschehen und erzeugen eine Dynamik. Kombiniert werden Comics mit erzählendem Text neben oder unter dem jeweiligen Bild. Der Ursprung des gedruckten Comics findet sich bei den amerikanischen Sonntagszeitungen, Ende des 19. Jahrhunderts.
© 2007 - 2018 Christian Schmidt & Vier Digital, https://definition.cs.de/comic/
(Zugriff: 04.05.2017)

b) Die Bezeichnung Comic leitet sich von dem gleichnamigen englischen Adjektiv ab, was so viel wie „lustig" oder „komisch" bedeutet. Comics sollten die Menschen unterhalten.
Das Material 1b weicht aus lizenzrechtlichen Gründen von dem gleichnamigen Material in der Original-Prüfungsarbeit ab.

[1] Quelle (Aufgaben): Qualitäts- und UnterstützungsAgentur – Landesinstitut für Schule, Soest 2017
(Die Abbildungen weichen aus lizenzrechtlichen Gründen von der Darstellung in der Original-Prüfungsarbeit ab.)

M2 Merkmale von Comics

Niemand zieht so eindrucksvoll die Augenbrauen hoch wie der Comic-Erpel[1] Donald Duck, wenn er einen Einfall hat, oder schaut so grimmig wie Wolverine aus der Comicreihe X-Men, wenn er hinterrücks überfallen wird. Daher sind in Comics Sätze wie „Er zog die Augenbrauen hoch" oder „Er
5 erschrak" selten. Wozu auch? Über Dinge, die sowieso jeder sehen kann, verlieren weder Menschen noch Superhelden viele Worte.
Wenn es für eine Sache ein Bild gibt, finden Comiczeichner es bestimmt. Sogar für unsichtbare Dinge. In den Gesichtern der Comicfiguren werden Gefühle wie Angst oder Mut zu Grimassen[2] und damit für den Leser sicht-
10 bar. Das haben die Comics von den Karikaturen[3] übernommen. Karikaturen kommen allerdings ganz ohne Worte aus – Comics nicht. Stattdessen tauchen Worte im Comic meist in Sprechblasen auf und stehen in direkter Rede, weil eine der Figuren spricht oder denkt. Oft gelangen Worte auch als Begleittext in einem Kasten an den Bildrand, weil der Leser wissen muss,
15 wo das Abenteuer spielt. Wichtig sind Worte also schon.
Comics sind Wort-Bild-Gemische, genau wie Fruchtjoghurts, bei denen Marmelade und Joghurt nicht schichtweise getrennt, sondern schon vermischt serviert werden – Hauptsache, es schmeckt. Und Comics schmecken gerade deshalb, weil die Aufmerksamkeit des Lesers vom Bild zum Text und
20 zurück zum Bild springt. Wer in Comicheften allein den Text liest, versteht gar nichts, wer nur die Bilder anschaut, fast nichts.

Christian Ondracek: Rossipotti. Ein Literaturlexikon für Kinder. Rossipotti e.V., Berlin 23.03.2009, http://www.rossipotti.de/inhalt/literaturlexikon/genres/comic, Zugriff: 04.05.2017, verändert

[1] Erpel: männliche Ente
[2] Grimasse: verzerrter Gesichtsausdruck
[3] Karikatur: kritische Witzzeichnung

M3 Sprache im Comic

a) Den wesentlichen Teil der Comicsprache machen eindeutig die eher wortarmen Sätze aus. Das Geschehen wird sprachlich nicht besonders ausdifferenziert[1], sondern mit Hilfe der Bilder dargestellt. Während z. B. der Roman sich sprachlicher Mittel bedient, die durch die Vorstellungskraft des
5 Lesers Bilder im Kopf erzeugen, besitzt der Comic schon vorgegebene Bilder, die durch wenige Wörter unterstützt werden.

Quelle: Silvia Sperling, Stephan Weiß: Willst du so enten? Ist der Comic gute Jugendliteratur oder wertlose Unterhaltungslektüre? (http://www.linse.uni-due.de/Projekte/comicsprache/enten/enten.htm, Zugriff: 04.05.2017), verändert

[1] ausdifferenziert: vielfältig und genau

b) Die Comicsprache ist eine visuelle Sprache, bei der es die Bilder zu lesen gilt. Diese Bildersprache hat ihre eigenen Ausdrucksmittel. Eine dieser comictypischen Ausdrucksmöglichkeiten ist die Lautmalerei. Bei der Lautmalerei wird die grafische Seite der Schrift benutzt, um Töne und Geräusche
5 darzustellen. Sie beruht zumeist auf der Nachahmung eines Lautes aus der akustischen Realität. Beispiele für Lautmalerei wären „ZIIIISCCCHHHH" beim Öffnen einer Limonadenflasche oder „BOOOOOM" bei einer Explosion.

Quelle: Lipp, Bianca: Zum Leben erweckt – Vom Comic zum Trickfilm. Bachelor + Master Publishing, Imprint der Bedey Media GmbH Hamburg 2012, S. 15

c) Bildlich schwer Darstellbares wird im Comic durch Inflektive (auf den Wortstamm verkürzte Verben) verdeutlicht. Comiczeichner verwenden diese nicht nur für die Darstellung von Geräuschen (*schluck, stöhn, klimper*), sondern auch für die Darstellung lautloser innerer Vorgänge (*grübel, zitter*).

(Das Material M3c weicht aus lizenzrechtlichen Gründen vom gleichnamigen Material in der Original-Prüfungsarbeit ab.)

M4 Ausgewählte Stationen der Geschichte des Comics

a) Die Geburt des modernen Comics [...]
Die Geburtsstunde des ersten Comics ist nach mehrheitlicher Meinung der Comic-Forschung der 5. Mai 1895. An jenem Tag zeichnete Richard F. Outcault zum ersten Mal *exklusiv* für die US-amerikanische Zeitung *New York World* einen Cartoon mit dem Titel *Hogan's Alley*, dessen Held ein Junge in einem knallgelben Nachthemd namens Yellow Kid war. Strittig ist dieses Datum vor allem deshalb, weil es sich eigentlich eben doch noch nicht um einen Comic handelte, sondern immer noch um eine Bildergeschichte, da die begleitenden Texte unterhalb der Zeichnungen zu lesen waren. Korrekterweise sollte man den 25. Oktober 1896 nennen, denn hier entstand erstmals eine Ausgabe von *Hogan's Alley*, die Sprechblasen aufwies. [...]
Kurz nach dem Ende des 19. Jahrhunderts waren die grundlegenden Elemente des Comics gegeben – feststehende Figuren, fortsetzende Handlung in Einzelbildern, Dialoge in Form von Sprechblasen – doch hatte es sich bis dahin noch nicht als selbstständiges Medium durchgesetzt. [...]

Quelle: Nagumos Blog: Eine kleine historische Reise in die Welt der Comics (http://blog.nagumo.de/2008/02/16/eine-kleine-historische-reise-in-die-welt-der-comics, Zugriff: 01.02.2021), verändert

b) Comicstrips[1] und Comichefte in den USA und Europa
Ab 1903 erschien dann erstmals der tägliche Comicstrip in einer Tageszeitung (auf den Sportseiten der „Chicago American"). Ab 1912 ging die erste Serie an den Start. Bis 1930 erscheinen sämtliche Comics in den USA als Comicstrips. Erst danach lohnte sich der regelmäßige Vertrieb der Bildergeschichten in Heftform.
Die Stunde der ganz großen Comic-Helden schlug dann in den 30er Jahren: 1929 erblickte Popeye das Licht der Welt, ein Jahr später Mickey Mouse und 1938 Donald Duck. Zeitgleich eroberte auch Disneys „Lustiges Taschenbuch" den Markt.
Eine wahre Comicmanie[2] lösten die Superhelden aus. Angefangen mit „Superman" 1938 und den legendären Marvel-Comics ein Jahr später, ging es Schlag auf Schlag: Tarzan, Batman, Spider-Man und Die Fantastischen Vier erobern die Herzen der Comicleser. In den 50er und 60er Jahren wurden auch Horror und Science Fiction im Comic populär.
In Europa konnte der Comic erst nach dem Zweiten Weltkrieg[3] Fuß fassen. Am produktivsten sind hier vor allem Frankreich und Belgien, wo auch die bekanntesten Geschichten herkommen (z. B. „Asterix und Obelix", „Tim und Struppi", „Die Schlümpfe", „Lucky Luke"). Der neueste Comictrend schwappte vor wenigen Jahren aus Japan zu uns herüber. Während es Man-

ga in anderen europäischen Ländern schon in den 80er Jahren gab, wurden „Sailor Moon" oder „Dragonball"erst Ende der 90er bei uns populär.

Nina Frommhold: Was ist was: 1890: Das erste Comic-Heft erscheint. Tessloff Verlag Nürnberg, 12.05.2005 (http://www.wasistwas.de/archiv-sport-kultur-details/1890-das-erste-comic-heft-erscheint.html, Zugriff: 04.05.2017)

[1] Comicstrips: gedruckte Comicstreifen
[2] Comicmanie: hier: Comicbegeisterung, Comicrausch
[3] Der Zweite Weltkrieg dauerte in Europa von 1939–1945.

c) Manga
Manga setzen sich in Japan in den 50er Jahren zeitgleich mit dem Fernsehen durch, was sich in der engen Verbindung von Manga und Zeichentrickfilm zeigt.

https://www.uni-oldenburg.de/geschichte/studium-und-lehre/lehre/projektlehre/erinnerung-im-comic/1895-1929/1968-bis-in-die-gegenwart/ (Zugriff: 04.05.2017)

Manga sind Comics, die ihren Ursprung in Japan haben und wörtlich übersetzt „lustige Bilder" heißen. Sie sind schwarz-weiß gezeichnete Geschichten, die in sich abgeschlossen sind oder die sich immer weiter fortsetzen. Der typische Zeichenstil sind große Augen, kindliches und westliches Aussehen. Sie behandeln alle möglichen Themen.

Fenja Spill: Wilhelm-Wisser-Schule, Gemeinschaftsschule Eutin: Was sind Manga? (http://besserwisser.wisser-schule.de/2013/10/was-sind-manga/), Zugriff: 04.05.2017

d) Graphic Novels
Es handelt sich hier um a) Comics in Buchformat, b) um Geschichten mit längeren, komplexen Handlungen, c) um Geschichten, die in der Regel ernsthafte Inhalte erzählen, d) um Geschichten mit literarischem Anspruch, e) um Geschichten, die sich klar von den regelmäßig erscheinenden Heft-Comics unterscheiden, f) um Geschichten, die über den Buchhandel (und nicht über den Bahnhofs-Kiosk oder Supermärkte) verkauft werden und eher ein höheres Preisniveau aufweisen.

Albert Hoffmann (https://www.antolin.de/leitartikel/graphic_novel_1608/graphic_novel.pdf, Zugriff: 04.05.2017), verändert

Kurz gesagt sind Graphic Novels gezeichnete Romane. Stilistisch reichen die Zeichnungen vom Comic- über den Manga- bis hin in den Cartoon-Zeichenstil[1], mit Themen, die sich eher an erwachsene Leser richten.

Carlsen Verlag GmbH, Hamburg (https://www.carlsen.de/graphic-novel, Zugriff: 04.05.2017)

[1] Cartoon: Grafik, die eine komische Geschichte in einem Bild darstellt

e) Literaturcomics
Unter dem Begriff „Literaturcomics" erscheinen Übersetzungen französischer Klassikerbearbeitungen wie „In 80 Tagen um die Welt", „Die Schatzinsel" oder „Robinson Crusoe". [...] Sinn der Übung ist laut Verlag nicht nur das Erschließen neuer Geschäftsfelder, sondern vor allem Erziehung: „Wir können darüber klagen, dass Jugendliche nicht mehr so viel lesen wie früher. Wir können aber auch Wege finden, ihnen die großen Stoffe der Literatur auf den Wegen zugänglich zu machen, die sie mögen und akzeptieren", schreibt der Verlag auf seiner Homepage.

Moritz Honert: Ungleiches Duell – Literaturcomics. Der Tagesspiegel, 06.07.2012 (https://www.tagesspiegel.de/kultur/comics/literaturcomics-ungleiches-duell/6849048.html, Zugriff: 04.05.2017)

„Viele Leser freuen sich doch, Weltliteratur mal in dieser Form angeboten zu bekommen – das kann dazu beitragen, die Scheu vor großen Schriftstellern abzubauen. [...] Mittlerweile ist es akzeptiert, dass sich auch der Comic klassischer Literaturstoffe bedienen darf, ebenso wie es auch andere Medien tun."

Martin Weber. Weltliteratur als Comic beschert Verlagen einen ganz neuen Absatzmarkt: Literatur in Sprechblasen. Schweriner Volkszeitung, 24.03.2011 (http://www.svz.de/nachrichten/uebersicht/literatur-in-sprechblasen-id5044421.html, Zugriff: 04.05.2017)

M5 Heutige Sicht auf Comics

Mittlerweile wird dem Comic durchaus zugetraut, auch bedeutende historische, gesellschaftliche und politische Themen auf interessante Weise bewältigen zu können. Dabei geht es längst nicht mehr um den Nachweis des literarischen Wertvollseins des Comics.

Bernd Dolle Weinkauff: Vom Kuriositätenkabinett zur wissenschaftlichen Sammlung: Das Comic-Archiv des Instituts für Jugendbuchforschung der Goethe-Universität Frankfurt/Main (http://www.uni-frankfurt.de/51022038/Dolle-Weinkauff.pdf, Zugriff: 04.05.2017), verändert

Mittlerweile ist der Comic allgegenwärtig und weitgehend durch alle gesellschaftlichen Schichten hinweg akzeptiert. Der Comic hat heutzutage nun endlich den Stellenwert erreicht, den er, als literarische Kunstform unter vielen, verdient. Comickünstlern werden Lizenzen[1] für Film und Fernsehen zu riesigen Summen abgerungen.

Nagumos Blog: Eine kleine historische Reise in die Welt der Comics (http://blog.nagumo de/2008/02/16/eine-kleine-historische-reise-in-die-welt-der-comics, Zugriff: 01.02.2021), verändert

[1] Lizenz: Genehmigung

> **TIPP**
>
> Auf der Internetseite **www.finaleonline.de** kannst du dir zusätzliches Übungsmaterial zum Aufgabentyp 2 herunterladen. Gib dazu einfach diesen Code ein: **DE4j8Xp**

E Prüfungsaufgaben zum Themenbereich „Eine Frage der Beziehung"

In diesem Kapitel bearbeitest du zu dem Thema „Eine Frage der Beziehung" mehrere Prüfungsbeispiele. Notiere die benötigte Arbeitszeit (siehe Seite 5).

E 1 Leseverstehen: Wie das Minenfeld der Peinlichkeit umgangen wird (angeleitetes Üben)

Teil I

Lies zunächst den Text sorgfältig durch. Bearbeite anschließend die Aufgaben ❶ – ⓰.

Wie das Minenfeld der Peinlichkeit umgangen wird

(1) Jugendliche drucksen oft herum, wenn es um miese Zensuren, mobbende Mitschüler oder die erste Liebe geht. Mit einer cleveren Strategie wird's nicht ganz so peinlich. Auch Eltern ist manches unangenehm.

5 Es gibt Themen, die Jugendlichen peinlich sind und nur schwer über die Lippen gehen. Worüber muss man trotzdem mit ihnen reden? „Eltern müssen nicht alles wissen, es ist aber gut, wenn sie einschätzen können, wie es ihrem Kind geht", sagt Ulric Ritzer-Sachs von der Bundeskonferenz für Erziehungsberatung.

10 Ob Jugendliche sich den Eltern gerne anvertrauen, ist von Fall zu Fall unterschiedlich, erklärt der Experte. Gibt es in einer Familie schon immer einen regen Austausch, dann herrscht eine Kultur des Erzählens. In der fällt es leicht, auch peinliche Themen anzusprechen. Doch was, wenn es eine solche Erzählkultur nicht gibt?

15 **(2)** Besonders schwierig ist oft das Thema Liebe und Sexualität. Ob Jugendlichen mit ihren Eltern über ihren heimlichen Schwarm, die erste Beziehung oder das erste Mal sprechen, sollten sie nach Gefühl entscheiden, rät Psychotherapeut und Buchautor Joachim Braun. Ein Richtig und Falsch gibt es nicht: „Es ist natürlich toll, wenn man das Gefühl hat, mit den Eltern 20 über Liebe und Sexualität sprechen zu können – es ist aber auch völlig in Ordnung, es nicht zu tun."

Jugendliche haben ein Recht auf Intimsphäre[1], sagt Braun. Alternativ könne man auch mit den Freunden darüber sprechen. Geht es um die Erlaubnis, bei der Freundin oder dem Freund zu übernachten, muss man die Eltern 25 natürlich fragen. Halten die ihren Nachwuchs noch für zu jung dafür, kann man versuchen, ihnen die Ängste zu nehmen, erklärt Psychotherapeutin Christiane Wempe. Wer sagt: „Macht euch keine Sorgen, ich habe in der Schule gelernt, wie Verhütung funktioniert", kann die Eltern eventuell beruhigen.

30 **(3)** Bei schlechten Noten in der Schule oder einer gefährdeten Versetzung gilt: So früh wie möglich erzählen, meint Ritzer-Sachs. Die meisten Eltern finden es besonders schlimm, erst kurz vor einem miesen Zeugnis oder einer gefährdeten Versetzung informiert zu werden. Erfahren sie rechtzeitig von Problemen, können sie noch reagieren. Christiane Wempe rät, schlech-35 te Noten eventuell getrennt zu beichten: Reagiert ein Elternteil absehbar gereizt darauf, sprechen Kinder vielleicht zuerst mit dem anderen.

(4) Andere Schulprobleme sind möglicherweise noch unangenehmer: Vielen Jugendlichen fällt es besonders schwer, darüber zu sprechen, wenn sie gemobbt oder ausgegrenzt werden. Trotzdem sollte man sich den Eltern in so einem Fall unbedingt anvertrauen, rät Joachim Braun. „Nur wenn man sich den Eltern öffnet, haben die auch eine Chance zu helfen." Und das können die Eltern meistens ganz gut: „Bei Mobbing ist es wichtig, dass Jugendliche, Eltern und Lehrer zusammenarbeiten und ein Netzwerk bilden", erklärt der Buchautor. Häufig ist es einfach, Mobbing zu unterbinden, wenn man es öffentlich macht, sagt auch Ulric Ritzer-Sachs. Und manchen Jugendlichen hilft es beim Berichten von Hänseleien, den Eltern vorher zu sagen: „Ich möchte erst mal nur erzählen – ohne dass ihr euch direkt einmischt." Danach können Eltern und Kinder gemeinsam und in Ruhe überlegen, wie es weitergeht.

(5) Ein besonders sensibles Thema für Jugendliche ist die Scheidung der Eltern. „Viele Jugendliche belastet es, wenn die Eltern sich trennen", sagt Christiane Wempe. „Das Thema zu Hause anzusprechen ist ihnen aber unangenehm, weil sie den Eltern aber nicht noch mehr Sorgen bereiten wollen." Dazu fürchten sie häufig negative Reaktionen, zum Beispiel die Abwertung des anderen Elternteils, erklärt Wempe. Tatsächlich sind viele Eltern, die gerade in der Hochphase der Scheidung stecken, nicht objektiv. „Manchmal ist es dann sinnvoller, wenn sich Jugendliche Beratung von außen holen – etwa bei Freunden, deren Eltern auch geschieden sind, oder bei einem Therapeuten", sagt Wempe.

(6) Bei manchen Themen haben Jugendliche keine Wahl: Immer wenn es um Vereinbarungen und Erlaubnisse geht, muss man die Zähne auseinander bekommen und mit den Eltern sprechen, sagt Joachim Braun. Ausgehzeiten, das Taschengeld, das erste Mal bei der Freundin oder dem Freund übernachten: „Wer etwas aushandeln will, sollte den Konflikt mit den Eltern wagen – auch wenn das manchmal schwer fällt", rät Braun.

(7) Vor so einem Gespräch sollten sich Jugendliche fragen, wie sie die Eltern überzeugen können, empfiehlt Ritzer-Sachs. Außerdem sucht man sich am besten einen ruhigen Moment, in dem die Eltern selbst entspannt sind, vielleicht sogar mit einem fest vereinbarten Termin. Wer fürchtet, die Eltern könnten die Bitte abschlagen, ohne dass man sein Anliegen überhaupt richtig erklärt hat, kann auch Regeln für das Gespräch festlegen – etwa, dass er erst eine Viertelstunde zum Reden bekommt und die Eltern zuhören müssen. Das ist zwar nicht immer leicht, sagt Ritzer-Sachs. Aber auch bei Verhandlungen mit den Eltern gilt: Übung macht den Meister.

Marie Blöcher: Peinliche Themen: Was die Eltern wissen müssen und was nicht. Welt Online 19.12.2015 (http://www.welt.de/gesundheit/psychologie/article150142580/Wie-das-Minenfeld-der-Peinlichkeit-umgangen-wird; Stand: 21.12.2015) © dpa

[1] die Intimsphäre: der private Lebensbereich eines Menschen; die intimsten, innersten bzw. persönlichsten Gedanken und Gefühle

Lösungshilfen zu ❶ – ⓰

1. Bevor du dich den Aufgaben zuwendest, solltest du das Textmaterial sorgfältig erschlossen haben:
   - unbekannte Begriffe sind geklärt,
   - Schlüsselwörter markiert,
   - Sinnabschnitte gebildet und Zwischenüberschriften formuliert.

   Oftmals sind die vorgegebenen Texte zu deiner Orientierung schon in Sinnabschnitte gegliedert.

E 1 Prüfungsaufgaben | Eine Frage der Beziehung | Leseverstehen

2. Lies jede Aufgabe: Markiere dazu Verben und Schlüsselwörter. Achte darauf, ob in der Aufgabe Singular oder Plural verwendet wird. *Kreuze die richtige/n Antwort/en an*. So erhältst du einen Hinweis darauf, wie viele Antworten du ankreuzen musst.

Aufgaben ❶ – ⓰

❶ Welche der folgenden Aussagen ist richtig?
Beziehe dich dabei auf den Text.
Kreuze die richtige Antwort an.
Laut Text …

a)	gibt es Gesprächsthemen, die Eltern und Jugendlichen gleichermaßen peinlich sind.	
b)	sprechen Eltern mit ihren Kindern gerne offen über alle Probleme aus dem Alltag.	
c)	sind Jugendliche durchgängig gesprächsbereit, weil sie Tipps zum richtigen Handeln von ihren Eltern haben möchten.	

TIPP zu ❶ bis ❹

1. Die Aufgaben kannst du mithilfe deiner Vorarbeit (= Texterschließung) bearbeiten. Je genauer du Schlüsselwörter und Zwischenüberschriften formuliert hast, desto leichter kannst du dich zur Rückversicherung im Text orientieren.
2. Wenn deine Anzahl an Sinnabschnitten von der vorgegebenen Anzahl (vgl. Aufgabe ❷) abweicht, fasse Abschnitte zusammen oder teile sie weiter auf.
3. Wenn du Textaussagen umschreiben sollst, formuliere in eigenen Worten und in ganzen Sätzen. Greife dazu den Wortlaut der Aufgabenstellung auf, z. B. Aufgabe ❸: *Mit der Überschrift ist gemeint, dass …*

❷ Der Text lässt sich in sieben Sinnabschnitte einteilen. Notiere zu jedem Sinnabschnitt eine passende Überschrift.

Abschnitt	Zeilenangaben	Überschrift
1	Z. 1 – 14	
2	Z. 15 – 29	
3	Z. 30 – 36	
4	Z. 37 – 49	
5	Z. 50 – 59	
6	Z. 60 – 65	
7	Z. 66 – 74	

❸ Im Text heißt es in der Überschrift: *„Wie das Minenfeld der Peinlichkeit umgangen wird"*.

a) Kreuze an, welches sprachliche Gestaltungsmittel hier verwendet wird:
○ Personifikation ○ Alliteration ○ Euphemismus ○ Metapher ○ Antithese

b) Erkläre die Überschrift in eigenen Worten.

_____

_____

4 Im Text werden verschiedene Themen genannt, die Jugendlichen peinlich sind.
Kreuze die richtigen Antworten an.

a)	schlechte Zensuren in der Schule	
b)	Kriminalität	
c)	erste Liebe	
d)	Sexualität	
e)	mobbende Mitschüler	
f)	gefährdete Versetzung	
g)	Diebstahl	
h)	Streit in der Familie	
i)	Trennung der Eltern	
j)	Drogenmissbrauch	

> **TIPP zu ❺ bis ⓮**
>
> 1. Wenn du Aufgaben zu einer bestimmten Textstelle bearbeiten sollst, lies noch einmal nach. Beachte auch die Passagen kurz vor und nach dieser Textstelle, z. B. Aufgaben ❺ – ⓮.
> 2. Häufig werden dir auch Aufgaben zur formalen oder sprachlichen Gestaltung des Textes sowie zur Textart und ihrer Wirkungsweise gestellt. Schaue dir zur Bearbeitung dieser Aufgaben noch einmal die Quelle des Textes an und beachte die Schreibweise, z. B. Aufgaben ⓬ – ⓮.
> 3. Ebenso wird überprüft, ob du verstanden hast, warum der Autor den Text verfasst hat.
> Beachte dazu die Funktion des Textes: *unterhaltend, informativ, appellativ, argumentativ, expressiv …*, z. B. Aufgabe ⓮.

5 In Zeile 12 wird von einer „Kultur des Erzählens" gesprochen. Was ist damit gemeint?
Kreuze die richtige Erklärung zu diesem Zitat an.

a)	Damit ist gemeint, dass Jugendliche den Eltern lieber von anderen Dingen erzählen, weil ihnen manches peinlich ist.	
b)	Jugendliche wollen ihren Eltern nicht alles anvertrauen. Deshalb erzählen sie ihnen nicht von allen Problemen.	
c)	Damit ist der rege Austausch zwischen Jugendlichen und Eltern über Probleme gemeint, die die Jugendlichen im Alltag beschäftigen.	

6 Erkläre mit eigenen Worten, welche Folgen eine solche „Erzählkultur" haben kann.

_____

_____

7 In Zeile 22 heißt es: *„Jugendliche haben ein Recht auf Intimsphäre (…)"*. Kreuze an, welchen Vorschlag der Psychotherapeut Joachim Braun macht, um dennoch Gespräche zu ermöglichen.

a)	Jugendliche sollen sich ihren Freunden anvertrauen.	
b)	Jugendliche sollen mit ihren Lehrern reden.	
c)	Jugendliche sollen diese Dinge lieber für sich behalten.	

8 Welche Tipps gibt der Experte Joachim Braun bei Mobbing oder Ausgrenzung in der Schule? Kreuze an, welche Strategien im vierten Sinnabschnitt (Z. 37–49) empfohlen werden.

a)	Jugendliche sollten sich in jedem Fall den Eltern anvertrauen, denn nur dann können Eltern unterstützen.	
b)	Mobbing sollte man für sich behalten, da Eltern in der Schule nichts ausrichten können.	
c)	Jugendliche, Eltern und Lehrer sollten zusammenarbeiten und gemeinsam überlegen, wie man vorgehen könnte.	
d)	Im Fall von Mobbing in der Schule können nur Freunde helfen, denen man alles erzählen sollte.	
e)	Mobbing muss öffentlich gemacht werden, um es unterbinden zu können.	
f)	Jugendliche sollten vor dem Gespräch die Eltern darum bitten, in Ruhe erzählen zu können, ohne dass die Eltern sie unterbrechen.	

9 Nenne drei Gründe dafür, warum die Trennung oder die Scheidung der Eltern ein besonders sensibles Thema für viele Jugendlichen ist (Z. 50–59).

_____

_____

_____

_____

10 Der Text enthält viele Ratschläge dazu, wie Jugendliche sich auf schwierige Gespräche mit ihren Eltern vorbereiten können. Kreuze an, welche Strategien vom Verfasser vorgeschlagen werden.

a)	vor dem Gespräch Argumente sammeln	
b)	einen ruhigen Moment abwarten	
c)	die Eltern am besten abends ansprechen	
d)	ggf. einen festen Termin vereinbaren	
e)	Regeln für das Gespräch vereinbaren, z. B. feste Redezeiten	
f)	statt ein Gespräch zu führen, lieber einen Brief schreiben	
g)	Gespräche miteinander mehrmals üben	
h)	möglichst mit den Großeltern sprechen	
i)	Beratung von außen holen, wenn Gespräch mit Eltern nicht möglich	

11 Erkläre in diesem Zusammenhang die letzte Aussage des Textes in eigenen Worten:
„Übung macht den Meister." (Z. 74).

_____

_____

_____

_____

_____

12 Im Text werden verschiedene Experten zitiert. Kreuze an, aus welchen Bereichen diese stammen.

○ Erziehungsberatung ○ Schule ○ Psychotherapie ○ Familienberatung

13 Welche Funktion haben die Zitate im Text? Kreuze die richtigen Wirkungsweisen an.

a)	Die Zitate werden genutzt, um den Text ausführlicher und komplexer zu gestalten, denn die Probleme kennt jeder Leser schon.	
b)	Die Tipps und Ratschläge tragen dazu bei, dass die Darstellung im Text glaubwürdiger und fundierter wirkt.	
c)	Die Zitate der Experten machen den Text anschaulicher und deuten auf eine gute Recherche des Reporters hin.	
d)	Die Meinungen der Experten sind Hinweise, nach denen sich jeder Jugendliche richten muss, damit er keine Probleme bekommt.	

14 Kreuze an, um welche Textart es sich handelt.

○ Sachtext ○ Erzählung ○ Glosse ○ Leserbrief ○ Interview

15 Kreuze an, welche Absicht der Verfasser des Textes mit der Veröffentlichung verfolgt.

a)	Der Verfasser des Textes möchte vorrangig kritisieren, dass Jugendliche mit ihren Eltern zu wenig über ihre Alltagsprobleme reden, und darauf hinweisen, dass Eltern sich mehr Zeit für ihre Kinder nehmen sollen.	
b)	Der Autor möchte an die Jugendlichen appellieren, dass sie sich ihren Eltern gegenüber öffnen und häufiger über persönliche Probleme reden. Dabei versucht er davon zu überzeugen, alle Probleme offen zu thematisieren.	
c)	Im Text soll über die Alltagsprobleme Jugendlicher informiert und darüber aufgeklärt werden, welche Strategien zur Verbesserung der Gesprächskultur zwischen Jugendlichen und Eltern beitragen können.	

TIPP zu 16

1. Am Schluss sollst du zumeist zu einem Zitat aus dem Text oder zu einer Aussage eines Schülers Stellung nehmen. Mache dir zunächst klar, ob du diese Ansicht teilen kannst.
2. Notiere nachvollziehbare und stichhaltige Argumente, die deine Position stützen. Beziehe dich dabei auf Textaussagen. Gib dazu die betreffenden Zeilenangaben an, z. B. *„Im Text werden je nach Problem unterschiedliche Strategien empfohlen. Beispielsweise sollte man sich während der Trennung der Eltern lieber Beratung von außen holen (Z. 58), weil Eltern nicht objektiv sind."*

16 Eine Schülerin äußert sich über diesen Zeitungsartikel: *„Das sind mit Sicherheit gute Tipps. Doch enden die Gespräche mit meinen Eltern zumeist im Streit. Hier gibt der Text keine Hinweise dazu, wie ich das vermeiden kann."* Kannst du diese Meinung nachvollziehen? Begründe deine Position nachvollziehbar und beziehe dich dabei auf den Text.

○ Ja, ich bin auch dieser Meinung. ○ Nein, ich bin nicht dieser Meinung.

_____
_____
_____

E 2 Leseverstehen: Charlottes Traum (selbstständiges Üben)

Teil I

Lies den Text sorgfältig durch. Bearbeite anschließend die Aufgaben ❶ – ⓮.

Textauszug aus „Charlottes Traum" *Gabi Kreslehner (S. 14–16)*

Dass Liebe schrecklich weh tun kann, erfährt die 15-jährige Charlotte, als sich ihre Eltern trennen. Der Vater hat jetzt eine Neue, Babsi, die auch noch nett ist. Die Mutter tröstet sich mit dem Nachbar Melchior, während sich Charlotte um die kleinen Brüder kümmern darf. Neue Wohnung, neue Schule, neue Ersatzväter – Charlotte ist kurz vor dem Ausrasten. Doch dann laufen ihr plötzlich gleich zwei Jungs über den Weg ...

(1) In Omas Reihenhaus wurde es nach unserem Einzug eng. Wir waren aber auch einfach zu viele.
Oliver und Felix hatten sich im Zimmer von Onkel Bert verbarrikadiert, das störte niemanden. Onkel Bert am allerwenigsten, denn er saß in Amerika
5 und machte Karriere und würde sein Kinderzimmer wahrscheinlich nicht mehr brauchen.
Ich bekam Mamas ehemaliges Zimmer. Als wir in der Tür standen, eine Reisetasche in jeder Hand, seufzte sie. „Weißt du, Charlotte, das ist jetzt, als ob ich in meine Kindheit eintauche. Irgendwie witzig."
10 Aber es war alles andere als witzig.
(2) Die Lampe unter der Bücherwand streute das Licht in einen Kreis wie eine Nebelsonne. Ich nahm Mama an der Hand und zog sie aufs Bett und da saßen wir dann und schauten in ihr Zimmer hinein.
„Mama", sagte ich. „Gehen wir gar nicht mehr zurück?" Sie schaute mich
15 an. Lange. Dann schüttelte sie den Kopf. „Nein. Wohl gar nicht mehr."
Das war's. Irgendwann stand sie auf, ging zum Fenster, zog die Vorhänge zu. „Igitt! Die stehen ja vor Dreck. Die müssen wir unbedingt waschen."
Das taten wir am nächsten Tag, ich holte die Vorhänge herunter, große, grüne, schwere Teile, und Oma steckte sie in die Waschmaschine und an-
20 schließend hängten wir die wieder an die Fenster zum Trocknen.
(3) Die Jungs hüpften im Garten herum und taten einen auf *arme Waisen* und alle Nachbarn gingen ihnen auf den Leim.
„Mama", sagte ich, „du musst nicht arbeiten gehen, lass einfach die Jungs auf die Straße, die verdienen uns dumm und dämlich!"
25 Aber Mama zeigte mir den Vogel, sie hatte gerade keinen Sinn für Humor, denn am Abend hatte Felix gekotzt, der Dödel, nachdem er seine gesamte Beute auf einmal in sich hineingestopft hatte, zwei Tafeln Schokolade, ein Säckchen Gummibärchen und sechs Kaugummistreifen.
(4) Die Tussi hieß Barbara und war Papas Sekretärin.
30 Wenn sie wenigstens blöd gewesen wäre. Und hässlich und krötenhaft. Und unfreundlich. Und abartig. Aber leider war sie das nicht. Nichts davon.
Leider hatten wir sie vorher schon gekannt und gemocht.
Sie war immer superfreundlich gewesen, wenn wir Papa im Büro besuchten.
Mit Oliver und mir quatschte sie über die Schule und mit Felix über den

Kindergarten und was wir uns zu Weihnachten wünschten und wo wir im Sommer hinfahren wollten und dass sie uns gern einmal besuchen würde, weil wir so tolle Kinder seien und unser Vater so ein Glück mit uns habe. Und wenn sie sich nach vorne beugte, dann waberte so ein Duft herunter, so ein Duft nach Frühling und schönen Blumen, und dem schnupperte man gerne nach.

Alle nannten sie Babsi, und sie war, wie man sich eine Babsi vorstellt. Lieb. Und nett. Und das machte von Anfang an, dass man sie nicht hassen konnte. Außerdem war Papa in sie verknallt und daran ließ sich nichts drehen und wenden. Natürlich wünschten wir sie jetzt auf den Mond! Und natürlich hätten wir sie gerne gehasst. Wirklich. Aber es ging nicht.

(5) Mama hatte nichts mehr, kein Haus, keinen Mann, nicht einmal ein richtiges Bett. Bloß eine Wohnzimmercouch.

Auf der lag sie anfangs ständig drauf und schaute sich alle Serien an, von *Grey's Anatomie* bis zu den *Gilmores*. Dabei fraß sie ständig vor sich hin. Alles, was ihr zwischen die Finger kam, saure Gurken, süße Torten, Chips, Tralala.

Wenn meine Brüder sich halb die Köpfe eingeschlagen hatten, zeigte sie auf mich und sagte: „Geht zur Charlotte. Charlotte macht das schon. Gell, Charlotte, du machst das schon. Du bist ja meine Große."

Aber ich machte das nicht. Ich haute ab. Raus aus dem Viertel, durch die Gassen, in die Au[1], zu unserem Haus. Da konnte ich traurig sein. Und zornig. Gott sei Dank fing Mama sich bald wieder, und dann meinte sie, unsere Tragödie sei keine, so etwas passiere jeden Tag tausend Mal, aber ich müsse ab jetzt auf meine Brüder aufpassen. Sie begann nämlich wieder zu arbeiten, das lenke sie ab, meinte sie, bloß mit meiner Freiheit war's vorbei.

(6) Meine Brüder führten sich auf wie Idioten, taten, was sie wollten. Felix war erst fünf und ging noch in den Kindergarten, Oliver war zwar schon neun und in der Schule, aber höchstens bis eins.

Also tschüs, süßes Leben!

Aus: Kreslehner, Gabi (2009): Charlottes Traum. Beltz & Gelberg, Weinheim und Basel.

[1] Au: grüne Wiese, hier: Straßenname

Aufgaben ❶ – ⓴

❶ Kreuze die richtige Antwort an. Bei dem Textauszug handelt es sich um folgende Textart:

○ epischer Text   ○ lyrischer Text   ○ dramatischer Text

❷ Kreuze die richtige Antwort an. Beachte dazu den gesamten Textauszug.
Der Textauszug stellt folgendes Thema dar:

a)	Veränderung der Wohnsituation nach der Trennung der Eltern	
b)	Emotionen der Kinder, nachdem sie zu ihrem Vater gezogen sind	
c)	allgemeine familiäre Veränderungen nach der Trennung der Eltern	
d)	Probleme der Mutter, nachdem ihr Mann sie verlassen hat	

❸ Ordne den Sinnabschnitten die folgenden Überschriften zu und ergänze sie in der Tabelle:
Vaters neue Freundin – Brüder benehmen sich schlecht – Mutter lenkt vom Thema ab – Mutter will sich ablenken – Brüder nutzen die Situation aus und ärgern die Nachbarn – Zimmerverteilung im Haus der Großmutter

Abschnitt	Zeilenangaben	Überschrift
1	Z. 1 – 10	
2	Z. 11 – 20	
3	Z. 21 – 28	
4	Z. 29 – 45	
5	Z. 46 – 60	
6	Z. 61 – 64	

❹ Kreuze die richtige Antwort an.
Mit der Aussage der Mutter: „(...) das ist jetzt, als ob ich in meine Kindheit eintauche." (Z. 8/9) ist gemeint, dass ...

a)	sie sich freut, wieder Kind sein zu dürfen.	
b)	sie wieder mit ihren alten Sachen spielt.	
c)	sie sich durch ihr Zimmer bei ihren Eltern in ihre Kindheit zurückversetzt fühlt.	
d)	sie nicht gerne bei ihren Eltern ist.	

❺ Kreuze die richtige Antwort an.
Die Brüder Oliver und Felix „(...) hüpften im Garten herum und taten einen auf arme Waisen und alle Nachbarn gingen ihnen auf den Leim." (Z. 21/22). Diese Darstellung zeigt, dass ...

a)	sie wegen der Trennung der Eltern ganz traurig sind.	
b)	der Vater gestorben ist.	
c)	die Jungen trotz der Trennung fröhlich sind und die Situation ausnutzen, um die Nachbarn zu ärgern.	
d)	die Nachbarn sich gar nicht um die Jungen kümmern.	

❻ Kreuze die richtige Antwort an.
Charlotte schlägt vor, die Mutter könne die Jungen zum Geldverdienen auf die Straße schicken (Z. 23/24), weil ...

a)	diese mehr verdienen als die Mutter.	
b)	sie ihre traurige Mutter aufheitern will.	
c)	Charlotte einen Spaß machen möchte.	
d)	die Jungen so viele Süßigkeiten bekommen haben.	

7 Kreuze die richtigen Antworten an.
Die neue Freundin des Vaters ...

a)	ist seine Sekretärin Barbarella.	
b)	findet Charlotte so nett, dass sie sie gerne mag.	
c)	ist zu den Kindern unfreundlich, und keiner mag sie.	
d)	ist an den Kindern interessiert.	
e)	heißt Babsi und arbeitet für ihn.	
f)	mag überhaupt keine Kinder.	

8 Kreuze die richtigen Antworten an.
Wie verarbeitet die Mutter die neue Situation?

a)	Sie kommt mit der Situation gut zurecht, denn sie wohnen jetzt bei der Großmutter.	
b)	Die Mutter muss die Trennung vom Vater erst verarbeiten.	
c)	Sie will sich ablenken. Das sieht man daran, dass sie zunächst nur noch fernsieht und ganz viel durcheinander isst.	
d)	Sie versucht, einige ihrer Aufgaben auf Charlotte abzuwälzen.	
e)	Die Mutter ist froh über die Trennung vom Vater, da er sie hintergangen hat. Das sieht man daran, dass sie Charlotte viel Verantwortung übergibt.	
f)	Sie ist so durcheinander, dass sie Streit mit der Großmutter anfängt und sich gar nicht mehr um die Kinder kümmert.	

9 Kreuze an, welche Familienmitglieder nun im Reihenhaus der Oma wohnen.

Charlotte   Onkel Bert   Großmutter   Babsi   Oliver

Mutter   Felix   Vater   Großvater   Tante Clara

10 Kreuze an, welche Erzählform und welches Erzählverhalten die Autorin in dieser Textstelle verwendet.

a) Erzählform: ○ Ich-Form   ○ Er-/Sie-Form
b) Erzählverhalten: ○ auktorial   ○ personal   ○ neutral

11 Erläutere, welche Wirkung durch Erzählform und -verhalten beim Leser erreicht wird.

_____
_____
_____
_____

12 In Zeile 10 heißt es: „*Aber es war alles andere als witzig.*"

a) Um welches erzählerische Element handelt es sich hier? Kreuze die richtige Antwort an:
○ Erzählerkommentar   ○ innerer Monolog   ○ wörtliche Rede

b) Erkläre in eigenen Worten, was mit dieser Aussage gemeint ist.
_____
_____
_____
_____
_____
_____

13 „*Wenn sie wenigstens blöd gewesen wäre. Und hässlich und krötenhaft. Und unfreundlich. Und abartig. Aber leider war sie das nicht. Nichts davon.*" (Z. 30/31)

a) Kreuze die richtigen Aussagen zur sprachlichen Gestaltung dieser Textpassage an.
Sie enthält …
○ Ellipsen   ○ Anaphern   ○ Hypotaxen   ○ Parataxen   ○ Personifikationen

b) Kreuze die passende Beurteilung dieser Textpassage an.

a)	Durch den Satzbau und die sprachliche Gestaltung wirkt die Passage eher wie mündliches Erzählen. Das passt nicht zur Erzählweise des Jugendromans.	
b)	Die Sätze sind unvollständig und dadurch nur schwer verständlich. Sie passen nicht zu der fünfzehnjährigen Erzählerin.	
c)	Diese Textpassage ist in der Sprache der fünfzehnjährigen Ich-Erzählerin verfasst. Dadurch wirkt sie authentisch.	

14 Eine Schülerin sagt nach dem Lesen des Textes: „*Ich finde, Charlotte geht zu locker mit der Trennung ihrer Eltern um.*" Du kannst dieser Aussage zustimmen oder nicht. Wichtig ist, dass du deine Meinung begründest und dich auf mehrere Textaussagen beziehst.

○ Ja, ich bin auch dieser Meinung.   ○ Nein, ich bin nicht dieser Meinung.

Begründung: _____
_____
_____
_____
_____
_____

E 3 Aufgabentyp 4a: Schneeriese (Original-Prüfung, angeleitetes Üben)

Teil II

Lies bitte zunächst den Text, bevor du die Aufgaben bearbeitest.
Schreibe einen zusammenhängenden Text.

Analysiere den Textauszug aus dem Roman „Schneeriese" von Susan Kreller. Gehe dabei so vor:

- **Schreibe** eine Einleitung, in der du Textsorte, Titel, Autorin und Erscheinungsjahr **benennst** sowie das Thema **formulierst**.
- **Fasse** den Text **zusammen**.
- **Stelle dar**, welche Erwartungen Adrian an Stella hat und wie er sich ihr gegenüber verhält.
- **Untersuche**, wie Adrian Stellas Körpersprache bei ihrer Begegnung wahrnimmt.
- **Erläutere**, auf welche Weise durch sprachliche Mittel deutlich wird, wie enttäuscht Adrian von Stellas Verhalten ist (*mögliche Aspekte: Wortwahl, stilistische Mittel, Satzbau*).
- **Schreibe** einen kurzen Text aus der Sicht Stellas am Ende der Begegnung.
    – Welche Gedanken hat Stella, als sie noch einmal über ihre Begegnung mit Adrian nachdenkt?
    – Wie bewertet sie ihr eigenes und Adrians Verhalten?
    Schreibe in der Ich-Form und berücksichtige die Informationen, die der Textauszug gibt.

Quelle Aufgaben: Qualitäts- und UnterstützungsAgentur – Landesinstitut für Schule, Soest 2018

Schneeriese (Textauszug)   *Susan Kreller*

Adrian hat sich in Stella verliebt, seine Freundin aus Kindertagen, die ihn wegen seiner Größe „Einsneunzig" nennt; er sagt es ihr aber nicht. Die beiden lernen den neuen Nachbarn Dato kennen, mit dem Stella eine Beziehung beginnt. Daraufhin sehen sich Adrian und Stella eine Zeit lang nicht. Eines Tages nimmt Adrian allen Mut zusammen und geht zu Stella, um mit ihr zu sprechen.

Adrian öffnete die Tür, räusperte sich und sah Stella auf ihrem Bett sitzen, im [...] Schneidersitz [...]. Sie war von sehr vielen Kleidungsstücken umgeben, mehr, als Adrian je in Stellas Zimmer gesehen hatte.
Und da war noch etwas anderes, das neu war.
Stellas Blick war neu.
Denn als sie verstanden hatte, wer da in der Tür stand, ließ sie für einen winzigen Moment ihre Mundwinkel sinken, es dauerte wirklich nicht lange, und trotzdem, am Ende entschied sich alles in diesen winzigen Mundwinkelmomenten. Und danach konnte der andere lächeln und lächeln, konnte nette Dinge sagen und sonst wie freundlich sein, aber am Ende, da zählten eben einzig und allein diese läppischen[1] anderthalb Sekunden vom Anfang, und nur die.
Adrian, du bist's, sagte Stella und klang enttäuscht, aber wenigstens nicht unfreundlich. Sie überlegte kurz, dann sprach sie in ihr Handy: Lass uns mal aufhören, ich ruf dich später zurück.
Was gibt's?, fragte sie, sah Adrian kurz und lächelnd an und wühlte dann wieder in den Kleidungsstücken.
Mich, sagte Adrian.

Dich, sagte Stella, ohne auch nur den Kopf zu heben. Sie studierte mit al-
lergrößter Sorgfalt einen hellen blauen Pullover, hielt ihn gegen eine Jeans,
schüttelte den Kopf und zog dann ein anderes Oberteil aus dem Klamottenberg, ein grünes T-Shirt. Zu genau diesem T-Shirt sagte sie sehr erwachsen:
Kann ich irgendetwas für dich tun?
Und Adrian dachte, ja, tatsächlich, es gäbe da zwei oder zehn Kleinigkeiten,
die dringend mal für mich zu tun wären. Du könntest mich fragen, ob ich
dein Gesicht zeichnen will, ich selber frag ja nicht, du könntest mich anru-
fen jeden Tag, du könntest vor meiner Zimmertür stehen und Los, Beeilung!
rufen, du könntest mit mir und der Misses[2] auf der Schaukel sitzen und gar
nichts tun, du könntest laut sagen, Dato, was für ein bescheuerter Name
aber auch, wie kann einer bloß Dato heißen, du könntest mich einfach mal
ansehen, du könntest mich Einsneunzig nennen, du könntest sagen, tut mir
leid, dass ich dich aus Versehen vergessen hab, das kommt nie wieder vor in
den nächsten fünf Wochen.
Nein, sagte Adrian. Alles bestens. Ich hatte einfach nie Zeit die letzten Wo-
chen, keine freie Minute, du weißt schon, es war hoffnungslos.
Sein Herz. Es schnappte nach Atem, es schlug.
Schlug.
Doch Adrian machte weiter:
Ich hab gedacht, ich seh mal nach dem Rechten, aber scheint ja alles in
Ordnung zu sein, mit wem hast du telefoniert?
Stella richtete den Blick auf irgendein neues Kleidungsstück, das sie aus
dem Klamottenhaufen gefischt hatte, und lächelte es an:
Ja, du hattest es immer ziemlich eilig!
Das Kleidungsstück blieb stumm und Adrian fragte:
Und mit wem hast du telefoniert?
Stella sah ihn verwundert an und machte sich gar nicht erst die Mühe, einen
handelsüblichen[3] Satz zu bilden.
Freundin, Schule, kennst du nicht. [...]
Stella sah Adrian freundlich an, fast weich, und sagte: Ich hab aber gar keine
Zeit, muss gleich wieder los.
Zu deiner Freundin?
Stella biss sich auf die Lippen, und erst jetzt sah Adrian, wie rot ihre Wan-
gen waren und wie sehr ihre Augen darüber leuchteten, und da war keiner,
der ihm hätte weismachen können, dass das ein gutes Zeichen war, Adrian
spürte nun mal, dass das Leuchten nicht für ihn bestimmt war.
Ich geh rüber, sagte Stelle mit matter Stimme. Ich geh zu Dato. [...]
Ich komm mit! [...]
Es war erstaunlich, wie schnell ein gerötetes Gesicht seine Farbe verlieren und
bleich werden konnte. Stellas Augen wurden dumpf und sahen ihn ungläubig
an. Aber Adrian wusste, was zu tun war, einatmen, ausatmen, ein, aus, ein, aus.
Er hielt seinen Blick genau in den von Stella hinein und gab sich nicht geschla-
gen, obwohl er sich nicht ausstehen konnte in diesen Minuten, obwohl ihm sei-
ne eigene Anwesenheit genauso verhasst war, wie sie es für Stella sein musste.
Einatmen, aus.
Ein, aus.
Ein, aus.

Und nicht mal dann aufgeben, nicht mal dann.
Doch da veränderte sich Stellas Gesicht schon wieder, ihre Augen sahen jetzt traurig aus und fremd und ängstlich, alles auf einmal. Sie probierte ein Lächeln [...].

70

Aus: Susan Kreller: Schneeriese. Hamburg: Carlsen Verlag 2016, S. 52–55, verändert

[1] läppisch: einfach, harmlos
[2] Misses: Gemeint ist Stellas Großmutter, die den beiden Freunden früher immer auf der Schaukel sitzend Märchen vorgelesen hat.
[3] handelsüblich: hier: vollständig

Lösungshilfen zu ❶ a) – ❶ b)

1. Führe den ersten Bearbeitungsschritt durch (vgl. dazu C 2.6: Erster Schritt: Sich orientieren, S. 42).

2. Erschließe den Text mit der Lesemethode für literarische Texte (vgl. B 2, S. 17) und schreibe deine Notizen an den Rand, z. B.:

   1. Abschnitt (Z. 1–12): Adrian besucht seine alte Freundin Stella zu Hause; er findet sie in ihrem Zimmer inmitten einem Haufen von Kleidungsstücken; er findet, sie schaue anders, und meint, sie habe bei seinem Anblick für einen kurzen Moment enttäuscht geguckt ...

   2. Abschnitt (Z. 13–23): als sie ihn erkennt, begrüßt sie ihn enttäuscht, doch ...

3. Sammle Stichworte zum Thema.

   unbefriedigend verlaufender Besuch von Adrian bei seiner Jugendfreundin Stella; unerwiderte Liebe Adrians gegenüber Stella; Adrian fühlt sich überflüssig; Stella scheint nicht wahrzunehmen, dass Adrian in sie verliebt ist ...

4. a) Lege dir einen Schreibplan zur Planung deines analysierenden Textes an. Orientiere dich dabei am dritten Schritt (vgl. C 2.6, Seite 45). Du kannst auch die Vorlage aus C 2.5 (Seite 41) verwenden.
   b) Ergänze deine Stichworte zu den Aufgaben ❶ a und ❶ b in den ersten beiden Zeilen.

> **TIPP zu 4. a) und b)**
>
> 1. Die Teilaufgaben können auch mehrere Bearbeitungsschritte enthalten. So wird dir die Gliederung deines Textes im Prinzip schon durch die Formulierung der Teilaufgaben vorgegeben.
> 2. Wichtig ist, dass du die einzelnen Arbeitsschritte erkennst und sie in die linke Spalte deines deines Schreibplans aufnimmst. Beachte dazu die Anzahl der Operatoren, hier z. B.:
>   • Stelle dar ... (❶ c)
>   • Untersuche ... (❶ d)
>   • Erläutere ... (❶ e)
> 3. In diesen Teilaufgaben werden explizit keine Textbelege erwartet. Dennoch kannst du Zeilenangaben machen, um deine Ergebnisse zu belegen. Dies ist besonders wichtig, wenn du in ❶ e) sprachliche Mittel untersuchen sollst.

Lösungshilfen zu ❶ c)

5. a) Unterstreiche im Text zunächst die Gedanken von Adrian in einer Farbe. Berücksichtige dazu auch den Text zur Vorgeschichte des Romans.
   b) Wähle eine zweite Farbe und unterstreiche das, was er tatsächlich macht (Verhalten). So kannst du feststellen, inwieweit es hier Unterschiede gibt.

6. Mache dir danach in der dritten Zeile deines Schreibplans Notizen zu seiner Erwartungshaltung. Du kannst auch Textstellen ergänzen, um deine Beobachtungen zu belegen und um diese Stellen beim Schreiben leichter wiederzufinden. Beginne so:

   – die Erwartungen Adrians bezüglich seines Besuches bei Stella widersprechen seinem tatsächlichen Verhalten ihr gegenüber; auch sie wird seinem Verhalten nicht gerecht, da sie ihn als eher störend empfindet (Z. 5 – 12)

   – Adrian hat sich in Stella verliebt (vgl. Vortext); sie ist seine Freundin aus Kindertagen

   – er hat all seinen Mut zusammengenommen, um sie zu besuchen und mit ihr zu sprechen (s. Vortext) …

7. Der zweite Schwerpunkt der Aufgabe besteht in der Darstellung von Adrians Verhalten gegenüber Stella. Übertrage deine Ergebnisse dazu ebenfalls in die dritte Zeile deines Schreibplans:

   – als Adrian in Stellas Zimmer eintritt, beobachtet er sie zunächst genau (Z. 1–5); er stellt fest, dass ihr Blick „neu" ist (Z. 5); das ist für ihn ungewohnt

   – seine Antwort auf ihre Frage, was es gäbe, ist sehr einsilbig: „Mich" (Z. 18)

   – anstatt weiter etwas zu sagen oder sein Anliegen zu erläutern, beobachtet er nur und bleibt zunächst stumm, weil ihm zu viele Gedanken durch den Kopf gehen (Z. 24 – 33) …

8. Formuliere zur Aufgabe ❶ c ein zusammenfassendes Fazit, in dem du den Wortlaut der Aufgabenstellung aufgreifst. Beginne so:

   → Zusammenfassend ist festzustellen, dass Adrians Erwartungshaltung und sein tatsächliches Verhalten ihr gegenüber sich deutlich voneinander unterscheiden, denn …

   TIPP zu 8.
   Um zu verdeutlichen, dass du eine Teilaufgabe abschließt und mit einer neuen beginnst, solltest du deine Schlussfolgerungen in einem Fazit zusammenfassen. Orientiere dich dazu am Wortlaut der Teilaufgabe.

Lösungshilfen zu ❶ d)

9. a) Lies noch einmal den Textauszug aus dem Roman und unterstreiche in einer dritten Farbe, wie Stella sich insgesamt verhält. Der Leser erhält Informationen dazu nur über die Er-/Sie-Erzählform und das personale Erzählverhalten.
   b) Beschreibe ihr Verhalten und notiere die Schlussfolgerungen, die aus der Sicht von Adrian diesbezüglich deutlich werden, in der vierten Zeile deines Schreibplans. Ergänze auch zu dieser Aufgabe Zitate, um deine Schlussfolgerungen zu belegen.

– als Adrian Stellas Zimmer betritt, springt sie nicht freudig auf; sie bleibt auf ihrem Bett sitzen (Z. 1/2); sie lässt sogar kurz ihre „Mundwinkel sinken" (Z. 7), als sie realisiert, dass es Adrian ist → Enttäuschung, Traurigkeit

– der Klang ihrer Stimme unterstützt diesen Eindruck von Enttäuschung (Z. 13)

– nachdem sie das Telefonat beendet hat, wendet sie sich ihm zwar zu (Z. 16), aber …

10. Ergänze auch zu dieser Teilaufgabe ein kurzes Fazit, in dem du deine Beobachtungen zusammenfassend darstellst. Beginne so:

Daher ist festzuhalten, dass durch Stellas Körpersprache deutlich wird, dass …

 Lösungshilfen zu ① e)

11. a) Markiere sprachliche und formale Besonderheiten, wie z. B. Wortwahl, stilistische Mittel und Satzbau. Beachte dabei auch die Erzählform und das Erzählverhalten (vgl. dazu Aufgabe 9 a). Schreibe dir Notizen zur Benennung dieser Merkmale sowie zu ihrer Wirkung an den Rand.

    b) Du sollst in der Teilaufgabe ① e erläutern, wie Susan Kreller anhand der verwendeten sprachlichen Mittel verdeutlicht, wie enttäuscht Adrian von Stellas Verhalten ist. Ergänze dazu die von dir ermittelten Merkmale und auch ihre Wirkung in deinem Schreibplan (fünfte Zeile) und notiere abschließend ein Fazit.

– Adrians Gefühle werden durch die Er-/Sie-Erzählform und das personale Erzählverhalten deutlich → Konzentration auf Adrians Wahrnehmung der Situation

– Darstellung innerer Monologe Adrians (z. B. Z. 24–33) → Offenbarung seiner Gedanken: Widersprüche werden deutlich, denn es zeigen sich Unterschiede zwischen seinen Gedanken und Wünschen auf der einen Seiten und seinem tatsächlichen Verhalten auf der anderen Seite: er wünscht sich „zwei oder zehn Kleinigkeiten, die dringend mal für [ihn] zu tun wären (Z. 24/25), sagt aber: „Alles bestens." (Z. 34)

– Aufzählung seiner Wünsche durch Anaphern („du könntest", z. B. Z. 25/26 etc.) → doch Verwendung

TIPP zu 11.

1. In den Aufgaben des Hauptteils musst du auch immer formale und sprachliche Gestaltungsmittel herausarbeiten. Diese werden mit einem inhaltlichen Schwerpunkt verknüpft, da sie die Wirkung des Textes auf den Leser und damit auch die Textaussage bedingen.
2. Überfliege dazu den vorgegebenen Text noch einmal und markiere formale und sprachliche Besonderheiten, wenn du dies bei der Texterschließung zu Beginn noch nicht bedacht hast. Notiere deine Beobachtungen mithilfe von Fachtermini am Rand und notiere auch Hinweise zur Wirkung.
3. Oftmals findest du Hinweise darauf, worauf du achten musst, in der Teilaufgabe unter dem Hinweis *„mögliche Aspekte"*. In dieser Aufgabe musst du also besonders auf *Wortwahl, stilistische Mittel* und *Satzbau* achten. Du kannst aber auch noch weitere Merkmale erarbeiten.
4. Ergänze zu jeder Beobachtung Textbelege in Klammern oder zitiere wörtlich, um deine Ergebnisse nachvollziehbar und anschaulich zu gestalten.

des Konjunktiv II zeigt, dass sich all seine Erwartungen nicht erfüllt haben

– Verwendung von Adjektiven bezüglich Stellas Verhalten, zeigt, dass sie sich verändert hat: „enttäuscht" (Z. 13), „nicht unfreundlich" (Z. 13/14)

– besondere Nomen, mit denen Stella beschrieben wird („Mundwinkelmomenten", Z. 8/9); „Klamottenberg" (Z. 21/22) → Stella ist abgelenkt und fühlt sich von Adrian eher gestört …

Lösungshilfen zu ❶ f)

12. a) Lies noch einmal die letzte Teilaufgabe: Mache dir klar, welche Sichtweise du übernehmen und welche Schwerpunkte du dabei berücksichtigen sollst.
    b) Notiere Stichpunkte dazu in der letzten Spalte deines Schreibplans. Formuliere bereits in deiner Planung in der Ich-Form.

– Adrian geht weg; ich (Stella) bin unsicher

– Hätte ich ihn freundlicher aufnehmen sollen?

– die Umstände haben sich verändert: Wir waren gute Freunde und wir haben viel Zeit miteinander verbracht.

– nun ist Dato mein Freund

…

> **TIPP zu 12.**
>
> Die letzte Aufgabe kann beispielsweise darin bestehen, dass du einen Text aus der Sicht einer der Figuren schreiben musst. Hier soll deutlich werden, ob du die Motivation für ihr Handeln verstanden hast.
> Orientiere dich dabei an den in der Aufgabe genannten Fragen und an den Informationen, die dir der Textauszug gibt. Schreibe in der Ich-Form (hier: aus der Sicht von Stella, damit ihre Gedanken und Gefühle bezogen auf den Besuch von Adrian deutlich werden).

Lösungshilfen zum Schreiben

13. Formuliere deinen Textentwurf nach deinem Schreibplan in ganzen Sätzen. Beginne so:
    In dem vorliegenden Auszug aus dem Jugendroman „Schneeriese" von Susan Kreller geht es um einen für den Jugendlichen Adrian unbefriedigend verlaufenden Besuch bei seiner Jugendfreundin Stella, die dessen Liebe nicht wahrnimmt und seine Anwesenheit sogar als …
    Adrian, der von seiner Jugendfreundin Stella wegen seiner Größe nur „Einsneunzig" genannt wird, besucht Stella zu Hause, weil er sie eine Zeit lang nicht gesehen hat …

> **TIPP zu 13.**
>
> 1. Setze nach der Erarbeitung jeder Teilaufgabe einen Absatz. Wenn eine Teilaufgabe mehrere Gliederungspunkte enthält, kannst du auch mehrere Absätze setzen. Das erleichtert das Lesen und zeigt eine durchgängige Struktur.
> 2. In diesem Fall kannst du auch die letzte Teilaufgabe mit einer eigenen Überschrift versehen, um sie von der Analyse abzugrenzen.
> 3. Leite die Teilaufgabe jeweils mit einem überleitenden Satz ein und formuliere zu den Aufgaben ❶ c – e jeweils ein Fazit als abschließenden Satz.

14. Überarbeite deinen Textentwurf mithilfe der CHECKLISTE (siehe C 2.6, Seite 49).

E 4 Aufgabentyp 4a: Acht Berge (Original-Prüfung, selbstständiges Üben)

Teil II
- Lies bitte zunächst den Text, bevor du die Aufgabe bearbeitest.
- Schreibe einen zusammenhängenden Text.

Aufgabe:*
Analysiere den Textauszug aus dem Roman „Acht Berge" von Paolo Cognetti.

Gehe dabei so vor:
- **Schreibe** eine Einleitung, in der du Textsorte, Titel, Autor und Erscheinungsjahr **benennst** sowie das Thema **formulierst**.
- **Fasse** den Text **zusammen**.
- **Stelle** die Entwicklung von Brunos Verhalten **dar**, so wie Pietro es wahrnimmt, als Bruno ihm vom erhaltenen Angebot erzählt.
- **Untersuche**, wie Pietro sich selbst während des Gesprächs verhält, und **berücksichtige** dabei seine Beweggründe.
- **Erläutere**, wie durch sprachliche Mittel Pietros Wunsch zum Ausdruck kommt, Bruno möge das Angebot nicht annehmen *(mögliche Aspekte: Satzbau, stilistische Mittel, Wortwahl)*.
- **Setze dich** im Schlussteil kritisch mit der folgenden Aussage einer Schülerin **auseinander**:
  „Bruno und Pietro sind keine wahren Freunde."
  - **Nimm Stellung** zu der Aussage.
  - **Begründe** deine Meinung.
  - **Belege** deine Ausführungen am Text.

Acht Berge (Textauszug)   *Paolo Cognetti*

Pietro lebt mit seinen Eltern in der italienischen Großstadt Mailand, verbringt aber den Sommer mit seiner Familie immer in dem Bergdorf Grana. Dort freundet er sich mit Bruno an, der mit seiner Mutter bei seinem Onkel Luigi in sehr einfachen Verhältnissen lebt. Durch Unterstützung von Pietros Eltern bekommt er eine Schulbildung und schafft schließlich den Schulabschluss. Als die beiden Jungen eines Nachmittags in den Bergen sind, ist Bruno sehr kurz angebunden und in Gedanken versunken.

Er war genauso schlecht gelaunt wie vorher. Als er sich ins Gras fallen ließ, blieb ich neben ihm stehen. Es war einfacher, auf den See als sich in die Augen zu schauen. Einige Meter vor uns ragte ein Felsblock aus dem Wasser, der aussah wie eine Insel: der ideale Fixpunkt.
„Deine Eltern haben mit meinem Onkel geredet", sagte Bruno irgendwann. 5
„Hast du das gewusst?"
„Nein", log ich.
„Komisch. Ich versteh das einfach nicht."
„Was denn?"
„Die Geheimnisse, die ihr voreinander habt." 10
„Und worüber haben sie mit deinem Onkel geredet?"

---
* Quelle (Aufgaben): Qualitäts- und UnterstützungsAgentur – Landesinstitut für Schule, Soest 2019

„Über mich."
Ich setzte mich neben ihn. Was er mir anschließend erzählte, erstaunte mich kein bisschen. Meine Eltern sprachen schon länger darüber, und ich hatte gar nicht erst an der Tür lauschen müssen, um zu wissen, was sie vorhatten. Am Vortag hatten sie Luigi Guglielmina vorgeschlagen, Bruno im September mit nach Mailand zu nehmen. Sie hatten ihm angeboten, ihn bei uns aufzunehmen und an einer weiterführenden Schule anzumelden. An einer Fachober-, Berufs- oder sonstigen Schule, die ihn interessierte. Ihnen schwebte eine einjährige Probezeit vor.
Sollte Bruno sich dort nicht wohlfühlen, würde er im darauffolgenden Sommer nach Grana zurückkehren. Andernfalls waren meine Eltern gerne bereit, ihn bis zum Schulabschluss zu behalten. Danach hatte er die Freiheit, selbst zu entscheiden, was er mit seinem Leben anfangen wollte.
Aus Brunos Schilderungen waren die Worte meiner Mutter deutlich herauszuhören. *Bei uns aufnehmen. Die Freiheit, selbst zu entscheiden. Was er mit seinem Leben anfangen will.*
„Das wird dein Onkel niemals erlauben", sagte ich.
„Doch, doch", konterte[1] Bruno. „Und weißt du auch, warum?"
„Wieso?"
„Wegen dem Geld."
Er buddelte in der Erde, zog einen Stein heraus und sagte dann: „Wer zahlt das Ganze? Das ist das Einzige, was meinen Onkel interessiert. Deine Eltern haben versprochen, alles zu übernehmen: Kost; Logis[2], Schulgeld – einfach alles. Das rechnet sich für ihn."
„Und was sagt deine Tante dazu?"
„Sie hat nichts dagegen."
„Und deine Mama?"
Schnaubend warf Bruno den Stein ins Wasser. Er war so winzig, dass er keinerlei Geräusch machte.
„Meine Mama? Was soll die schon sagen? Das Übliche, nämlich gar nichts."
[...] „Und du?", fragte ich.
„Was denn?"
„Was wär dir am liebsten?"
„Keine Ahnung", sagte Bruno. „Nach Mailand mitkommen? Ehrlich gesagt, versuche ich es mir seit gestern vergeblich vorzustellen. Ich weiß ja nicht mal, wie es dort ist."
Wir schwiegen. Ich wusste, wie es dort war, und brauchte mir gar nichts vorzustellen, um mich gegen diese Idee zu sträuben. Bruno würde Mailand hassen, und Mailand würde Bruno zerstören. [...] Ich verstand einfach nicht, warum die Erwachsenen unbedingt etwas aus ihm machen wollten, das er gar nicht war. Was war schon dabei, wenn er für den Rest seines Lebens Kühe hütete? Ich erkannte nicht, wie extrem egoistisch ich war, weil es mir mitnichten[3] um Bruno und seine Wünsche, um seine Zukunft ging, sondern nur um den Nutzen, den ich nach wie vor aus ihm ziehen wollte: *mein* Sommer, *mein* Freund, *meine* Berge! Dort oben sollte gefälligst alles so bleiben, wie es war, einschließlich der verkohlten Ruinen und Misthaufen am Straßenrand. Bruno, die Ruinen und Misthaufen mussten unverändert auf mich warten.

„Vielleicht solltest du es ihm einfach sagen", schlug ich vor.
„Was denn?"
„Dass du nicht mit nach Mailand willst. Dass du hierbleiben willst."
Bruno drehte sich zu mir um und sah mich fragend an. Diesen Rat hatte er nicht von mir erwartet. Er durfte das vielleicht denken – aber ich doch nicht! „Spinnst du?", sagte er. „Ich bleib auf gar keinen Fall! Ich kraxle[4] schon mein ganzes Leben Berge rauf und runter."
Dann stand er auf, dort auf unserer Wiese, bildete mit den Händen einen Trichter und rief:
„He! Hört ihr mich? Ich bins's, Bruno! Ich gehe!"

Aus: Paolo Cognetti: Acht Berge: Deutsche Verlags-Anstalt, München, 2017, S. 71–74, Übersetzung: Christiane Burkhardt

[1] kontern: widersprechen
[2] Logis: Unterkunft
[3] mitnichten: überhaupt nicht
[4] kraxeln: klettern

E 5 Aufgabentyp 4a: Namika: Lieblingsmensch (selbstständiges Üben)

Teil II

Lies bitte zunächst den Text, bevor du die Aufgaben bearbeitest.
Schreibe einen zusammenhängenden Text.

Analysiere den Text „Lieblingsmensch" von Namika. Gehe dabei so vor:
- **Schreibe** eine Einleitung, in der du Titel, Autor, Textart und Erscheinungsjahr **benennst** und das Thema **formulierst**.
- **Fasse** den Inhalt des Textes mit eigenen Worten kurz **zusammen**.
- **Untersuche**, welche positiven Eigenschaften und Vorzüge das lyrische Ich an dem Angesprochenen schätzt und wie diese durch formale und sprachliche Gestaltungsmittel verdeutlicht werden (*mögliche Aspekte: Textart und -aufbau, Vergleich, Metapher*).
- **Erkläre** die folgende Aussage aus dem Refrain: „*Bei dir kann ich ich sein, verträumt und verrückt sein.*" (Z. 15/16) und **erläutere** daraus resultierend die Bedeutung der Beziehung zwischen dem lyrischen Ich und dem „Lieblingsmenschen".
- Eine Mitschülerin sagt über den Text: „*So einen Lieblingsmenschen an seiner Seite zu haben, ist für jeden wichtig. Diese Rolle kann prinzipiell jeder ausfüllen.*"
  Setze dich mit der Aussage **auseinander** und überlege, ob du diese Einschätzung teilen kannst.
  Begründe deine Meinung und beziehe dich dabei auf den Text.

Lieblingsmensch (2015) *Namika*

Manchmal fühl ich mich hier falsch,
wie ein Segelschiff im All.
Aber bist du mit mir an Bord,
bin ich gerne durchgeknallt.
5 Selbst der Stau auf der A2,
ist mit dir blitzschnell vorbei.
Und die Plörre von der Tanke[1],
schmeckt wie Kaffee auf Hawaii.

Auch wenn ich schweig', du weißt Bescheid.
10 Ich brauch gar nichts sagen, ein Blick reicht.
Und wird uns der Alltag hier zu grau,
pack' ich dich ein, wir sind dann mal raus!

Hallo Lieblingsmensch!
Ein Riesenkompliment, dafür dass du mich so gut kennst.
15 Bei dir kann ich ich sein,
verträumt und verrückt sein
na na na na na na – Danke Lieblingsmensch!
Schön, dass wir uns kennen.

Absolut niemand darf's erfahren,
20 aber dir vertrau ich's an,
weil du's sicher aufbewahrst:
Meine Area 51[2].

Und manchmal drehen wir uns im Kreis,
aus 'ner Kleinigkeit wird Streit,
25 aber mehr als 5 Minuten,
kann ich dir nicht böse sein.

Mach ich dir was vor, fällt's dir sofort auf.
Lass ich mich hängen, dann baust du mich auf.
Manchmal wiegt der Alltag schwer wie Blei,
30 doch sind wir zu zweit, scheint alles so leicht.

Hallo Lieblingsmensch!
Ein Riesenkompliment, dafür dass du mich so gut kennst.
Bei dir kann ich ich sein,
verträumt und verrückt sein
35 na na na na na na – Danke Lieblingsmensch!
Schön, dass wir uns kennen.

Zeiten ändern sich und wir uns gleich mit.
Du und ich, so jung auf diesem alten Polaroidbild[3].
Das letzte Mal als wir uns sahen, ist viel zu lang her,
40 doch jetzt lachen wir, als wenn du nie weggewesen wärst.

Hallo Lieblingsmensch!
Ein Riesenkompliment, dafür dass du mich so gut kennst.
Bei dir kann ich ich sein
verträumt und verrückt sein
45 na na na na na na – Danke Lieblingsmensch!
Schön, dass wir uns kennen.

Text: Hamdi, Hanan / Roemer, Fabian / Beatgees / Sommermeyer, Konrad
Copyright: ACE Magnets Edition und Guerilla Entertainment Edition bei Universal Music Publishing GmbH, Berlin
Beatgees Publishing bei EMI Music Publishing Germany GmbH, Berlin
BMG Rights Management GmbH, Berlin

[1] Plörre von der Tanke: Getränke, die man an einer Tankstelle kaufen kann; hier: wässriger Kaffee
[2] Area 51: militärisches Sperrgebiet in Nevada (USA), unterliegt strengster Geheimhaltung
[3] Polaroidbild: Sofortbildkamera; Bild wird nach dem Fotografieren sofort ausgegeben

TIPP

Auf der Internetseite **www.finaleonline.de** kannst du dir zusätzliches Übungsmaterial zum Aufgabentyp 4a herunterladen. Gib dazu einfach diesen Code ein: **DE4j8Xp**

F Prüfungsaufgaben zum Themenbereich „Medien und mehr"

In diesem Kapitel bearbeitest du zum Thema „Medien und mehr" mehrere Prüfungsbeispiele. Notiere die benötigte Arbeitszeit (siehe Seite 5).

F 1 Leseverstehen: I6d#&r6achtsi6dall (Original-Prüfung, angeleitetes Üben)

Teil I

Lies zunächst den Text sorgfältig durch und bearbeite anschließend die Aufgaben ❶ – ⓬.

I6d#&r6achtsi6dall   *Varinia Bernau*

(1) [...] Von all den sozialen Netzwerken bis zu nicht minder wenigen Shopping-Seiten, vom Zugang zum Dienstrechner bis zum digitalen Schalter für Fahrkarten: Jeder zweite Deutsche hat Umfragen zufolge bis zu neun Passwörter, jeder dritte sogar noch mal fünf mehr.

5 (2) Die Regeln dazu sind bekannt: Nur kein Begriff aus dem Wörterbuch! Stattdessen auf mindestens acht Stellen Groß- und Kleinbuchstaben mit Ziffern und Sonderzeichen kombinieren. Aber eine Regel zu kennen, heißt noch lange nicht, sie im Alltag auch anzuwenden. Der Mensch ist nun mal nicht vernünftig, sondern bequem.

10 (3) Und so behalten mehr als 40 Prozent der Deutschen ihr einmal vergebenes Passwort ein Leben lang, obwohl Sicherheitsexperten raten, es so regelmäßig auszutauschen wie die Zahnbürste. Deshalb verwenden viele dasselbe Passwort für alle Dienste, obwohl sie Hackern, die eigentlich nur den Zugang zum Dating-Portal[1] erbeutet haben, so auch den Zutritt zum
15 Postfach erleichtern. Und deshalb ist das Passwort „123456" noch immer das am meisten verwendete im Netz. Gefolgt übrigens von: „Password" sowie „12345" und „12345678". [...]

(4) Für Computer ist es ein Klacks, diese zu knacken. Sie probieren einfach alle Kombinationen aus. Und je besser die Prozessoren[2] werden, desto
20 schneller gelangen sie ans Ziel: Ein Passwort, das sieben Zeichen aus Groß- und Kleinbuchstaben sowie Zahlen und Sonderzeichen hat – vor fünf bis zehn Jahren hätte ein durchschnittlicher Computer, wie er in jedem Haushalt steht, etwa 1000 Jahre gebraucht, um es zu bestimmen. Heute knackt er es in einem Monat.

25 (5) Deshalb haben Sicherheitsexperten, um es den aufgerüsteten Hackern schwerer zu machen, die Zahl der Möglichkeiten erhöht – und verlangen nun, dass man sich auch mal Passwörter mit 30 Zeichen merken soll. Dabei ging es auch andersrum: Die vierstelligen Pins für den Bankautomaten zeigen, dass ein Passwort auch dann sicher sein kann, wenn es kurz ist. Dort
30 nämlich hat man nur drei Versuche. Liegt man daneben, wird die Karte eingezogen. Beim Einloggen ins E-Mail-Fach sind viel mehr Vertipper erlaubt. [...]

(6) Es gibt einen Kniff, mit dem sich das, was schwer zu merken ist, doch merken lässt: Als Grundstock dient dabei ein Sprichwort, der Refrain eines
35 Ohrwurms oder irgendein persönliches Geheimnis, das man allerdings auch

Facebook nicht anvertraut haben sollte. Bei diesem tauscht man dann einzelne Buchstaben durch Ziffern und Sonderzeichen. Aus „In der Nacht sind alle Katzen grau" wird dann, wenn man das N durch eine 6 und das E durch die Kombi #& ergänzt, beispielsweise I6d#&r6achtsi6dall#&Katz#&6grau.
(7) Man kann dieses Sprichwort auch wiederverwenden – und nur die Ersatzbausteine im Passwort für jeden weiteren Dienst ändern. Beim E-Mail-Dienst wird das N durch die 7, bei einem Internetversandhändler dann durchs Ausrufezeichen ersetzt. Wer sich seine eigene Verschleierungsmethode überlegt, macht es nicht nur Hackern schwer – sondern kann sich im besten Falle die nächste Partie Sudoku³ sparen, weil das Gehirn schon ordentlich im Training ist. Aber natürlich kann man auch diese Mühen einfach an einen Dienstleister auslagern. […]
(8) Etwa an die elfjährige Mira Modi aus New York. Sie würfelt einem Passwörter, schreibt sie dann auf einen Zettel und schickt sie einem per Post. Kostet pro Passwort zwei Dollar. Dafür existiert es nur einmal – und nur auf Papier. Das Mädchen nutzt dabei Diceware. Das sind Listen, die in diversen Sprachen einer fünfstelligen erwürfelten Ziffernfolge ein Wort zuweisen. In der deutschen Liste steht 43142 etwa für das Wort „merken". Und wer mehrmals würfelt, kann auch ganze Sätze aus der Liste basteln. Mitunter bietet einem auch der Browser an, die lästige Erinnerungsarbeit abzunehmen.[…]

Süddeutsche Zeitung (SZ), 06.11.2015 (http://www.sueddeutsche.de/digital/passwoerter-idracht-sidallkatzgrau-1.2725239m, Zugriff: 04.05.2017), verändert

[1] Dating-Portal: eine Online-Partnervermittlung
[2] Prozessor: ein Teil des Computers, der die Daten verarbeitet und weiterleitet
[3] Sudoku: japanisches Zahlenrätsel

Lösungshilfen zu ❶ – ⓭

1. Bevor du dich den Aufgaben zuwendest, solltest du das Textmaterial sorgfältig erschlossen haben (vgl. dazu S. 19). Das heißt, du hast:
   - unbekannte Begriffe geklärt,
   - Schlüsselwörter markiert,
   - Sinnabschnitte gebildet und
   - Zwischenüberschriften formuliert.

   Zu deiner Orientierung sind die vorgegebenen Texte schon in Sinnabschnitte gegliedert.

2. Lies jede Aufgabe gründlich:
   - Markiere darin die Schlüsselwörter, die dir Hinweise darauf geben, was du tun sollst.
   - Achte darauf, ob in der Aufgabenstellung der Singular oder der Plural verwendet wird, z. B. *Kreuze die richtige/n Antwort/en an*. So weißt du, ob du eine oder mehrere Antworten ankreuzen musst.
   - Zudem enthalten die Aufgaben häufig Hinweise auf den Abschnitt, den Satz oder die Zeile/n, die du besonders in den Blick nehmen musst. Dieser Hinweis erleichtert dir das Finden der richtigen Lösung.

Aufgaben ❶ – ⓮

> ### TIPP zu ❶ – ❽ / ❿ / ⓫ / ⓭: Richtige Aussagen ankreuzen
>
> 1. Suche zu jeder Aussage die passende Stelle im Text und unterstreiche sie. Oftmals wird dir der betreffende Absatz, in dem du nachlesen musst, schon vorgegeben.
> 2. Häufig sollst du Satzanfänge durch Ankreuzen vervollständigen. Dazu ist es auch wichtig, diese zu erschließen.
> 3. Überprüfe genau, ob die Textstelle mit der Aussage in der Aufgabe übereinstimmt bzw. worin sie sich unterscheiden. Achte dazu auf die Wortwahl und überprüfe Zahlen, Namen und Fakten.
> 4. Bei Aufzählungen kann auch nur ein Wort nicht richtig sein. Überprüfe daher immer alle aufgezählten Wörter oder Wortgruppen.

❶ Kreuze die richtige Antwort an.

Fünfzig Prozent der Deutschen besitzen laut einer Umfrage (Abschnitt 1) …

a)	fünf oder mehr Passwörter.	
b)	genau drei Passwörter.	
c)	neun oder weniger Passwörter.	
d)	mehr als acht Passwörter.	

❷ Kreuze die richtige Antwort an.

Ein sicheres Passwort besteht aus (Abschnitt 2) …

a)	weniger als acht Groß- und acht Kleinbuchstaben.	
b)	wenigstens acht Buchstaben, Ziffern und Sonderzeichen.	
c)	höchstens acht Ziffern und acht Sonderzeichen.	
d)	mindestens acht Groß- und drei Kleinbuchstaben.	

❸ Kreuze die richtige Antwort an.

Sicherheitsexperten empfehlen (Abschnitt 3), das Passwort …

a)	alle zwei Monate sinnvoll auszuwechseln.	
b)	sicherheitshalber für viele Dienste zu nutzen.	
c)	in bestimmten Abständen zu erneuern.	
d)	„1234567" anstatt „12345" zu verwenden.	

Quelle (Aufgaben): Qualitäts- und UnterstützungsAgentur – Landesinstitut für Schule, Soest 2017

④ Kreuze die richtige Antwort an.
Der Gebrauch eines einzigen Passworts für alle Dienste erlaubt Hackern unter anderem (Abschnitt 3) ...

a)	die Übernahme des Dating-Portals.	
b)	die Einsicht in das Postfach.	
c)	die Nutzung der Dienste.	
d)	die Inbesitznahme des Passworts.	

⑤ Kreuze die richtige Antwort an.
Sicherheitsexperten erschweren Hackern ihre Arbeit (Abschnitt 5), indem sie ...

a)	die Zahl der Möglichkeiten auf 30 erhöhen.	
b)	die Geräte monatlich technisch aufrüsten.	
c)	die Menge an möglichen Zeichen vergrößern.	
d)	die Passwörter andersherum aufschreiben.	

⑥ Kreuze die richtige Antwort an.
Ein Computerprogramm kann ein Passwort herausfinden (Abschnitt 4), weil ...

a)	die Computer immer besser werden.	
b)	alle Möglichkeiten ausprobiert werden.	
c)	siebenstellige Zahlen verwendet werden.	
d)	die Prozessoren schneller werden.	

⑦ Kreuze die richtige Antwort an.
Pins für die Bankautomaten sind sicher (Abschnitt 5), denn die Möglichkeiten der Eingabe sind ...

a)	vielfältig.	
b)	beliebig.	
c)	begrenzt.	
d)	abgesichert.	

⑧ Kreuze die richtige Antwort an.
Mit einem Trick kann man sich Passwörter merken (Abschnitt 6), indem man einzelne Elemente eines Merksatzes ...

a)	mit Zahlen und Ziffern kombiniert.	
b)	mit Buchstaben und Zahlen ergänzt.	
c)	durch Buchstaben und Zahlen austauscht.	
d)	durch Ziffern und Sonderzeichen ersetzt.	

TIPP zu ❾ und ⓬: Begriffe/Textaussagen erläutern

1. „Erläutern" heißt, Begriffe oder Textaussagen auf der Basis von Kenntnissen darstellen und durch Informationen und Beispiele veranschaulichen. Hier verdeutlichst du, dass du den Textzusammenhang verstanden hast.
2. Suche die angegebene Textstelle und markiere sie. Zumeist wird dir die betreffende Textstelle schon vorgegeben.
3. Lies auch noch einmal die Textaussagen, die vor und hinter der angegebenen Textstelle stehen. Darin findest du häufig bereits Erklärungen oder Beispiele.
4. a) Formuliere deine Erläuterung mit eigenen Worten und in ganzen Sätzen, z. B. bei Aufgabe ❾: *Mit dem Ausdruck/ Begriff … ist gemeint, dass …*
   b) Du kannst auch die Aufgabenstellung paraphrasieren, z. B. bei Aufgabe ⓬: *Im Fall der Dice Ware-Methode gelingt eine sichere Übermittlung der Passwörter, indem …*

❾ Erläutere im Textzusammenhang, was mit einer „Verschleierungsmethode" gemeint ist (Abschnitte 6 und 7).

_____
_____
_____
_____
_____
_____

❿ Kreuze die richtige Antwort an.

„*Diese Mühen an einen Dienstleister auslagern*" bedeutet im Textzusammenhang (Abschnitte 7 und 8), dass jemand …

a)	sichere Passwörter erstellt.	
b)	das Denken übernimmt.	
c)	erfahrene Hacker abwehrt.	
d)	das Training organisiert.	

⓫ Kreuze die richtige Antwort an.

Es werden Passwörter nach der Diceware-Methode erstellt (Abschnitt 8), indem man eine fünfstellige Zahl …

a)	mehrmals würfelt und danach aufschreibt.	
b)	aus verschiedensprachigen Listen aussucht.	
c)	mithilfe des eigenen Browsers erstellt.	
d)	einem bestimmten Wort in einer Liste zuordnet.	

12 Erläutere im Textzusammenhang (Abschnitt 8), wie im Fall der Diceware-Methode eine sichere Übermittlung der Passwörter gelingt.

_____

_____

_____

_____

13 Kreuze die richtige Antwort an.

Die Position der Autorin ist kritisch gegenüber Menschen, die im Umgang mit ihrem Passwort ...

a)	unselbstständig sind.	
b)	umständlich vorgehen.	
c)	unvorsichtig handeln.	
d)	umsichtig auftreten.	

TIPP zu 14: Zu einer Aussage Stellung nehmen

1. „Stellung nehmen" heißt, eine Aussage oder Meinung kritisch prüfen und danach eine eigene begründete Einschätzung formulieren.
2. Bestimme deinen Standpunkt zu der Aussage: *Ich stimme zu/nicht zu.*
3. Überfliege den Text noch einmal und markiere Textaussagen, die deine Auffassung unterstützen oder/und auf die du dich in deiner Stellungnahme beziehen willst.
4. Formuliere deinen Text:
   a) Greife zu Beginn die Aussage, zu der du Stellung nehmen willst, noch einmal auf und erläutere sie, wenn nötig: *Eine Schülerin sagt nach dem Lesen des Textes, man solle ... Damit meint sie, ...*
   b) Nenne deinen Standpunkt und begründe ihn stichhaltig. Beziehe dich bei deiner Begründung auch auf die markierten Textaussagen: *Ich kann der Aussage nur/nicht zustimmen, denn auch im Text wird deutlich, dass .../Daraus kann man ableiten, .../Hinzu kommt noch, ...*

---

14 Eine Schülerin sagt nach dem Lesen des Textes:

„Passwörter sollte man nur selbst erstellen."

Schreibe eine kurze Stellungnahme zu dieser Aussage.
Du kannst dieser Auffassung zustimmen oder nicht.
Wichtig ist, dass du deine Meinung begründest. Beziehe dich dabei auf den Text.

_____

_____

_____

_____

F 2 Leseverstehen: Die Tageszeitung ist nicht out, aber ... (selbstständiges Üben)

Teil I

Lies zunächst den Text sorgfältig durch und bearbeite anschließend die Fragen ❶ – ⓭.

Die Tageszeitung ist nicht out, aber ...

(1) Keine Branche hat sich im letzten Jahrzehnt so stark verändert wie die der Medien. Betrachtet man dabei die Zeitungslandschaft, so wurde in den letzten Jahren immer häufiger über eine Veränderung des alten Mediums Tageszeitung diskutiert. Die Zukunft der Zeitung ist unklar. Leser, Journa-
5 listen und Wissenschaftler sind sich uneinig, was mit ihr, ihrem Aufbau und Inhalt sowie ihrer Bedeutung als Massenmedium und Informationsquelle geschehen wird. Wie es genau weitergeht, kann man natürlich nicht wissen. Klar ist aber, dass sich die Zeitung, wie wir sie heute kennen, ändern wird.

(2) Über Generationen hinweg war es für viele selbstverständlich, mor-
10 gens die Tageszeitung druckfrisch aus dem Briefkasten zu holen, die der Zusteller in aller Frühe dort hineingesteckt hatte. Und doch muss mit dieser scheinbar unantastbaren Tradition gebrochen werden. Die Verlage und Redaktionen sehen sich seit Jahren völlig neuen Herausforderungen gegenüber. Viele Probleme treten im wirtschaftlichen Bereich auf. Die Ursachen
15 reichen von sinkenden Abonnementzahlen[1] über nachlassende Werbeeinnahmen bis hin zur Schnelligkeit und Übermacht des Mediums Internet mit all seinen Angeboten im Nachrichtenbereich. Zusätzlich gibt es noch andere Medien wie das Fernsehen und das Radio, durch welche man kostenlos informiert wird. Und was geschieht mit den Journalisten? Schreiben sie in
20 Zukunft nur noch für das Internet? Oder werden sie bald fast überflüssig, weil sie durch andere Personen ersetzt werden, die die Informationen aus dem Internet holen?

(3) In unserem Zeitalter, in dem viele Menschen ein internetfähiges Smartphone, ein Tablet oder einen PC besitzen, mit denen sie Neuigkeiten kosten-
25 los und schnell abrufen können, werden Zeitungen immer bedeutungsloser. Dies gilt vor allem für überregional erscheinende Tageszeitungen. Etwas anders stellt sich vermutlich die Situation bei den Regionalzeitungen dar. Da diese sich auf das unmittelbare, lokale Umfeld beziehen und es einen solchen, regionalspezifischen Teil im Internet bzw. Fernsehen nicht gibt, ist
30 die Wahrscheinlichkeit für deren Bestehen langfristig gesehen größer.
Bei den Tageszeitungen ist man seit einigen Jahren bemüht, neue Wege zu finden und zu beschreiten, um die Position als wichtigster Nachrichtenlieferant wieder zu festigen. Die Zeitung ist heute längst mehr als eine Printausgabe[2]. Sie ist eine Quelle, die neben der gedruckten Fassung auf ganz
35 unterschiedliche Arten angeboten wird z. B. als Online-Ausgabe oder als sogenanntes E-Paper[3], welches in der Regel über eine spezielle App geladen und gelesen wird.

(4) Auch bei Jugendlichen ist die Tageszeitung noch nicht out. Drei von zehn Jugendlichen zwischen 14 und 19 Jahren lesen jede Ausgabe einer Tages-/
40 Wochen- und/oder Sonntagszeitung (33,3 %). Bei den jungen Erwachsenen

zwischen 20 und 29 Jahren beträgt der Anteil regelmäßiger Zeitungsleser sogar 47,4 Prozent. Aber erst wenn man Print und Online als Ganzes betrachtet, ergibt sich ein realistisches Bild der Zeitungsnutzung. Zeitungen erreichen mit ihren Printausgaben und Online-Auftritten 62,4 Prozent der 14- bis 29-Jährigen. Interessant ist auch, dass das Vertrauen junger Menschen in die Zeitung besonders hoch ist. Nicht selten werden Jugendliche mit verschiedenen Sichtweisen und unterschiedlichsten Darstellungen zu einem Thema konfrontiert. In der JIM-Studie 2014 (Jugend, Information, (Multi-) Media) des Medienpädagogischen Forschungsverbundes Südwest wurden Jugendliche gefragt, welchen Medien sie im Falle einer widersprüchlichen Berichterstattung am ehesten Glauben schenken würden. Für 40 Prozent der 12- bis 19-Jährigen ist die Zeitung am glaubwürdigsten. Platz zwei erreicht mit 26 Prozent das Fernsehen, gefolgt von Radio und Internet (17% bzw. 14%). Diese Zahlen machen deutlich, dass die häufige Nutzung eines Mediums nicht zwingend auch mit hoher Glaubwürdigkeit einhergeht und umgekehrt. Obwohl die Tageszeitung bezüglich der regelmäßigen Nutzung weit hinter den anderen Medien steht, vertrauen die Jugendlichen ihr am meisten hinsichtlich der Einhaltung journalistischer Standards – der Tageszeitung wird damit durch die Jugendlichen auch im digitalen Zeitalter eine besonders hohe Qualität zugesprochen.

Autorentext (2016)   [1] die Abonnementzahlen: Anzahl derer, die beispielsweise eine Zeitung im Abonnement beziehen, also diese regelmäßig direkt nach Hause geliefert bekommen   [2] Printausgabe: hier: gedruckte Ausgabe einer Zeitung   [3] E-Paper: hier: Zeitung, die ausschließlich in elektronischer Form veröffentlicht wird

Aufgaben 1 – 13

1 Ergänze die fehlenden Wörter, um mithilfe der Überschrift das Thema des Textes deutlich zu machen.

Die Tageszeitung ist nicht out, aber _____

_____

_____

2 Kreuze die richtige Antwort an.

Die Zukunft der Zeitung ist unklar (Abschnitt 1), weil …

a)	man momentan nicht weiß, ob sie zukünftig viele Inhalte bieten wird.	
b)	man momentan nicht weiß, welche Bedeutung als Informationsquelle sie zukünftig haben wird.	
c)	man momentan nicht weiß, wie viele Journalisten zukünftig dort arbeiten werden.	
d)	man momentan nicht weiß, welchen Anteil Bilder und Texte zukünftig an den Zeitungen haben werden.	

3 Kreuze die richtigen Antworten an.

Zeitungen erscheinen heute (Abschnitt 3) ...

a)	als Printausgaben.	
b)	als E-Paper.	
c)	als Fernsehausgabe.	
d)	online	

4 Kreuze die richtige Antwort an.

In unserer digitalisierten Zeit werden die gedruckten Tageszeitungen (Abschnitt 3) ...

a)	immer teurer.	
b)	immer dünner.	
c)	immer bedeutungsloser.	
d)	immer unübersichtlicher.	

5 Kreuze die richtige Antwort an.

Jugendliche sind der Meinung (Abschnitt 4), dass ...

a)	die Tageszeitung besonders glaubwürdig ist.	
b)	die Tageszeitung besonders aktuell ist.	
c)	die Tageszeitung besonders informativ ist.	
d)	die Tageszeitung besonders übersichtlich ist.	

6 Kreuze die richtige Antwort an.

Jugendliche wurden gefragt, welchen Medien sie im Falle einer widersprüchlichen Berichterstattung am ehesten Glauben schenken würden. Die Formulierung „*im Falle einer widersprüchlichen Berichterstattung*" (Z. 43/44) soll in diesem Zusammenhang darauf hinweisen, dass ...

a)	es in verschiedenen Medien unterschiedliche Berichte zu einem Thema geben kann, die einander widersprechen.	
b)	verschiedene Medien unterschiedliche Autoren haben können.	
c)	immer alles stimmt, was in der Zeitung steht.	
d)	es in verschiedenen Medien unterschiedliche Berichtformen (z. B. Interview, Kommentar) geben kann.	

7 Kreuze die richtige Antwort an.

Die Formulierung „*dass die häufige Nutzung eines Mediums nicht zwingend mit hoher Glaubwürdigkeit einhergeht und umgekehrt*" (Z. 54/55) soll im Textzusammenhang verdeutlichen, dass ...

a)	Jugendliche die Tageszeitung nicht lesen, weil sie ihnen nicht glaubwürdig erscheint.	
b)	die Tageszeitung unter Jugendlichen eine hohe Glaubwürdigkeit besitzt, obwohl andere Medien häufiger von ihnen genutzt werden.	
c)	die glaubwürdigsten Medien am häufigsten genutzt werden.	
d)	die Tageszeitung bei Jugendlichen bezüglich der regelmäßigen Nutzung weit vor anderen Medien steht.	

Entwicklung der E-Paper-Auflagen im Zeitraum von 2009 bis 2019

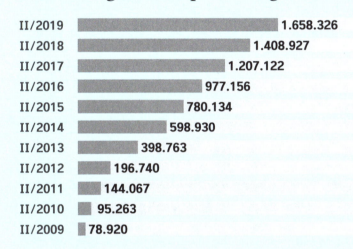

Entwicklung der E-Paper-Auflagen 2009 bis 2019, verkaufte Auflage; Quelle: Auflagenstatistiken der ZMG, Bundesverband Digitalpublisher und Zeitungsverleger (BDZV); Copyright: Bundesverband Digitalpublisher und Zeitungsverleger (BDZV), Berlin

8 Beschreibe kurz, welche Entwicklung im Diagramm dargestellt wird.

_____

_____

_____

_____

9 Kreuze die richtigen Antworten an.

Das Diagramm ...

a)	zeigt, wie viele Zeitungen spezielle E-Paper-Ausgaben anbieten.	
b)	zeigt die Entwicklung von verkauften E-Paper-Auflagen.	
c)	unterscheidet nicht zwischen regionalen und überregionalen Zeitungen.	
d)	zeigt die Entwicklung von verkauften Printmedien pro Jahr.	

10 Beurteile begründet, ob Text und Diagramm zusammenpassen. Beziehe dich dazu auf Textaussagen.

_____
_____
_____

11 Viele Tageszeitungen haben heute wirtschaftliche Probleme. Nenne hierfür drei Gründe aus dem Text (Abschnitt 2).

a) _____
b) _____
c) _____

12 Benenne einen Vorteil von Regionalzeitungen gegenüber überregionalen Zeitungen (Abschnitt 3).

_____
_____

13 Ein Schüler sagt nach dem Lesen des Textes:

„Regionalzeitungen enthalten oft viel Überflüssiges; vieles, was mich nicht interessiert. Deshalb lohnt sich der der zeitliche und finanzielle Aufwand nicht, unsere Regionalzeitung zu lesen."

Du kannst dieser Aussage zustimmen oder nicht. Wichtig ist, dass du deine Meinung begründest und dich auf mehrere Textaussagen beziehst.

_____
_____
_____
_____
_____
_____
_____

F 3 Aufgabentyp 4b: Self-Tracking (Original-Prüfung, angeleitetes Üben)

Teil II

Lies bitte zunächst die Aufgabe und dann die Materialien aufmerksam durch, bevor du mit dem Schreiben beginnst. Schreibe einen zusammenhängenden Text.

Untersuche die Materialien M1, M2 und M3.
Gehe dabei so vor:
- **Benenne** das gemeinsame Thema von M1, M2 und M3.
- **Fasse** die Informationen aus M1a und M1b **zusammen**.
- **Stelle** die Aussagen aus M2 und M3 mit eigenen Worten **dar**. **Vergleiche** die Positionen im Hinblick auf die Auswirkungen, die „Self-Tracking" auf das Leben der Menschen haben kann. Belege deine Ausführungen am Text.
- **Setze dich** kritisch mit der folgenden Aussage eines Mitschülers **auseinander**:
  „Jeder sollte danach streben, das Beste aus sich herauszuholen, und dafür auch digitale Hilfsmittel nutzen."
  – **Nimm Stellung** zu der Aussage.
  – **Begründe** deine Meinung.
  – Beziehe dich dabei auch auf die Materialien M1 bis M3.

M1a Führt Selbstvermessung zu Selbsterkennung?
Christoph Koch

Immer mehr Menschen versuchen, mit „Quantified Self", auch bekannt als „Self-Tacking"[1], Neues über sich selbst herauszufinden. Die Idee: Menschen vermessen ihren Alltag mit digitalen Hilfsmitteln und versuchen so, zu tieferen Erkenntnissen über ihr Leben zu gelangen. „Selbsterkenntnis durch Zahlen", so das klare Motto der Bewegung.
Die Anwendungen sind ganz unterschiedlich: Manche erfassen, wie viele Schritte sie den Tag über zurückgelegt haben, wie viele Stockwerke sie hochgestiegen sind oder welche Nahrungsmittel sie zu sich genommen haben. Andere vermessen ihren Schlaf oder „tracken" Gesundheitswerte wie Puls, Blutdruck, Blutzuckerspiegel oder den Sauerstoffgehalt in ihrem Blut.
[...]
Die Gründe, das zu tun, sind individuell sehr unterschiedlich: Bei manchen ist es einfach nur Neugier und der Wunsch, dem diffusen[2] Bauchgefühl einmal knallharte Zahlen gegenüberzustellen. Andere setzen auf eine Verhaltensänderung. Nicht ohne Grund – Studien haben gezeigt, dass Menschen, die einen Schrittzähler benutzen, sich deutlich mehr bewegen als vorher. Nicht umsonst lautet ein altes Sprichwort: „Selbsterkenntnis ist der erste Schritt zur Besserung." [...]

Quantified Self: Selbstvermessung führt zu Selbsterkennung? IDG Tech Media GmbH/PC-WELT, München, 17.07.2017 (https://www.pcwelt.de/ratgeber/Quantified-Self-Erkenne-dich-selbst-durch-Zahlen-10026378.html, 17.07.2017, Zugriff: 12.02.2018), verändert

[1] Quantified Self (gemessenes Selbst): von zwei Technik-Journalisten in den USA geprägter Leitbegriff der Anhänger des „Self-Tracking" (Selbstvermessung mit digitalen Hilfsmitteln)
[2] diffus: unklar, verschwommen

Quelle (Aufgaben): Qualitäts- und UnterstützungsAgentur – Landesinstitut für Schule, Soest 2018

M1b Bereitschaft zur Erhebung und Weitergabe von personenbezogenen Daten

21 %

der Deutschen **tracken** ihre eigenen Daten in mindestens einem Lebensbereich

In welchen Bereichen wird das Verhalten getrackt?

- 18,0 % Fitness
- 4,8 % Ernährung
- 3,4 % Finanzen
- 2,1 % Persönliches
- 1,5 % Energie

Quantified Wealth Monitor 2016, SPLENDID RESEARCH GmbH

M2 Immer schneller, besser, effizienter: der Trend zur Selbstoptimierung   [unbekannter Verfasser]

Die Selbstvermessung und -optimierung hat mithilfe kleiner digitaler Helfer Einzug in unseren Alltag erhalten. Kalorien oder Schritte zählen, Schlafphasen messen, Produktivität protokollieren [...] – alles ist möglich. Das Ziel, das Maximum aus dem eigenen Leben herauszuholen, erscheint verlockend
5 und erstrebenswert.
Erfolge machen glücklich! Und durch die Hilfe einer stukturierten Selbstoptimierung[1] erreichen wir unsere Ziele schrittweise und nehmen die Erfolge wahr, was uns motiviert und aktiviert.
Durch die systematische Optimierung gewinnen wir Erkenntnisse über un-
10 sere persönlichen, gesundheitlichen und sportlichen Gewohnheiten. Dies ermöglicht uns, mehr über uns selbst zu lernen und bewusster zu leben. Alleine das Interesse für das eigene Wohlbefinden ist ein wichtiger Schritt hin zu einem gesünderen Leben. Durch die Masse an Teilnehmern wird über das Tracking eine unvorstellbar hohe Datenmenge generiert[2], deren
15 Erkenntnisse für die Medizin und Wissenschaft genutzt werden können.
Selbstdisziplin gilt als wichtige Grundeigenschaft, die uns dabei hilft, ungeahnte Fähigkeiten zu entwickeln. Durch die Nutzung technischer Geräte werden verlässliche Daten generiert, mithilfe derer die Effizienz[3] erfolgreich gesteigert werden kann. Auch eine vermehrte Produktivität kann glückli-
20 cher machen!
In unserer heutigen Zeit voller Verlockungen und Möglichkeiten gibt uns die Selbstoptimierung ein wenig Steuerung und Kontrolle über unser tägliches Handeln zurück, was uns Sicherheit und Hilfestellung in der Strukturierung unseres Alltags gibt. [...]

Schäffer-Poeschel, Verlag für Wirtschaft · Steuern · Recht GmbH, HaufeGruppe, Stuttgart, 17.10.2017 (http://ecampus.haufe.de/karriere/immer-schneller-besser-effizienter-der-trend-zur-selbstoptimierung/, Zugriff: 12.02.2018), verändert
Hinweis zur Quelle: Der Text wurde ohne namentliche Nennung eines Verfassers veröffentlicht.

[1] strukturierte Selbstoptimierung: Verbesserung der eigenen Fähigkeiten nach einem bestimmten Plan
[2] generieren: erzeugen, hervorbringen
[3] Effizienz: Wirksamkeit

M3 Unsere Selbstoptimierung macht uns kaputt!
Steffi Burkhart

[...] Bei so manchen Freunden von mir ist das perfekte Leben tabellarisch in Messeinheiten erfasst. Und all die Super-Blogger und -Bloggerinnen demonstrieren uns auf ihren Social-Media-Kanälen, wie easy es ist, den fittesten Body zu erdiäten[1], mit nur fünf Stunden Schlaf die Nacht trotzdem Höchstleistung zu erbringen und zehn Bücher in einer Woche zu lesen. [...]
Die Folge: Wir fühlen uns einsam, obwohl wir nicht alleine sind, wir fühlen uns gereizt und gestresst, obwohl wir doch täglich unsere Gesundheit tracken, wir machen Überstunden, intensivieren die Arbeitszeit und schlucken stattdessen aufputschende Substanzen. Und als wäre das alles noch nicht schlimm und alarmierend genug, werden zukünftig Zahnbürsten, Spiegel, Kühlschränke auch noch anfangen, nur das Beste für uns zu wollen und aus uns rauszuholen (Internet of Things)[2].
Bei all dem Optimierungswahnsinn bleibt ein wesentliches Gefühl auf der Strecke: Happiness. Dabei versprechen doch all die Selbstoptimierungs-Tools, Tipps und Tricks in Büchern, Videos und Hörbüchern mehr Happiness. Fehlalarm. Bei all der Taktung und Disziplin scheint sie auf der Strecke zu bleiben. In der Wissenschaft wird sogar das Gegenteilige beobachtet: Bei immer mehr jungen Menschen werden Depression oder andere psychosomatische Störungen[3] wie beispielsweise Angststörungen diagnostiziert. Es ist eine Sehnsucht danach, zu beobachten, einfach mal faul zu sein, nach Fehlerhaftem, nach Ungezwungenheit, nach Nichtstun. Danach, drei Filme in Folge zu schauen, dabei im Bett zu liegen und Schleckeis zu schlemmen – ohne schlechtes Gewissen und Gedanken um Arbeit, Kalorien oder Wäsche, die noch gewaschen werden will. [...]

Blog von Dr. Steffi Burkhart, Köln (http://steffiburkhart.com/wir-selbstoptimieren-uns-kaputt/, Zugriff: 12.02.2018), verändert

[1] erdiäten: durch eine Diät herbeiführen
[2] Internet of Things (Internet der Dinge): Vernetzung und Steuerung von Alltagsgeräten mit dem Internet durch bestimmte Programme oder Apps
[3] psychosomatische Störungen: Krankheitssymptome, die auf seelische Vorgänge zurückzuführen sind

Lösungshilfen zu ❶ a)

1. Bearbeite M1a, M1b, M2 und M3, indem du den ersten und zweiten Arbeitsschritt durchführst (siehe C 3.5, S. 61). Nutze die Ergebnisse dieser Vorarbeit, um die Teilaufgabe ❶ a zu bearbeiten.

TIPP zu 1. und 2.

1. In der ersten Teilaufgabe wirst du normalerweise dazu aufgefordert, die vorliegenden Materialien kurz vorzustellen (TATTE-Satz). In dieser Aufgabe sollst du direkt das gemeinsame Thema benennen. Es ist dennoch hilfreich, die Materialien kurz vorzustellen, um den Überblick zu behalten und die Textarten in den Blick zu nehmen, denn du hast sie vollständig erschlossen.
2. Wenn du dir den Schreibplan anlegst, plane in der ersten Zeile mehr Platz ein, damit du die Angaben (TATTE-Satz) zur Vorstellung geordnet eintragen kannst. Daraus leitest du dann das gemeinsame Thema ab.

2. a) Lege dir einen Schreibplan an und ergänze ihn. Orientiere dich dabei am dritten Schritt (siehe C 3.5, S. 64). Du kannst auch die Vorlage aus C 3.4 verwenden (S. 60).
   b) Ergänze deine Ergebnisse zu Aufgabe ❶ a im Schreibplan. Beginne so:

Vorliegende Materialien:

– M1a: Sachtext „Führt Selbstvermessung zu Selbsterkennung?" von Christoph Koch (2017)

– M1b: Infografik „Bereitschaft zur Erhebung und Weitergabe von personenbezogenen Daten",
Quelle: Quantified Wealth Monitor (2016)

– M2: …

– M3: …

Gemeinsames Thema:

Auseinandersetzung mit der persönlichen Selbstoptimierung durch die Vermessung des

eigenen Körpers mit digitalen Hilfsmitteln (Self-Tracking); Vor- und Nachteile sowie Aus-

wirkungen werden …

Lösungshilfen zu ❶ b)

3. In Aufgabe ❶ b sollst du die wesentlichen Informationen aus M1a und M1b zusammenfassen. Trage diese in die zweite Zeile deines Schreibplans ein. Formuliere so:

– der Sachtext (M1a) stellt die

Grundidee der „Quantified Self"-

Bewegung dar: Nutzung digitaler

Medien als Mittel zur Vermessung des

eigenen Körpers im Alltag

– Ziel ist es, zu genauen Erkenntnissen

über das eigene Leben, den eigenen

Gesundheitszustand zu gelangen

TIPP zu 3.

1. Diese Teilaufgabe bezieht sich auf zwei Materialien (M1a u. M1b), weil sie inhaltlich zusammenhängen, denn aus der Infografik kannst du prozentuale Belege für die Angaben in M1a entnehmen. Durch deine Zusammenfassung zeigst du gleichzeitig, dass du diese Zusammenhänge verstanden hast.
2. Nutze deine Stichworte, die du bei der Texterschließung des Sachtextes und der Infografik notiert hast (vgl. zweiter Schritt).
3. Formuliere Fakten aus dem Text in eigenen Worten. Zahlen und Namen kannst du übernehmen.
4. Formuliere im Präsens.

– dies ist durch unterschiedliche

Anwendungen möglich: Schrittzähler, Festhalten der gegessenen Nahrungsmittel, Erfassen der

Schlafzeiten oder anderer Gesundheitswerte (Puls, Blutzucker, Sauerstoffgehalt)

– …

– in der Infografik (M1b) wird die Verteilung der Nutzungsmöglichkeiten durch Prozent-

angaben visualisiert

– deutlich wird, dass 21 % der Deutschen bereits ihre eigenen Daten tracken (Stand: 2016)

– der Bereich Fitness wurde mit 18 % am häufigsten genannt

– …

Lösungshilfen zu ❶ c)

4. Fasse als Nächstes die Aussagen aus den Materialien M2 und M3 zusammen. Schreibe deine Stichworte aus der Erschließung der Materialien in die dritte Spalte deine Schreibplans:

<u>Zusammenfassung Sachtext (M2):</u>

<u>– Angaben zur Nutzung werden bestätigt,</u>

<u>Ziele der Menschen werden konkretisiert</u>

<u>– für Nutzer dieser Möglichkeiten erscheint</u>
<u>es erstrebenswert, durch Self-Tracking und die</u>
<u>daraus resultierende Möglichkeit der Selbst-</u>
<u>optimierung möglichst viel aus sich und somit</u>
<u>seinem Leben zu machen</u>

<u>– für viele Menschen bedeute das Erfassen</u>
<u>der Erfolge eine Motivation und aktiviere sie</u>
<u>zusätzlich</u>

<u>– eigene Gewohnheiten in persönlicher,</u>
<u>gesundheitlicher und sportlicher Hinsicht</u>
<u>könnten erfasst und …</u>

<u>Zusammenfassung Blogeintrag (M3):</u>

<u>– die Autorin Steffi Burkhart stellt zum Teil</u>
<u>eher ironisch Entwicklungen und negative</u>
<u>Auswirkungen des Self-Trackings dar</u>

<u>– zu Beginn übt sie auf spöttische Weise Kritik an der öffentlichen Selbstdarstellung der</u>
<u>Tracking-Ergebnisse in den sozialen Netzwerken</u>

<u>– die Folge dieser Zur-Schau-Stellung sei, dass sich Menschen einsam und gestresst fühlten,</u>
<u>da sie immer weitere Verbesserungen auch im Vergleich mit anderen erzielen wollten …</u>

> **TIPP zu 4. und 5.**
>
> 1. Die dritte Teilaufgabe ist komplexer, denn sie enthält zwei verschiedene Operatoren und bezieht sich zudem auf zwei verschiedene Materialien (M2 und M3):
>   - Stelle … dar
>   - Vergleiche …
>
>   Dies ist möglich, da die weiteren Materialien M2 und M3 gegensätzliche Standpunkte (hier bezüglich des Self-Trackings) darstellen.
> 2. Zusätzlich sollst du deine Schlussfolgerungen hinsichtlich des Vergleichs am Text belegen. Du musst also Zitate und Zeilenangaben heranziehen.
> 3. Es ist sinnvoll, die drei Teile der Aufgabe nacheinander zu bearbeiten, um nicht den Überblick zu verlieren. So stellst du die Materialien inhaltlich gegenüber und kannst zum Abschluss den Vergleich formulieren.
> 4. Lass nach jedem Teil einen Absatz. Somit ist dein Text besser lesbar und du gehst sicher, dass du alle Teile bearbeitet hast.
> 5. Formuliere in der indirekten Rede (Konjunktiv), denn du gibst die Aussagen der Autoren wieder.

> **TIPP zu 5.**
>
> 1. Im Vergleich formulierst du Schlussfolgerungen bezüglich der Unterschiede und Gemeinsamkeiten der Aussagen in beiden Texten. Zumeist wird dir der Schwerpunkt des Vergleichs in der Aufgabe vorgegeben (hier: verschiedene Positionen hinsichtlich der Auswirkungen von Self-Tracking). Paraphrasiere am Anfang zu deiner Orientierung den Wortlaut dieses Schwerpunktes.
> 2. Lies dazu noch einmal deine Stichworte aus Aufgabe 4 und markiere in M2 und M3 die Textstellen, die du als Belege verwenden willst.
> 3. Formuliere abschließend ein Fazit zu den Ergebnissen des Vergleichs.

5. Setze nach der Darstellung der Aussagen die Materialien zueinander in Beziehung, d. h. du vergleichst die Positionen miteinander. Beginne mit dem Schwerpunkt (= Vergleichsaspekt) der Aufgabenstellung. Notiere deine Ergebnisse ebenfalls in der dritten Spalte deines Schreibplans und ergänze die Belege, die du in den Texten markiert hast.

– vergleicht man die beiden in M2 und M3 dargestellten Positionen im Hinblick auf die Auswirkungen des Self-Trackings miteinander, ergibt sich ein sehr konträres Bild hinsichtlich des Nutzens und der Auswirkungen der Selbstvermessung mit digitalen Hilfsmitteln

– einerseits wird Self-Tracking als Weg zur Verbesserung der körperlichen und seelischen Gesundheit gesehen (M2), andererseits entsteht durch das dauerhafte Erfassen der eigenen Werte und den direkten Zwang, dies nachhaltig zu tun und die Werte zu vergleichen, eine Gefahr der Beeinträchtigung der eigenen Gesundheit (M3)

– auf der einen Seite …, auf der anderen … / während in M2 …, wird im Blogeintrag gezeigt, …

– Insgesamt wird durch den Vergleich beider Positionen deutlich, dass die Chancen des …

 Lösungshilfen zu ❶ d)

6. a) Lies die letzte Teilaufgabe (❶ d), in der du Stellung zu einer Aussage nehmen sollst.
   b) Kannst diese Aussage teilen? Formuliere deinen Standpunkt dazu.
   c) Suche in den Materialien nach Aussagen, die deine Position stützen, und notiere diese in der letzten Zeile des Schreibplans.

Ein Schüler meint, dass jeder danach streben sollte, …

Damit meint er, dass …

Damit will er darauf hinweisen, dass …

Ich teile diesen Standpunkt … / … nur bedingt … / … nicht, denn …

Jeder muss persönlich abwägen, ob das Self-Tracking für ihn von Nutzen ist, da …

> **TIPP zu 6.**
>
> In der letzten Aufgabe musst du zu einem Zitat aus dem Text oder zu einer Aussage zum Text Stellung nehmen. Gehe dazu so vor:
> 1. Gib die Aussage, zu der du Stellung nehmen sollst, wieder. Erläutere sie oder beziehe dich auf die schon erarbeitete Darstellung.
> 2. Stelle deine eigene Position dazu dar und begründe, warum du ebenfalls dieser Meinung bist oder warum du die Meinung nicht teilen kannst. Du kannst auch einen Kompromiss erarbeiten.
> 3. Beziehe dich in deiner Argumentation auf den Text. Ziehe dazu Textbelege heran.
> 4. Formuliere ein eindeutiges Fazit.

7. Formuliere deinen Text nach dem Schreibplan. Nutze nachfolgende Formulierungshilfen:
   ❶ a) Bei den mir vorliegenden Materialien handelt es sich zunächst um den Sachtext …
   ❶ b) Im Sachtext von Christoph Koch „Führt Selbstvermessung zu Selbsterkennung)" (M1a) …
   ❶ c) In dem Sachtext „Immer schneller, besser, effizienter: der Trend zur Selbstoptimierung" …
   ❶ d) Ein Mitschüler hat zum Self-Tracking geäußert, dass jeder danach streben sollte, das …

8. Überarbeite deinen Textentwurf mithilfe der CHECKLISTE auf Seite 67.

F 4 Aufgabentyp 4b: Erklärvideos (Original-Prüfung, selbstständiges Üben)

Teil II
- Lies bitte zunächst die Aufgabe und dann die Materialien aufmerksam durch, bevor du mit dem Schreiben beginnst.
- Schreibe einen zusammenhängenden Text.

Aufgabe:*
Untersuche die Materialien M1, M2 und M3.

Gehe dabei so vor:
- **Benenne** das gemeinsame Thema von M1, M2 und M3.
- **Fasse** die Informationen aus M1a und M1b **zusammen**.
- **Stelle** die Aussagen aus M2 und M3 mit eigenen Worten **dar**. **Vergleiche** die Positionen im Hinblick auf die Frage, welche Möglichkeiten und Grenzen Erklärvideos für den Unterricht haben können. **Belege** deine Ausführungen am Text.
- **Setze dich** kritisch mit der folgenden Aussage einer Mitschülerin **auseinander**:
  „Erklärvideos steigern den individuellen Lernerfolg."
  – **Nimm Stellung** zu der Aussage.
  – **Begründe** deine Meinung.
  – Beziehe dich dabei auch auf die Materialien M1 bis M3.

M1a Was sind Erklärvideos? *Jana Brehmer und Sebastian Becker*

[…] Erklärvideos sind kurze Filme, meist selbst produziert, in denen Inhalte und Sachverhalte leicht verständlich erklärt werden. Beispielsweise kann erklärt werden, wie etwas funktioniert oder wie abstrakte[1] Konzepte und Zusammenhänge dargestellt werden können. Zu Erklärvideos gehören beispielsweise auch Videotutorials[2], wie sie auf Youtube zu finden sind. In diesen wird dazu aufgefordert, eine gezeigte Tätigkeit oder Fähigkeit nachzumachen. […] Es gibt eine breite Vielfalt bei der Gestaltung von Erklärvideos. Obwohl das Produktionsbudget[3] meist fehlt oder sehr gering ist, gibt es einfach gehaltene, aber auch nahezu professionell gestaltete Erklärvideos. […] Die Videos orientieren sich meist an einem informellen[4] Kommunikationsstil, sprechen die Zuhörer auf Augenhöhe an und duzen sie. Die Erklärungen werden der Zielgruppe entsprechend angepasst und teilweise humorvoll vermittelt. […] Die Produzierenden von Erklärvideos reichen von Laien bis hin zu Experten, die ganze Erklärreihen publizieren[5]. Zu einem Thema gibt es nicht nur inhaltlich unterschiedliche Erklärungen, sondern auch gestalterisch und kommunikativ eine breite Vielfalt.

„Erklärvideos" … als eine andere und/oder unterstützende Form der Lehre. Georg-August-Universiät Göttingen, Mai 2017 (https://www.uni-goettingen.de/de/document/download/… pdf/03_Erklärvideos.pdf, Zugriff: 20.02.2019), verändert

[1] abstrakt: theoretisch, nur gedacht
[2] Videotutorials: Videos, die den gewünschten oder vorgesehenen Ablauf eines bestimmten Vorgangs erklären
[3] Produktionsbudget: *hier:* das für eine Produktion zur Verfügung stehende Geld
[4] informell: *hier:* durch den Gebrauch von Umgangssprache geprägt
[5] publizieren: veröffentlichen

* Quelle (Aufgaben): Qualitäts- und UnterstützungsAgentur – Landesinstitut für Schule, Soest 2019

M1b Empirische Studie[1] über den Gebrauch von Erklärvideos in Deutschland (2016)   *Johanna Czerny*

[...] Im Jahr 2016 untersuchten die beiden Wissenschaftler Andreas Krämer und Sandra Böhrs in einer empirischen Studie[1] den Gebrauch von Erklärvideos und deren Wirkung. Dazu wurden unter anderem rund 1.000 Versuchspersonen aus Deutschland in einer Online-Studie befragt. [...] Der erste Teil
5 der Studie beschäftigte sich mit den Vorerfahrungen der Teilnehmenden mit E-Learning[2] im Allgemeinen und mit Erkärvideos im Besonderen.

	„Haben Sie schon einmal ein Erklärvideo geschaut?"		
	16–29 Jahre	30–59 Jahre	über 60 Jahre
Ja	81,2 %	73 %	62,4 %
Nein	18,8 %	27 %	37,6 %

[...] Die Befragten, die zuvor noch keine Erklärvideos benutzt hatten, verneinten zu 60 % einen zukünftigen Gebrauch, während die Teilnehmenden mit Vorerfahrung mit großer Mehrheit (85 %) angaben, Erklärvideos auch in
10 Zukunft nutzen zu wollen.

Wissenschaftliche Studie: Was gute Erklärvideos auszeichnet. Pink University GmbH, München, 30.11.2017 (https://www.pinkuniversity.de/video-learning-blog/was-gute-erklaervideos-auszeichnet/, Zugriff: 20.02.2019), verändert

[1] empirische Studie: auf der Grundlage von Daten, die die Erfahrungswirklichkeit widerspiegeln, durchgeführte Untersuchung

[2] E-Learning: Form des Lernens, in welcher elektronische oder digitale Medien zum Einsatz kommen

M2 Ist das Lernen mit Videos effektiv?

Nun hat sich die Erziehungswissenschaft mit dem Trend „Lernen mit Videos" beschäftigt. Laut einer Umfrage ermutigen immer mehr Lehrerinnen und Lehrer ihre Schülerinnen und Schüler dazu, mit Onlinevideos zu lernen. Aber warum eigentlich? Was kann ein Video, das ein Buch nicht kann? [...]
5 In Videos sieht man direkt, was jemand tut, und kann es nachmachen – und auf diese Weise besser verstehen. Einige Wissenschaftler sind der Meinung, dass es deshalb möglich sei, mit Videos Theorie und Praxis zu verbinden und damit Dinge leichter zu erklären (z. B. mit Beispielen aus dem Alltag). Experten nennen dies „Lernen am Modell" oder „Lernen durch Nachahmen".
10 Und das beeinflusst das Lernen positiv. [...]
Durch Töne, Bilder und Bewegungen kann man sich schneller orientieren und erhält so schneller einen Überblick über ein Thema als z. B. durch einen Text. Das kann den Lernenden Sicherheit vermitteln. Die Ansprache der verschiedenen Sinne (Sehen und Hören) ruft bei den Lernenden die Auf-
15 merksamkeit in einer besonderen Weise hervor, was zu einer gesteigerten Lernleistung führen kann.
Erziehungswissenschaftlerin Anja Fey schreibt: „Videosequenzen haben aber nicht nur kognitive[1], sondern darüber hinaus auch motivationale[2] und emotionale Aufgaben." Das heißt, dass Lernende durch Mimik[3] des Gegen-
20 übers im Video und auch durch die Stimme, die zu hören ist, emotional

angesprochen werden. Das führt dazu, dass sie „näher am Geschehen" sind und mehr in das Lernen eingebunden werden. Außerdem ist es ihnen möglich, mit dem Video durch das Stoppen, das Zurückspulen, das Noch-einmal-Ansehen ihr Lerntempo selbst zu bestimmen. So kann jeder so schnell oder langsam lernen, wie es nötig ist, und das steigert die Motivation. [...]

Ist das Lernen mit Videos effektiv? – Ja, sagen Wissenschaftler. Sofatutor Magazin Schüler, sofatutor GmbH, Berlin, 29.01.2014 (https://magazin.sofatutor.com/schueler/2014/01/29/ist-lernen-mit-videos-effektiv-ja-sagen-wissenschaftler/, Zugriff: 20.02.2019), verändert
Hinweis zur Quelle: Der Text wurde ohne namentliche Nennung eines Verfassers veröffentlicht.
[1] kognitiv: das Wahrnehmen, Denken, Erkennen betreffend
[2] motivational: *hier:* auf die Steigerung der Motivation bezogen
[3] Mimik: Gesamtheit der möglichen Gesichtsausdrücke

M3 Können YouTube-Lernvideos den Schulunterricht ersetzen? *Nina Bräutigam*

So positiv das Bild auch scheint und so sehr die Nachfrage nach Lernvideos steigt: Sie bringen auch Gefahren mit sich. Die Hersteller sind meist keine ausgebildeten Lehrer oder Wissenschaftler. Daniel Jung, ein bekannter YouTube-Nachhilfelehrer für Mathematik, räumt ein, dass es keine Qualitätskontrollen gibt. Erste Plattformen werten immerhin die Anzahl der positiven und negativen Bewertungen eines Kanals aus. Zudem besteht nach Jung die Möglichkeit, dass User[1] durch Kommentare auf Fehler aufmerksam machen. Bestimmt bietet diese Funktion bei oft tausenden Nutzern eine relativ hohe Wahrscheinlichkeit, einen Fehler zu erkennen. Doch zuvor haben schon einige unwissende Zuschauer Falsches gelernt.

Hersteller von Lernvideos haben häufig kein Studium des Faches hinter sich, und die Gefahr, dass Inhalte wissenschaftlich nicht korrekt sind, muss dem Zuschauer immer bewusst sein. Mirko Drotschmann ist YouTube-Nachhilfelehrer für Geschichte und geht auf diese Problematik ein. Die zahlreichen, schnell abrufbaren Informationen im Internet sind eine hervorragende Möglichkeit, sich zeitnah das benötigte Wissen anzueignen. Da es jedoch keine offiziellen Überprüfungen der Inhalte gibt, kann dies zur Aneignung falschen Wissens führen. Drotschmann spricht sich dafür aus, dass es eine Vernetzung von Anbietern mit einem gemeinsamen Siegel geben müsste, um die Qualität von Videos kenntlich zu machen.

Laut Stefan Aufenanger, Professor für Erziehungswissenschaften und Medienpädagogik an der Universität Mainz, ist ein weiterer Schwachpunkt, dass mithilfe von YouTube eine reine Stoffvermittlung, jedoch keine Vermittlung von sozialen Kompetenzen stattfindet. Dieser Kritikpunkt ist hervorzuheben, denn die Schulzeit dient wesentlich dazu, ein Kind bzw. einen Jugendlichen auf das spätere Leben vorzubereiten. Dafür genügt das Lernen von reinem Faktenwissen nicht. Auch wenn ein Schüler in Form von Kommentaren die Möglichkeit zum Austausch hat, ist dies kein Ersatz für den persönlichen Kontakt zu anderen Menschen und die Arbeit in Gruppen. Zudem besteht laut Aufenanger im Gegensatz zur Schule keine Möglichkeit, direkt Fragen zu stellen oder persönliche Diskussionen zu führen.

https://gibro.de/blogs/medienprojekt1718/2018/04/15/koennen-youtube-lernvideos-den-schulunterricht-ersetzen/ (Zugriff: 25.09.2018), verändert
[1] User: Nutzer

F 5 Aufgabentyp 4b: Das Smartphone – Unser ständiger Begleiter (selbstständiges Üben)

Teil II

Lies bitte zunächst die Aufgabe und dann die Materialien aufmerksam durch, bevor du mit dem Schreiben beginnst. Schreibe einen zusammenhängenden Text.

Untersuche die Materialien M1, M2 und M3. Gehe dabei so vor:
- **Benenne** das gemeinsam Thema von M1, M2 und M3.
- **Fasse** den Inhalt von M1 kurz **zusammen**.
- **Stelle** mithilfe von M2 **dar**, welche Rolle Smartphones im Leben der Menschen heute spielen und wozu sie am häufigsten benutzt werden.
- **Stelle** die wesentlichen Aussagen von M3 **dar** (Verhalten der Handy-Besitzer …).
- **Vergleiche** die Materialien M1, M2 und M3, indem du Vor- und Nachteile des Handys als ständiger Begleiter **erläuterst**. Beziehe dazu Textbelege ein.
- **Nimm Stellung** zu der folgenden Aussage und **begründe** deine Meinung. Beziehe dich dabei auch auf die Materialien.

  Eine Kassiererin klagt: „Man fühlt sich behandelt wie ein Stück Vieh. Während ich bediene und die Einkäufe in die Kasse eingebe, reden sie (die Kunden) munter ins Telefon und beachten mich überhaupt nicht. Das ist sehr beleidigend."

M1 Das Smartphone – Unser ständiger Begleiter

Nicht ohne mein Smartphone! In 99 Prozent der deutschen Haushalte gibt es mittlerweile mindestens ein Smartphone. Damit ziehen Smartphones mit dem klassischen Festnetzanschluss praktisch gleich. In der Altersgruppe der 12- bis 19-Jährigen besitzen ebenfalls 99 Prozent ein Smartphone.

5 Das Mobiltelefon hat unser Leben stark verändert, es ist aus dem Alltag nicht mehr wegzudenken. So wie sich die Ausstattung dieser Geräte ständig ändert, so haben sich auch die Möglichkeiten der Nutzung dieser Geräte immer mehr verwandelt. Sie werden ständig vielfältiger, flexibler und komplexer nutzbar[1].

10 Die Menschen sind immer erreichbar, ständig verbunden, nehmen permanent am Leben von anderen teil und sind live bei den Erlebnissen anderer zugeschaltet. Sie posten auf Facebook oder Twitter und verschicken ständig Nachrichten und Fotos. Ein Smartphone kann aber noch viele andere Dinge. Es ist ein Lexikon zum Nachschlagen wichtiger Begriffe, ein Fotoapparat,
15 eine Videokamera, ein Vokabeltrainer, ein Musikabspielgerät, ein Kalender mit Terminen, eine Spielekonsole, ein Fotoalbum, ein Taschenrechner, ein Navi, eine Zeitung usw.

Immer mehr Menschen erwarten von ihren Mitmenschen, dass diese auch stets mobil erreichbar sind. Interessant dabei ist, dass viele nicht mit ei-
20 nem großen Kreis von Personen Kontakt haben, sondern dass mehr als die Hälfte der Telefongespräche, Nachrichten und SMS im Durchschnitt nur an vier bis sechs Menschen gehen, nämlich an die engsten Verwandten und Freunde, mit denen man sich ohnehin oft trifft. Forscher sehen in dieser Zahl den Beweis dafür, wie stark das Mobiltelefon zum festen Bestandteil
25 der Privatsphäre geworden ist. Über das Smartphone wird mit den engsten

Freunden und Verwandten kommuniziert. Sich über Gedanken oder Gefühle auszutauschen, eine positive SMS zu verschicken oder ein lustiges Video weiterzuleiten, all das gehört heute zur Kommunikation innerhalb einer festen Bezugsgruppe dazu.
Die Finnen nennen ihr Mobiltelefon „Kanny", was nichts anderes bedeutet als „Verlängerung der Hand". Und so kommt es vielen Menschen mittlerweile vor – als wäre das Smartphone ein fester Bestandteil des Körpers, also quasi an der Hand angewachsen.

Autorentext

[1] flexibler und komplexer nutzbar: in den verschiedensten Situationen bzw. auf verschiedenste Weise nutzbar

M2 Smartphone als mobiler Alleskönner im Alltag

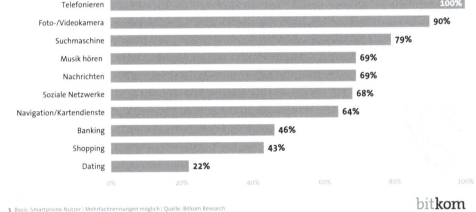

M3 Menschen, die auf Smartphones starren

Man kann das täglich beobachten, an jeder beliebigen Supermarktkasse, im Bus oder in der Schlange beim Bäcker: Tippen, surfen, quatschen – der moderne Mensch wartet nicht mehr einfach nur, er schaut auf sein Smartphone. Erstmals hat nun ein Bäcker seinen Kunden in der Warteschlange verboten, mit dem Handy herumzuspielen, zu telefonieren, zu surfen oder Nachrichten zu tippen. In dem Laden stehen große Schilder mit der Aufschrift: Wer telefoniert, wird nicht bedient!
Der Bäckermeister argumentiert, dass die Handy-Gucker den Betrieb aufhalten, weil sie oft nicht merken, dass sie an der Reihe sind. „Das ist unhöflich und auch eine Beleidigung für unser Personal", sagt er. Mit seiner Anti-Smartphone-Aktion findet er mittlerweile viel Beifall und auch Nachahmer.
„Mit der einen Hand halten sie das Smartphone, mit der anderen fuchteln sie in der Gegend herum, um auf das zu zeigen, was sie haben möchten. Wünsche äußern können sie nicht, weil sie gerade telefonieren", sagt ein anderer

Ladenbesitzer. Auch in bestimmten Restaurants werden Gäste nicht mehr bedient, die ihr Smartphone benutzen. „Andere Gäste, die nicht telefonieren, sondern gut essen und sich unterhalten wollen, ärgern sich maßlos darüber, dass sie das Gequatsche eines anderen Gastes mit anhören müssen.
20 Darum habe ich es untersagt", sagt ein Restaurantbesitzer.
Nicht nur in ICE-Zügen, wo es ganze Wagen gibt, in denen die Handynutzung untersagt ist, sondern auch in großen Einkaufszentren oder Warenhäusern wird mittlerweile darüber nachgedacht, vor den Kassen das Telefonieren zu verbieten. Eine der Kassiererinnen klagt: „Man fühlt sich
25 behandelt wie ein Stück Vieh. Während ich bediene und die Einkäufe in die Kasse eingebe, reden sie munter am Telefon und beachten mich überhaupt nicht. Das ist sehr beleidigend".

nach: Helmut Hetzel „Menschen, die auf Smartphones starren", HAZ vom 16.1.2016 (verändert)

TIPP

Auf der Internetseite **www.finaleonline.de** kannst du dir zusätzliches Übungsmaterial zum Aufgabentyp 4b herunterladen. Gib dazu einfach diesen Code ein: **DE4j8Xp**

Glossar

Alliteration: → *Sprachliche Mittel*

Anapher: → *Sprachliche Mittel*

Anekdote: Eine Anekdote ist eine kurze, humorvolle Erzählung über eine Begebenheit, die für eine historische Persönlichkeit oder einen bestimmten Zeitraum bezeichnend ist.

Auktorialer Erzähler: → *Merkmale erzählender Texte*

Bericht: → *Journalistische Textsorten*

Diagramm: → *Grafik*

Direkte Rede: → *Merkmale erzählender Texte*

Ellipse: → *Sprachliche Mittel*

Epik: Unter diesem Begriff fasst man alle Arten der erzählenden Dichtung zusammen. Es gibt viele epische Kleinformen (→ *Erzählung*, → *Fabel*, → *Kurzgeschichte*, *Märchen*, *Sage*, *Schwank*). Zu den umfangreicheren epischen Texten gehört der → *Roman*.

Erlebte Rede: → *Merkmale erzählender Texte*

Er-/Sie-Erzählform: → *Merkmale erzählender Texte*

Erzählperspektive: → *Merkmale erzählender Texte*

Erzählung: In der Literatur versteht man unter einer Erzählung alle kurzen erzählenden Texte, die nicht eindeutig einer anderen Kurzform (→ *Fabel*, *Märchen*, *Sage*, *Schwank*) zugeordnet werden können.

Essay: → *Journalistische Textsorten*

Euphemismus: → *Sprachliche Mittel*

Fabel: Dies ist eine zumeist kurze Erzählung, in der Tiere oder Pflanzen sich wie Menschen verhalten. Häufig stehen sich zwei Tiere mit gegensätzlichen Eigenschaften gegenüber. Meistens wird nach einer kurzen Einführung die Handlung durch Rede und Gegenrede fortgeführt und endet mit einem überraschenden Schluss. Am Beispiel des erzählten Geschehens wird eine Lehre gezogen oder Kritik an bestimmten Verhaltensweisen geäußert.

Gedicht: → *Lyrik*

Glosse: → *Journalistische Textsorten*

Grafik: Grafiken stellen statistische Größen und Größenverhältnisse mithilfe von Diagrammen bildlich dar. Man unterscheidet folgende Typen von Diagrammen:
1. **Balkendiagramme** oder **Säulendiagramme**, die absolute Zahlen anzeigen. Die Höhe der Säule oder die Länge des Balkens gibt eine Anzahl an.
2. **Tortendiagramme** bzw. **Kreisdiagramme**, die eine prozentuale Zusammensetzung einer Gesamtmenge verdeutlichen. Der Kreis ist in mehrere Teile unterteilt, die jeweils den Anteil an der Gesamtmenge wiedergeben.
3. **Kurvendiagramme** oder **Liniendiagramme**, die eine Entwicklung anzeigen. Die Daten von verschiedenen Zeitpunkten können mithilfe eines solchen Diagramms miteinander verglichen werden.
4. **Flussdiagramme** oder **Ablaufpläne** stellen den Verlauf eines (Handlungs-)prozesses inklusive möglicher Variationen logisch dar. Sie eignen sich insbesondere, um Handlungs- bzw. Ablaufprozesse zu planen bzw. zu erklären.

Hyperbel: → *Sprachliche Mittel*

Ich-Erzählung: → *Merkmale erzählender Texte*

Indirekte Rede: → *Merkmale erzählender Texte*

Innerer Monolog: → *Merkmale erzählender Texte*

Interview: → *Journalistische Textsorten*

Ironie: → *Sprachliche Mittel*

Journalistische Textsorten:

Informierende Texte
Die **Meldung** ist die Kurzform der Nachricht. Sie enthält nur die wichtigsten Informationen (Wer? Wo? Was? Wann?). Sie steht häufig auf der ersten Seite und weist meist auf einen ausführlichen Bericht im Innenteil der Zeitung hin.

Der **Bericht** ist die ausführliche Form der Nachricht. Er liefert eine detaillierte und sachliche Darstellung eines Sachverhalts.
Merkmale:
1. Die Überschrift (häufig mit Unterüberschrift) informiert sachlich.
2. Ein halbfett gedruckter Vorspann fasst die wichtigsten Informationen (W-Fragen) zusammen.
3. Im Hauptteil erfolgt eine ausführliche Darstellung der Nachricht mit Erklärung der Zusammenhänge und Hintergründe.
4. Die Darstellung ist sachlich, wertende Äußerungen durch den Berichterstatter fehlen.
5. Aussagen von Personen werden in direkter und indirekter Rede wiedergegeben.
6. Häufig ergänzt den Text ein erklärendes Bild.

Die **Reportage** ist das Ergebnis vielfältiger Nachforschungen (= Recherchen). Die Reportage will nicht nur informieren, sondern die Leser auch durch die lebendige Art der Darstellung in besonderem Maße ansprechen.
Merkmale:
1. Die Überschrift ist so formuliert, dass sie die Neugier der Leser weckt.

2. Häufig informiert ein halbfett gedruckter Vorspann über den Inhalt der Reportage.
3. Der Anfang lässt die Leser oft ein Geschehen miterleben.
4. Sachlich-informierende Textstellen wechseln mit persönlich-schildernden Darstellungen.
5. Dadurch ergibt sich oft ein Wechsel von Zeitstufen (z. B. Präteritum für Rückblick).
6. Häufig werden Aussagen von Personen in wörtlicher Rede wiedergegeben.
7. Oft findet man wertende Meinungsäußerungen der Autorin/des Autors.
8. Illustrierende oder erklärende Bilder unterstützen die Aussagen des Textes.
9. Der Name der Autorin/des Autors wird angegeben.

Das **Interview** ist das Ergebnis eines Gesprächs, in dem ein Journalist/eine Journalistin gezielte Fragen an eine Person stellt, die von ihr beantwortet werden. Das Ziel kann darin bestehen, aktuelle Informationen über bestimmte Sachverhalte zu erhalten oder die persönliche Meinung zu einem bestimmten Problem zu erfahren.

Kommentierende Texte
Der **Kommentar** liefert eine Meinung zu einem Sachverhalt. Diese kann zustimmend oder ablehnend sein.
Merkmale:
1. Häufig wird er in Verbindung mit einem Bericht oder einer Meldung geschrieben.
2. In vielen Zeitungen erscheinen die Kommentare an einer bestimmten Stelle (z. B. Kommentare zu politischen Ereignissen).
3. Kürzere Kommentare beziehen sich oft auf einen Artikel auf der gleichen Seite.
4. Die Autorin/der Autor wird genannt.
5. In der Regel verwenden Kommentare keine Bilder.
Oft haben Kommentare einen typischen Aufbau:
1. Zunächst werden die wichtigsten Informationen dargestellt, die zum Verständnis der Stellungnahme nötig sind.
2. Die Autorin/der Autor legt seine Meinung begründet dar.
3. Als Abschluss wird meist ein Wunsch oder ein Ausblick formuliert.

Die **Glosse** ist ein locker geschriebener, häufig kritisch gehaltener Kommentar zu einem aktuellen Ereignis. Glossen stehen in vielen Zeitungen und Zeitschriften an einem festen Platz, haben das gleiche Layout und sind eine Form der persönlichen Meinungsäußerung.
Merkmale:
1. Sie sind oft zugespitzt formuliert und humorvoll geschrieben.
2. Aktuelle Themen oder neue gesellschaftliche Erscheinungen werden kritisiert oder verspottet.
3. Die Kenntnis des Sachverhalts wird vorausgesetzt.
4. Sie enden oft mit einer überraschenden Wende am Schluss (Pointe).
5. In Glossen tauchen immer wieder ironische Formulierungen, sprachliche Bilder, Wortspiele, Doppeldeutigkeiten und Anspielungen auf.

Der (oder das) **Essay** ist eine kürzere, sprachlich lebendige Abhandlung, in der ein Problem von verschiedenen Seiten betrachtet und in der die persönliche Meinung der Autorin/des Autors zum Ausdruck gebracht wird.

Karikatur: Durch Über- oder Untertreibungen werden in Zeichnungen menschliche Schwächen oder Missstände kritisiert und lächerlich gemacht.

Klimax: → *Sprachliche Mittel*

Kommentar: → *Journalistische Textsorten*

Konjunktiv: Die Verbform, die wir normalerweise verwenden, nennt man **Indikativ** (**Wirklichkeitsform**): *Er sagt: „Ich komme morgen."*
In der indirekten Rede (→ *Merkmale erzählender Texte*) verwendet man meistens den **Konjunktiv** (**Möglichkeitsform**): *Er sagt, er komme morgen.*
Der Konjunktiv gibt an, was ein anderer gesagt haben soll.

Kurzgeschichte: Es handelt sich um einen kürzeren erzählenden Text. Die folgenden Merkmale sind zwar typisch für Kurzgeschichten, aber nicht immer treffen alle Kriterien in gleicher Weise zu.
Merkmale:
1. Die Handlung setzt unvermittelt ein. Es fehlen einleitende Angaben zu Ort, Zeit und Personen der Erzählung.
2. Gegenstand der Kurzgeschichte sind Alltagspersonen in Alltagssituationen.
3. Die Hauptperson ist einem Problem oder einer kritischen Situation ausgesetzt.
4. Oft nimmt die Handlung eine unerwartete Wendung.
5. Der Schluss ist offen. Der Leser soll über den Fortgang der Handlung selbst nachdenken.
6. Die Darstellung der Handlung ist kurz gefasst und auf das Wesentliche beschränkt.
7. Typische Merkmale der Sprache in Kurzgeschichten:
   – Wiederholungen, Aufzählungen,
   – Umgangssprache, Jugendsprache,
   – mehrere kurze Sätze, die aufeinanderfolgen,
   – unvollständige Sätze (Ellipsen).

Lyrik: Lyrik bezeichnet Dichtung in Versform (Gedichte). Früher wurden die Verse zur Lyra, einem alten Saiteninstrument, gesungen. Deshalb sagt man auch heute noch einfach: Lyrik ist liedartige Dichtung. Viele Gedichte sind vertont worden.
Im Gedicht drückt das → *lyrische Ich* seine Gefühle, seine Stimmungen, aber auch seine Erlebnisse, Einstellungen und Gedanken aus.
Viele Gedichte sind in **Strophen** gegliedert. Mindestens zwei Verszeilen werden in einer Strophe zusammengefasst. Oft beginnt mit einer Strophe ein neuer Gedanke. Es gibt Gedichte, die zwar einem bestimmten Rhythmus folgen, aber nicht am Wort- und Versende gereimt sind.
Durch **Reime** erhalten Gedichte eine bestimmte Klangwirkung. Durch den Gleichklang der Reimwörter (z. B. *küssen – müssen; Fassaden – baden*) werden oft zwei oder mehr Verszeilen miteinander verbunden.
Drei Reimformen werden besonders oft verwendet (siehe S. 141):

Paarreim
a Sonne
a Wonne
b Eis
b heiß

umarmender Reim
a Sonne
b Eis
b heiß
a Wonne

Kreuzreim
a Sonne
b Eis
a Wonne
b heiß

Unter dem **Metrum** eines Gedichts versteht man die Folge von betonten und unbetonten Silben in den Wörtern eines Verses:

x ́x x ́x x ́x x (= Jambus)
Es war, als hätt der Himmel …
́x x ́x x ́x x ́x x (= Trochäus)
Als ich schläfrig heut erwachte …

Eine besondere Gedichtform stellt das **Sonett** dar. Diese Gedichtform wurde im 14.–16. Jahrhundert häufig verwendet. Sie besteht aus zwei Strophen zu vier Zeilen und zwei Strophen zu drei Zeilen. Häufig wird in den beiden Vierzeilern das Thema vorgestellt, während die abschließenden Dreizeiler eine Auswertung oder Schlussfolgerung beinhalten.

Lyrisches Ich: Das lyrische Ich kann die oder der Sprechende im Gedicht sein. Das lyrische Ich kann, muss aber nicht die Einstellung oder Stimmung der Dichterin/ des Dichters wiedergeben.

Märchen: Märchen erzählen Geschichten, die sich in Wirklichkeit nicht ereignen könnten. Oft handeln sie von Zauberern, Hexen, Feen und sprechenden Tieren. In einer räumlich und zeitlich nicht festgelegten Welt steht die Hauptfigur vor großen Gefahren und kaum lösbaren Aufgaben. Die Zahlen 3, 6, 7, 12 spielen eine besondere Rolle. Auch formelhafte Sprüche sind typisch für Märchen. Am Ende siegt meist das Gute.

Merkmale erzählender Texte: Wenn man eine Erzählung analysieren will, ist die genaue Untersuchung von folgenden Merkmalen wichtig:

1. **Erzählform:** Ein Autor kann in unterschiedlicher Weise erzählen. Daher unterscheidet man:
   Ich-Form: Das Geschehen, aber auch Gedanken und Gefühle werden aus der Sicht einer bestimmten Figur in der 1. Person erzählt: *Meine Eltern schlafen sicher schon. Mir aber dreht sich der Kopf, und ich komm nicht zur Ruhe. Was soll ich nur tun? Könnte ich doch nur die Zeit um einen halben Tag zurückdrehen!*
   Er-/Sie-Form: Der Erzähler stellt seine Personen in der dritten Person vor. Er kann dabei **als auktorialer Erzähler (auktoriales Erzählverhalten/auktoriales Erzählen)** auftreten. Der Autor ist der Allwissende, der das Geschehen von außen erzählt und auch mehr weiß als die Figuren des Geschehens und daher Ereignisse voraussehen oder auf sie zurückblicken und sie kommentieren kann.
   Jan vermutete, dass seine Eltern schon schliefen, während er sich im Bett wälzte und sich heftige Vorwürfe machte. Ein bisschen tat er sich auch selbst leid. Seine Eltern schliefen jedoch keineswegs, sondern fassten einen Entschluss.
   Der Erzähler kann aber auch in der 3. Person aus der Sicht einer Person die Geschichte erzählen und kommentieren. Man spricht dann von einem **personalen Erzähler (personales Erzählverhalten/personales Erzählen):**
   Jan wälzte sich im Bett und fand keine Ruh. Sicher würden seine Eltern schon schlafen. Warum nur konnte er die Zeit nicht zurückdrehen, nur einen halben Tag?
   Der Erzähler kann die Ereignisse aber auch von außen schildern und sich dabei auf die reine Wiedergabe der Handlung beschränken. Er gibt keine Kommentare oder Erklärungen ab. Man spricht dann von einem **neutralen Erzähler (neutrales Erzählverhalten/neutrales Erzählen):**
   Jan fuhr mit dem Fahrrad zum Training. Auf dem Sportplatz war niemand. „Wo seid ihr?", rief Jan. Er stellte sein Fahrrad ab und setzte sich auf eine Bank.

2. **Zeitverhältnisse:** Wenn ein Erzähler ein Geschehen, das in der Realität sehr kurz ist, sehr ausführlich darstellt und kommentiert, spricht man von **Zeitdehnung:**
   In diesem Augenblick des Fallens liefen die Ereignisse der letzten Tage in seinem Kopf wie in einem Film ab: die Begegnung mit seinem Vater, sein unbeherrschtes Verhalten Marion gegenüber und das Treffen mit dem großen Unbekannten, der ihn in diese ausweglose Situation gebracht hatte.
   Von **Zeitraffung** hingegen spricht man, wenn der Autor ein Geschehen, das in der Realität länger dauert, zusammenfasst, nur andeutet oder überspringt:
   Als Jan Stunden später im Krankenhaus aufwachte, hatte er Mühe, sich zurechtzufinden.
   Stimmen die erzählte Zeit und die Erzählzeit überein, laufen also die Handlung im Text und in der Realität ungefähr gleich schnell ab, spricht man von **Zeitdeckung.**

3. **Redeformen:** Der Erzähler kann unterschiedliche Redeformen verwenden.
   Direkte Rede: In wörtlicher Rede werden Äußerungen und Gedanken wiedergegeben: *Jan war aufgebracht: „Was wissen Sie schon, was geschehen ist!"*
   Indirekte Rede: Äußerungen werden vom Erzähler wiedergegeben, zumeist unter Verwendung des → Konjunktivs: *Vollkommen unbeherrscht machte er allen um ihn Stehenden Vorwürfe, dass schließlich niemand gekommen sei, ihm zu helfen, und er daher ganz allein auf sich selbst gestellt gewesen sei.*
   Erlebte Rede: Der Erzähler gibt die Gedanken und Gefühle in der 3. Person und meistens im Präteritum wieder: *Als alle den Raum verlassen hatten, war Jan sehr niedergeschlagen. War es nicht auch sein Fehler, dass es so weit gekommen war? War er nicht einfach zu stolz gewesen?*

Innerer Monolog: Die Gedanken und Gefühle werden in der Ich-Form dargestellt, häufig im Präsens: *Jan nahm sein Handy und suchte die Nummer von Marion. Ich werde ihr alles erklären. Ich werde sie nicht um Verzeihung bitten, denn mein Verhalten kann man nicht entschuldigen.*

4. **Satzbau:** Man unterscheidet folgende Möglichkeiten des Satzbaus:
   - **Satzreihe (Parataxe):** Es werden nur Hauptsätze aneinandergereiht. Häufig sind sie kurz: *Jan schwieg. Sein Puls raste. Blut schoss ihm in den Kopf. Dann sprang er auf.*
   - **Satzgefüge (Hypotaxe):** Darunter versteht man den Verbund von Haupt- und Nebensätzen: *Als er die Tür öffnete* (Nebensatz)*, blies ihm ein kalter Wind entgegen* (Hauptsatz)*, der schon vor geraumer Zeit begonnen hatte zu wehen und sich nun zu einem Sturm entwickelte* (Relativsatz).
   - **Unvollständige Sätze (Ellipse):** → *Sprachliche Mittel*
   Die Wirkung dieser Satzformen kann sehr unterschiedlich sein und kann nur aus dem Zusammenhang des Textes erschlossen werden.

5. **Sprachliche Mittel:** → *Sprachliche Mittel*

Metapher: → *Sprachliche Mittel*

Metrum: → *Lyrik*

Neologismus: → *Sprachliche Mittel*

Operatoren: In jeder Aufgabenstellung werden Anweisungen gegeben. Diese Anweisungen bezeichnet man als Operatoren. Wichtige Operatoren sind:
zusammenfassen (Inhalte, Aussagen und Zusammenhänge komprimiert und strukturiert wiedergeben),
beschreiben (Textaussagen in eigenen Worten strukturiert wiedergeben),
(be)nennen (Informationen zusammentragen),
darstellen (Inhalte, Aussagen oder Zusammenhänge sachlich und strukturiert formulieren),
erläutern (Textaussagen oder Sachverhalte auf der Basis von Kenntnissen/Einsichten darstellen und durch Informationen/Beispiele veranschaulichen),
erklären (Textaussagen oder Sachverhalte auf der Basis von Kenntnissen und Einsichten darstellen),
bewerten (zu einer Textaussage, einem Sachverhalt ein selbstständiges Urteil abgeben und dabei die eigenen Wertmaßstäbe offenlegen),
begründen (eigene Aussagen erklären, z. B. durch Konjunktionen (*weil, denn, …*) einleiten),
schlussfolgern (auf der Grundlage gegebener Informationen zu eigenen Erkenntnissen gelangen),
Stellung nehmen (eine Problemstellung oder einen Sachverhalt auf der Grundlage von Kenntnissen, Einsichten und Erfahrungen kritisch prüfen und die Einschätzung sorgfältig abwägend formulieren),
verfassen (einen Text unter Beachtung der Vorgaben für eine bestimmte Textsorte formulieren).

Parabel: Eine lehrhafte Erzählung über eine allgemeine Erkenntnis oder Wahrheit, in der anders als im Gleichnis der direkte Vergleich mit dem Vergleichswort „wie" fehlt. Die Parabel enthält eine Sachebene (Sachteil) und eine Bildebene (Bildteil). Die Leser müssen selbstständig von der Bildebene auf die Sachebene schließen.

Paradoxon: → *Sprachliche Mittel*

Parallelismus: → *Sprachliche Mittel*

Personaler Erzähler: → *Merkmale erzählender Texte*

Personifikation: → *Sprachliche Mittel*

Redeformen: → *Merkmale erzählender Texte*

Reim: → *Lyrik*

Reportage: → *Journalistische Textsorten*

Rhetorische Frage: → *Sprachliche Mittel*

Roman: Der Roman ist eine lange Erzählung, die zwischen hundert und mehreren tausend Seiten umfassen kann. Im Zentrum eines Romans steht oft die ausführliche Schilderung der problematischen Situation eines Einzelnen. Beschrieben wird, wie er in seiner Umgebung und mit seinen Mitmenschen lebt, sich verändert und entwickelt.

Rückblick: Vor allem in der → *Epik* (Erzählung, Roman) gibt es solche Einschübe, die vor der Zeit der eigentlichen Handlung spielen. Sie dienen dazu, die jetzige Situation oder das Handeln einer Figur zu erklären.

Sachtext: Ein Sachtext informiert über Tatsachen, Vorgänge und Sachverhalte. Er kann z. B. über die Tier- oder Pflanzenwelt informieren oder über bedeutsame Ereignisse. Sachtexte findet man in Zeitungen, Zeitschriften (→ *Journalistische Textsorten*) oder in Sach- oder Schulbüchern.

Satire: Eine satirische Darstellung zeigt menschliche Schwächen oder Fehler in stark übertriebener Darstellungsweise auf. Sie will diese lächerlich machen, zum Nachdenken anregen, kritisieren und häufig auch eine Änderung von Verhaltensweisen bewirken. Satire kann in den verschiedensten Textsorten auftreten.

Merkmale:
1. Ironie → *Sprachliche Mittel*
2. Übertreibungen und überzogene Vergleiche
3. Verspottungen durch ins Lächerliche gezogene Situationen
4. Wortspiele

Satzgefüge: → *Merkmale erzählender Texte*

Satzreihe: → *Merkmale erzählender Texte*

Sprachliche Mittel: Nahezu in allen Texten werden gezielt sprachliche Mittel eingesetzt, um bestimmte

Wirkungen zu erzielen (siehe Übersicht am Ende dieser Seite).

Sonett: → Lyrik

Strophe: → Lyrik

Umarmender Reim: → Lyrik

Vergleich: → Sprachliche Mittel

Vers: → Lyrik

Vorausdeutung: Vor allem in der → Epik (Erzählung, Roman) gibt es solche Hinweise auf das, was nach der Zeit der eigentlichen Handlung passiert. Vorausdeutungen dienen einerseits dazu, das Interesse an der weiteren Entwicklung zu wecken, ordnen das Geschehen aber auch in einen Gesamtzusammenhang ein.

Zeitdeckung: → Merkmale erzählender Texte

Zeitdehnung: → Merkmale erzählender Texte

Zeitraffung: → Merkmale erzählender Texte

Zeitverhältnisse: → Merkmale erzählender Texte

Sprachliche Mittel	Erläuterung	Beispiel	mögliche Wirkung
Alliteration, die	Wiederholung von Anfangslauten bei aufeinanderfolgenden Wörtern	Milch macht müde Männer munter.	emotionale Verstärkung des gewünschten Eindrucks
Anapher, die	Wiederholung derselben Wortgruppe an Satz-/Versanfängen	Worte sind verletzend. Worte sind unersetzlich.	Eindringlichkeit; Rhythmisierung erreichen
Ellipse, die	unvollständiger Satz, der aber sinngemäß leicht zu ergänzen ist	Feuer! / Je früher der Abschied, desto kürzer die Qual.	der wichtigste Aspekt soll hervorgehoben werden
Euphemismus, der	Beschönigung	vollschlank statt dick / eingeschlafen statt gestorben	abgemilderte Negativbotschaft, taktisches Verhalten
Hyperbel, die	starke Unter- oder Übertreibung	Es ist zum Haareraufen! / ein Meer von Tränen	Dramatisierung; starke Veranschaulichung
Ironie, die	Äußerung, die durchblicken lässt, dass das Gegenteil gemeint ist	Das hast du ja ganz toll hinbekommen! / Vier Wochen Regen. Super!	Herabsetzung; kritische Anmerkung; Stellungnahme
Klimax, die	Steigerung; meist dreigliedrig	Er kam, sah und siegte.	Dramatisierung
Metapher, die	verkürzter Vergleich, Verwendung eines Wortes in übertragener Bedeutung	Geldwäsche / Er war ein Löwe in der Schlacht. / Du bist meine Sonne.	Veranschaulichung
Neologismus, der	Wortneuschöpfung	Mobbing / Gammelfleisch / unkaputtbar (Werbesprache)	Hervorhebung
Oxymoron, das	Verbindung von sich ausschließenden Begriffen	Weniger ist mehr / Eile mit Weile / unblutiger Krieg	Verdeutlichung; Ausdruck von Widersprüchlichkeit
Paradoxon, das	Zusammenstellung von Wörtern, die sich eigentlich widersprechen	bittersüß / Vor lauter Individualismus tragen sie eine Uniform.	starker Anreiz zum Nachdenken
Parallelismus, der	Wiederholung gleicher Satzstrukturen	Ein Blitz leuchtete, der Donner folgte, ein Gewitter setzte ein.	Dramatisierung, Intensivierung
Personifikation, die	Vermenschlichung; Gegenstände oder Tiere erhalten die Eigenschaften oder Fähigkeiten von Menschen	Die Sonne lacht. / Die Smileys haben uns fest im Griff. / Mutter Natur	lebendige und anschauliche Darstellung
Rhetorische Frage, die	scheinbare Frage, deren Antwort jeder kennt; Leser und Zuhörer müssen zustimmen, da ihr Einverständnis vorausgesetzt wird	Gibt es den idealen Menschen? / Wer ist schon perfekt? / Wer glaubt denn das noch?	Mobilisierung einer bestätigenden Reaktion der Leser
Vergleich, der	Verknüpfung zweier Begriffe mit *wie*	Der Kämpfer ist stark wie ein Löwe.	anschauliche Darstellung

Übersicht zu den Textarten

Die bisher prüfungsrelevanten Textarten für das Leseverständnis oder die Schreibaufgaben sind in der folgenden Übersicht unterschlängelt.

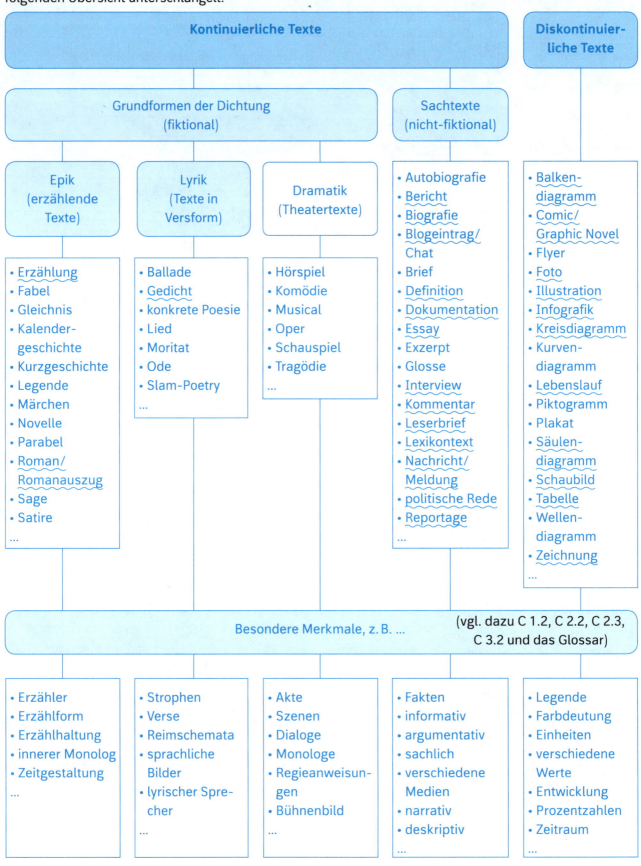

Nicht immer ist in der Prüfungsvorlage angegeben, um welche Textart es sich bei den Materialien handelt. Daher ist es wichtig, dass du die richtigen Bezeichnungen lernst, um durch bestimmte Textmerkmale die Textart und ihre Wirkung/Funktion ermitteln und benennen zu können.